AF576192

PIERRE II DU BRÉSIL

Un empereur républicain

5-7, rue de l'École-Polytechnique – 75005 Paris

www.editions-harmattan.fr

ISBN : 978-2-343-14037-7
EAN : 9782343140377

Guy Gauthier

PIERRE II DU BRÉSIL

Un empereur républicain

Ouvrages du même auteur

« Missy, Reine de Roumanie », France-Empire, Paris, 1994 ; Humanitas, Bucarest, 2001.

« Les Aigles et les Lions. Histoire des monarchies balkaniques », France-Empire, Paris, 1996 ; Paideia, Belgrade, 2002 ; Humanitas, Bucarest, 2004.

« Les relations et économiques franco-roumaines de 1916 à 1926 », Presses universitaires du Septentrion », Lille, 1997.

« Justinien, le rêve impérial », France-Empire, Paris, 1998.

« Constantin, le triomphe de la Croix », France-Empire, Paris, 1999.

« Victoria, l'apogée de l'Angleterre », France-Empire, Paris, 2000 ; Grand West Editions, Saint-Malo, 2014.

« Philippe Auguste, le printemps de la nation française », France-Empire, Paris, 2002.

« François Mitterrand, le dernier des Capétiens », France-Empire, Paris, 2005, Grand West Editions, Saint-Malo, 2014.

« Garibaldi, l'aventurier de la liberté », France-Empire, Paris, 2007.

« La Conspiration de Pontcallec », préface de Michel Cadot, Préfet de Bretagne, Préfet d'Ille-et-Vilaine, Coop Breizh, Spezet, 2011. Grand Prix de la Ville de Rennes 2012.

« Elisabeth Ire, l'aube de la puissance britannique », Pascal-Galodé, Saint-Malo, 2014.

« Don Juan Carlos Ier. Les Bourbons d'Espagne d'Alphonse XIII à Philippe VI », L'Harmattan, 2016.

Cet ouvrage est dédié au Docteur François-Xavier Gandar, médecin saumurois et humaniste, qui, depuis vingt-trois ans, est l'un des plus fidèles et des plus assidus de mes lecteurs.

« Depuis une quarantaine d'années, le Brésil, pacifié à l'intérieur, a fait de grands efforts, sous la direction de l'empereur Dom Pedro II, pour répandre l'instruction, pour élever le niveau de l'enseignement, pour développer l'agriculture, l'industrie et le commerce, et pour tirer parti des richesses naturelles du sol par la construction de voies ferrées, par l'établissement de lignes de navigation et par des faveurs accordées aux immigrants. Les résultats obtenus depuis la clôture de la période révolutionnaire sont déjà considérables : nulle part en Amérique, sauf aux Etats-Unis et au Canada, la marche du progrès n'a été plus ferme ni plus rapide. »

Frederico José de Santa-Anna Nery

Historien, journaliste et promoteur de l'amitié franco-brésilienne[1]

« Le règne de Pedro II apparaît dans l'histoire de l'Amérique comme un des moments les plus remarquables de son évolution. La monarchie avait donné au Brésil une incontestable avance sur tous les Etats de l'Amérique latine. »

Jacques Pirenne[2]

[1] « Le Brésil en 1889 ».

[2] « Les grands courants de l'Histoire universelle ».

MAISON IMPÉRIALE DU BRÉSIL

Habsbourg-Lorraine

Bragance

Bourbon-Siciles

François II / Ier
(1768-1835)
Empereur du Saint-Empire
(1792-1806)
Empereur d'Autriche
(1806-1835)

Marie-Léopoldine
(1797-1826)
Archiduchesse d'Autriche
Impératrice du Brésil
(1822-1826)

Jean VI
(1767-1825)
Roi du Portugal et du Brésil
(1816-1822)
Roi du Portugal
(1822-1826)

Pierre Ier le Libérateur
(1798-1834)
Empereur du Brésil
(1822-1831)
Roi du Portugal sous le nom de Pierre IV en 1826

Ferdinand IV / Ier
(1751-1825)
Roi de Naples et de Sicile
(1759-1816)
Roi des Deux-Siciles
(1816-1825)

François Ier
(1777-1830)
Roi des Deux-Siciles
(1825-1830)

Pierre II le Magnanime
(1825-1891)
Empereur du Brésil
(1831-1889)

Thérèse-Christine
(1822-1889)
Impératrice du Brésil

Isabelle la Rédemptrice
(1846-1921)
Princesse héritière du Brésil
Epouse du prince Gaston d'Orléans
comte d'Eu en 1864
Tros fois régente de l'Empire du Brésil

Dynastie Orléans-Bragance

Pierre (III) du Brésil
(1921-1940)
Dont postérité

I.
La fin du colonialisme portugais

« La colonie portugaise du Brésil s'était également séparée de sa métropole. Sans effusion de sang et dans des conditions qui faisaient honneur à la maison régnante de Bragance. »

Gilette Saurat[3]

Le grand chambardement napoléonien

Napoléon, qui vendit l'immense Louisiane aux Etats-Unis, n'avait ni le goût ni les moyens d'une ambition coloniale ultramarine. Du reste, sa flotte avait été en partie détruite à Trafalgar et ses escadres de Brest et de Toulon étaient neutralisées par la Royal Navy. Les vaisseaux anglais, basés à Malte, croisaient même effrontément au large de la Sicile, où s'étaient réfugiés les Bourbons de Naples après l'occupation française, et de la Sardaigne, où les rois de la dynastie de Savoie, chassés eux aussi du Piémont par les Français, s'étaient installés. Il s'agissait de prévenir toute tentative d'agression sur ces derniers lambeaux de royaumes jusque-là indépendants et libres. L'empereur des Français, maître de l'Europe, était lui-même prisonnier de l'Angleterre qui verrouillait l'Atlantique et la Méditerranée.

Bien que la destruction de la flotte espagnole à Trafalgar - l'Espagne était alors notre alliée - ait entraîné une quasi- rupture des communications entre Madrid et son immense empire colonial d'Amérique, Napoléon, sans prendre garde au même risque qui se profilerait s'il attaquait le Portugal auquel il en voulait de ne pas respecter le blocus continental, sauta le pas. En 1807, il envoya le général Junot envahir ce pays et destituer la dynastie des Bragance qui

[3] « Bolivar le Libertador ».

y régnait. Ce nouvel affront ne pouvait rester impuni car le Portugal était depuis le Moyen Age le plus ancien et le plus fidèle allié des Anglais qui le considéraient comme « le poumon européen de la Grande-Bretagne ». Sans tarder, le gouvernement anglais prépara une expédition militaire et désigna le général Wellington pour former et prendre la tête d'un corps. Pour la reine Marie Ire du Portugal et pour son fils Jean, qui l'assistait en tant que régent car la malheureuse souveraine souffrait depuis la mort de son fils aîné et de son mari[4] de graves troubles psychiques, l'invasion française fut ressentie comme un choc terrifiant. Elle était d'ailleurs imprévisible puisque le Portugal et la France n'avaient pas de frontières communes. Mais Napoléon tenait si bien les Bourbons d'Espagne sous sa coupe que ses troupes, comme en territoire conquis, avaient traversé la péninsule pour atteindre leur proie.

La présence française au Portugal aurait dû entraîner pour la dynastie des Bragance, comme pour les Bourbons de Naples ou pour les Savoie du Piémont, la fuite vers un territoire proche et inatteignable par les Français. On aurait pu songer à Madère ou aux Açores mais, par précaution, il fut décidé de se réfugier sur le continent américain, au Brésil très précisément, ce fleuron de l'empire colonial portugais depuis la fin du XVe siècle[5]. Marie Ire, le prince Jean et la cour portugaise, sous la protection d'une escadre anglaise commandée par l'amiral Sir Sidney Smith, s'embarquèrent ainsi à bord de trente-six navires au moment même où Junot entrait avec ses troupes à Lisbonne. Le départ fut d'ailleurs si précipité que la malheureuse reine Marie, retrouvant un instant sa lucidité, appela au maintien d'une certaine dignité : « Ne partez pas si vite, les gens vont croire que nous nous enfuyons[6]. »

Si le choix du Brésil comme refuge était une façon de mettre beaucoup d'eau entre les Bragance et Napoléon, ce fut aussi une décision qui allait entraîner un extraordinaire bouleversement institutionnel et marquer à jamais l'histoire du monde lusitanien.

---

[4] L'infant Joseph et le roi consort Pierre III (1777-1786).

[5] Le Brésil a été découvert par l'amiral Pedro Alvarez Cabral le 22 avril 1500, ou 2 mai 1500 du calendrier grégorien. L'année 1500 est la dernière du XVe siècle.

[6] Ghislain de Diesbach, « Les secrets du Gotha ».

C'est donc à Bahia - très précisément São Salvador de Bahia de Todos os Santos - siège de l'administration coloniale du Brésil, que s'installèrent Marie Ire, son fils Jean et l'ensemble de la famille royale, faisant du coup de cette belle cité tropicale la capitale des Portugais libres. Le Portugal et Lisbonne restèrent, eux, sous la férule du général Junot qui se voyait déjà roi du Portugal. Tous les espoirs lui étaient permis puisque son compère Joachim Murat venait d'être propulsé sur le trône de Naples où il remplaçait Joseph Bonaparte, lui-même installé sur le trône d'Espagne en lieu et place des Bourbons : Charles IV et son fils aîné Ferdinand, prince des Asturies. Pour compléter ce jeu de chaises musicales, Napoléon avait mis le roi d'Espagne et son fils en résidence surveillée au château de Valençay, propriété du prince de Talleyrand dans le Berry. A Bahia, le prince Jean, régent du Brésil, lui-même gendre de Charles IV et beau-frère du futur Ferdinand VII, dut se dire alors qu'il avait fait le bon choix en abandonnant l'Europe asservie.

Le coup de foudre des Bragance pour le Brésil

La famille royale portugaise, entourée de sa suite et assistée par ses conseillers civils et militaires, organisa la nouvelle cour, où bien entendu, l'héritier du trône poursuivit ses fonctions de régent puisque le climat du Brésil n'avait pas rendu à la reine ses aptitudes à la conduite des affaires. Bien au contraire, l'invasion du Portugal et l'abandon en catastrophe de son royaume avaient aggravé encore la mélancolie chronique et la fragilité mentale de la pauvre femme.

Jean fut un bon régent et un bon organisateur. Plus encore, il se prit d'affection pour l'éblouissant et exotique Brésil dont la population chaleureuse lui faisait oublier les drames vécus par son malheureux pays, écrasé sous la botte française. Ce prince purement portugais et qui, jusque-là, avait peu voyagé, se passionna pour ce nouveau territoire qu'il administrait désormais. Il quitta Bahia pour s'installer à Rio qu'il agrandit et embellit. Cette décision fut politiquement très symbolique car l'aristocratique Bahia, capitale coloniale, rêvait de conserver son statut de métropole. Jean trancha en faveur de Rio pour marquer la fin d'une époque et le commencement d'une autre dans les relations lusitano-brésiliennes.

Ce prince, au physique ingrat - il était issu d'une union quasi incestueuse entre sa mère et son grand-oncle[7] - et assez insignifiant jusque-là, apparut soudain novateur. Il s'intéressa aux questions économiques et sociales, abolit les monopoles, proclama la liberté industrielle et ouvrit les ports au commerce extérieur, décisions qui ne pouvaient qu'enchanter l'Angleterre, fidèle protectrice des Bragance, et les Etats-Unis, apôtres du libre-échange et de la mondialisation. Ces mesures favorisèrent un boom économique qui profita à la population.

Sur le plan sanitaire, le prince, observant les crises endémiques de ce pays tropical, créa une école de médecine et de chirurgie pour combattre les épidémies de fièvre. Dans tous les autres domaines, son action bienfaisante se fit sentir et Rio disposa bientôt d'un lycée des Arts, d'une bibliothèque royale, d'une imprimerie qui ne l'était pas moins, d'un observatoire astronomique, d'une académie militaire. Le professeur Oliveira Lima a résumé en quelques mots l'étonnante métamorphose du Brésil sous le gouvernement du prince régent : « Jean est venu créer en Amérique un empire à partir d'une vieille colonie amorphe[8]. » Mais Jean n'oubliait pas pour autant les malheurs du Portugal. Pour rendre à Napoléon la monnaie de sa pièce, et se trouvant, cette fois, en bonne position sur le plan stratégique, il organisa une expédition militaire brésilienne qui pénétra en Guyane française et s'empara de Cayenne. Après la cession de la Louisiane aux Etats-Unis, l'empire colonial français d'Amérique, patiemment construit par François Ier puis Louis XIV, commençait à se désagréger au plus grand bonheur des Anglais. Mais c'était de bonne guerre.

En Europe, pendant ce temps, la situation évoluait. Junot, vaincu par Wellington, dut se retirer pour laisser la place à son camarade Soult qui, vaincu à son tour, passa la main à Masséna. Tout cela en vain. Le Duc de Fer et ses tuniques rouges étaient invincibles, aidés du reste par les patriotes portugais qui, comme leurs homologues espagnols, menaient la vie dure aux occupants français.

En 1814, Napoléon s'effondra et les armées françaises d'Espagne et du Portugal furent raccompagnées à la frontière des Pyrénées par

---

[7] Marie Ire était la nièce de Pierre III du Portugal. Les époux avaient dix-sept ans de différence d'âge.

[8] João Almeal, « Les Bragances du Portugal ».

l'increvable Wellington qui remportait la première manche de son duel contre l'empereur des Français.

La famille royale portugaise en exil, en dépit de toutes ces bonnes nouvelles, y compris le rétablissement de ses cousins Bourbons sur le trône de Madrid en la personne de Ferdinand VII, en faveur duquel son père Charles IV avait abdiqué pour finir paisiblement ses jours à Rome, préféra ne pas précipiter son retour en Europe et demeurer pour un temps au Brésil.

Les Bragance eurent raison de se méfier car, en 1815, Napoléon Ier, échappé de l'île d'Elbe, débarquait en France et chassait Louis XVIII, que les Alliés avaient installé aux Tuileries et qui partit derechef en exil, à Gand, cette fois. L'épisode fut court. Napoléon fut vaincu définitivement à Waterloo par Wellington qui remportait ainsi la deuxième manche de son duel contre l'Ogre de Corse. Napoléon fut embarqué pour l'île anglaise de Sainte-Hélène, possession anglaise dans l'Atlantique Sud, dont il ne sortit plus.

Dès lors, le Congrès de Vienne ayant repris ses séances comme si de rien n'était, restitua à toutes les dynasties régnantes avant les conquêtes napoléoniennes les trônes que les Français avaient usurpés.

Dont celui du Portugal.

Mais la famille royale tarda cependant à rentrer en métropole. Le régent se plaisait au Brésil et sa mère, la reine Marie Ire, se mourrait. Ce n'était qu'un prétexte puisque la malheureuse souveraine ne s'éteignit qu'en 1816. Jean passa alors du statut de régent à celui de roi : il devint Jean VI, « roi du Royaume-Uni de Portugal, du Brésil et des Algarves», puisque c'est le titre qu'il avait inventé pour mettre sur un pied d'égalité le Vieux Royaume d'où il venait et la colonie sud-américaine qui l'avait si généreusement abrité avec les siens pendant les années noires. Notons que l'anglophilie de Jean est patente puisque c'est en 1801 que les Anglais ont créé leur propre « Royaume-Uni de Grande-Bretagne et d'Irlande », succédant au royaume de « Grande-Bretagne », lui-même constitué à partir du royaume d'Angleterre et du royaume d'Ecosse.

Jean VI s'attardant à Rio, les Portugais s'irritèrent de cette préférence affective donnée par le chef de la dynastie au Brésil. A n'en pas douter, il y eut alors la crainte pour la métropole de perdre la direction de son Empire colonial et, sans doute aussi, plus affectivement, une blessure d'amour-propre liée au fait que le monarque semblait manifester un attachement plus fort à une colonie peuplée majoritairement d'Indiens, de Noirs et de Métis qu'à son pays d'origine. Le roi fut sommé de rentrer sans attendre à Lisbonne. Son attitude était incompréhensible pour les Portugais alors même que, depuis 1815, les Bourbons, les Savoie ou les Orange-Nassau étaient revenus à Madrid, à Naples, à Turin ou à Amsterdam. Il fallait donc cesser de tergiverser et employer la force. Le coup de semonce fut sévère puisque, au prétexte de ce retour royal sans cesse retardé, une révolution éclata en août 1820 au Portugal. Prétexte parce qu'il s'agissait désormais de mettre les Bragance au pied du mur en leur imposant une monarchie constitutionnelle. La situation devint ingérable à cette distance pour Jean VI. Spectateur très lointain de ce qui se passait en métropole, le roi était incapable même de déterminer si les libéraux de la bourgeoisie, de l'université et de la presse étaient en parfait accord avec l'armée qui intervenait aussi dans la révolution avec la constitution de juntes à Porto et à Lisbonne. Pire encore, les opinions commençaient à s'embraser au Brésil même et il fallut rétablir l'ordre par la force.

Les Cortès constituantes s'étant réunies à Lisbonne en janvier 1821, une constitution libérale fut votée et la monarchie portugaise devint constitutionnelle. Le roi, complètement dépassé, prit acte de ce nouvel état de fait et accepta tout. Il décida aussi de rentrer dans son pays car il craignait, à juste titre, que la prolongation de sa présence au Brésil n'entraînât la fin de la dynastie.

Le 3 juillet 1821, Jean VI débarquait à Lisbonne, accueilli par un peuple en liesse.

Avant de quitter le Brésil, il en avait solennellement confié la régence à son fils aîné, le prince héritier Pierre.

Le passage du flambeau ou la décolonisation en douceur

Pierre de Bragance, désormais régent du Brésil, était le fils de Jean VI, auquel il ne ressemblait guère, et de l'infante Charlotte-Joachime d'Espagne, fille de Charles IV et sœur de Ferdinand VII. Homme nerveux, au poil noir et au caractère colérique, sensuel comme un Bourbon de bonne souche - il descendait d'Henri IV et de Louis XIV par sa mère -, il rêvait d'un destin politique. C'était le lot de cette génération de jeunes hommes qui avait grandi en Europe au son des canons de la Révolution française puis de l'Empire. Du reste, c'était un garçon intelligent et remuant, qualités essentielles des aventuriers et, particulièrement, des aventuriers politiques.

Pierre avait épousé l'archiduchesse Marie-Léopoldine d'Autriche, fille du dernier empereur du Saint-Empire Romain Germanique François II de Habsbourg-Lorraine que Napoléon, en dissolvant en 1806 cet empire millénaire, contraignit à changer de numéro d'ordre en devenant « François Ier » d'Autriche. Fils d'un roi de Portugal et gendre d'un empereur d'Autriche, Pierre avait donc tous les atouts en main pour faire une belle carrière.

Jean VI avait quitté le Brésil avec regret et avec appréhension. Regret pour le pays et son peuple, appréhension à cause des ambitions de son fils aîné. Il lui laissa des instructions détaillées et, surtout, lui rappela qu'il n'y avait qu'un seul souverain du Royaume-Uni de Portugal, du Brésil et des Algarves : lui !

Pourtant, ce monarque, d'une grande finesse politique en dépit d'un physique balourd, anticipa l'avenir puisqu'il confia à son fils : « Pedro, le Brésil ne tardera guère, je le crois, à se séparer du Portugal. S'il en est ainsi, placez la couronne sur votre tête plutôt que de la laisser tomber dans les mains d'un aventurier[9]. » A l'évidence, le père et le fils s'accordaient pour considérer que si la sécession du Brésil devenait inéluctable, il était dans l'intérêt de la dynastie et des futures relations lusitano-brésiliennes que tout se passe en douceur et, si possible, sous l'autorité de Pierre. Pour les Bragance, cette solution, au fond, était « un moindre mal », pour reprendre l'expression de Gilette Saurat[10].

Jean VI voyait loin car les Cortès de Lisbonne, toutes libérales qu'elles fussent, lui causèrent quelques soucis. Les principes libéraux en Europe, au XIXe siècle, ressemblaient étrangement aux « principes républicains » de la France du XXIe siècle en ceci qu'ils étaient

---

[9] Ghislain de Diesbach, op.cit.
[10] Op.cit.

d'interprétation stricte ou extensive, en tout cas malléable, en fonction des hommes au pouvoir. Ainsi, les libéraux portugais de 1821 étaient favorables à une limitation des prérogatives de la monarchie, ce qui était assez logique après l'ébranlement de 1789 qui avait mis fin à un système séculaire, statique sur le plan social et religieux, imperméable au bouillonnement des idées, aveugle face à l'émergence de l'individualisme et fermé aux ambitions de la bourgeoisie montante. Mais ces beaux esprits, au fond, ne remettaient pas en cause le système colonialiste et le principe de subordination des colonies à la métropole. Inutile donc de préciser que le « Royaume Uni » de Jean VI irritait prodigieusement les esprits « éclairés » de Lisbonne, de Porto ou de Coimbra qui s'agaçaient aussi de voir apparaître sur leurs belles monnaies d'or métropolitaines le titre de « roi du Brésil » de Jean VI - associé tout de même à celui de « roi du Portugal et des Algarves » - alors qu'au bon vieux temps du colonialisme, on ne pouvait lire sur les monnaies brésiliennes que celui de « roi de Portugal et des Algarves », titulature officielle des rois lusitaniens. C'était pourtant de bonne justice puisque l'or lui-même venait des mines du Brésil.

Des mesures vexatoires visant à restaurer les anciennes structures coloniales furent prises et très mal reçues au Brésil qui, grâce à Jean, justement, s'était émancipé progressivement de la métropole et où, par la grâce de ce même monarque, les « capitaineries générales » avaient laissé place aux « provinces ». Il y avait dans tout cela un sentiment de mépris pour les créoles et les indigènes qui ne pouvait qu'envenimer les choses et les porter à l'incandescence. Ce phénomène, il faut le préciser, ne fut pas uniquement portugais puisque la morgue des classes dirigeantes espagnoles, et particulièrement de l'administration coloniale vis-à-vis des créoles sud-américains - ne parlons même pas des indigènes - ruina toute possibilité de décolonisation pacifique.

II.
L'Empire du Brésil et le Premier Règne

« Traître à sa patrie portugaise pour les uns, Libertador pour les autres, homme d'Etat autant qu'homme à femmes, Dom Pedro de Alcantara aura en tout cas, au cours de son fulgurant règne, préservé l'unité de la nation brésilienne. A ce titre, il est le sauveur et le fondateur du Brésil moderne. »

Axel Gylden[11]

Le régent abat ses cartes

Pierre fut lui aussi visé par les Cortès de Lisbonne. Le prince suscita la méfiance des députés lusitaniens car il était favorable à un vrai parlement local alors que les Cortès voulaient une reprise en main directe, non pas du « royaume du Brésil », mais de chaque entité territoriale qui le composait. C'était diviser pour régner.

La riposte s'organisa. Les loges maçonniques brésiliennes s'activèrent, une presse anti-métropolitaine vit le jour. Le ton était violent. Proprement révolutionnaire.

Les Cortès réagirent mal et envoyèrent une escadre pour rapatrier le régent dans son pays d'origine. Populaire et finaud, Pierre, qui avait senti le vent de l'Histoire, refusa. Il lança alors le fameux « Fico ! », autrement dit : « Je reste ! »

A partir de cette insubordination qui aurait pu lui valoir le poteau d'exécution, le scénario se déroula sans heurt et avec une parfaite synchronisation. Avec les encouragements de sa femme Marie-

---

[11] Axel Gylden, « Le Roman de Rio ».

Léopoldine : « Le fruit est mûr, cueillez-le ; autrement il pourrira[12] », et l'aide de l'un des hommes d'Etat les plus remarquables du Brésil émergent, le professeur José Bonifácio de Andrade e Silva, grand-maître de la franc-maçonnerie brésilienne, Pierre, lui-même initié dans la franc-maçonnerie en août 1822, proclama l'indépendance du « royaume du Brésil » le 7 septembre 1822. Ce fut le « grito de Ipiranga » ou « cri d'Ipiranga » : « L'indépendance ou la mort ! », lancé sur les bords d'un petit cours d'eau de São Paulo que l'hymne national brésilien évoque poétiquement :

« Les rives calmes de l'Ipiranga ont entendu

L'appel retentissant d'un peuple héroïque.

Et le soleil de la liberté, de ses rayons fulgurants,

Brilla dans le ciel de la Patrie à cet instant. »

Les garnisons portugaises loyalistes tentèrent de s'opposer au mouvement mais Pierre, qui avait déjà averti son père que l'indépendance du Brésil serait protégée par lui et par les troupes qui étaient sous ses ordres, s'allia aux Anglais et, avec l'aide de l'amiral Lord Cochrane, réduisit la résistance des soldats métropolitains. Le Brésil évita ainsi les guerres d'indépendance interminables et cruelles des colonies espagnoles d'Amérique qui ruinèrent, par la faute d'un Ferdinand VII obtus, les relations ibéro-américaines qu'un siècle et demi plus tard un autre Bourbon d'Espagne, Juan Carlos Ier, rétablit avec bonheur.

Les débuts du nouvel Etat furent toutefois politiquement houleux. Pierre, agacé par son ami Bonifácio de Andrade qu'il avait fait ministre au temps de la régence et qui entendait rester son mentor politique, s'en débarrassa et se fit élire à sa place grand-maître de la franc-maçonnerie brésilienne. Ainsi, le caractère autoritaire du prince et son goût pour le pouvoir personnel apparaissaient au grand jour.

Le 1er décembre 1822, le régent devint « Empereur constitutionnel et Défenseur perpétuel du Brésil » sous le nom de Pierre Ier. Il reçut l'onction de l'évêque de Rio qui lui remit l'épée, la couronne et le

---

[12] Denyse Dalbian, « Léopoldine, première impératrice du Brésil ».

sceptre. Néanmoins, il conserva ses droits à la couronne du Portugal puisqu'il était le fils aîné de Jean VI.

Par déférence pour son père, Pierre accepta que Jean VI conserve, jusqu'à sa mort - qui surviendra en 1826 - le titre de courtoisie « d'Empereur titulaire du Brésil », titre parfaitement mérité, du reste, puisque c'est bien lui, au fond, qui avait, sans le vouloir directement, lancé le mouvement d'émancipation en faisant du Brésil un Etat parfaitement administré et capable de se suffire à lui-même.

Tracas dynastiques

En décembre 1822, Pierre Ier avait à peine trente-quatre ans. De son union avec l'archiduchesse Marie-Léopoldine d'Autriche il avait eu au Brésil quatre enfants, deux garçons et deux filles. Mais, les garçons étant morts en bas âge, il ne lui restait plus que la princesse Marie et la princesse Janvière[13]. On voit immédiatement les difficultés dynastiques que cette situation pouvait créer un jour car le nouvel empereur du Brésil n'avait pas renoncé à ses droits légitimes à la couronne du Portugal. Il se rapprocha donc bientôt de son père Jean VI pour passer avec lui un pacte de famille aux termes duquel, si le roi régnant à Lisbonne disparaissait, Pierre abandonnerait ses prétentions au trône du Portugal en faveur de sa fille aînée Marie. Du coup, c'était la princesse Janvière qui serait destinée, elle, à la couronne du Brésil. C'était assez logique, au fond, et en conformité avec les lois dynastiques portugaises qui n'excluaient pas les femmes du trône mais les contraignaient à céder le pas aux garçons au même degré.

Toutefois, cette hypothèse, relativement consensuelle au Portugal puisque la grand-mère de Pierre avait déjà régné sous le nom de Marie Ire, risquait de poser problème au Brésil. Les mentalités n'étaient pas les mêmes qu'en Europe et les Brésiliens, dans un pays d'explorateurs, de chercheurs d'or, d'éleveurs de bétail, de cultivateurs, de gauchos et d'aventuriers de tout poil, auraient sans doute renâclé à cette solution assez peu « virile ». D'autant que l'empereur, puisqu'empereur il y avait, était le chef suprême des

[13] Ainsi prénommée en l'honneur de la ville de Rio de Janeiro, découverte un mois de janvier.

armées, « le défenseur perpétuel » du pays pour reprendre la belle titulature officielle.

Il fallait donc que Pierre et Marie-Léopoldine consolident au plus vite la nouvelle monarchie brésilienne. Conscients de leurs devoirs dynastiques, ils engendrèrent trois enfants encore de 1823 à 1825 : la princesse Paule (1823), qui mourra à l'âge de dix ans, la princesse Françoise, future princesse de Joinville (1824), enfin le prince Pierre (1825), proclamé aussitôt héritier du trône selon les lois dynastiques portugaises puisqu'il prenait le pas sur ses sœurs aînées. On voit que l'impératrice du Brésil assuma avec conscience son rôle de génitrice et fut de ce point de vue plus vaillante que sa bien-aimée sœur, l'impératrice Marie-Louise, qui ne fit qu'un seul enfant à Napoléon.

La jeune monarchie brésilienne reposait donc désormais sur un empereur de trente-sept ans et sur un nouveau-né. Situation un peu périlleuse mais pas désespérée puisque Pierre Ier était doté d'une excellente santé et que le bébé était robuste.

Un empereur très politique

Pierre avait un caractère entier et peu porté à la conciliation quand il était certain de la justesse de ses vues. Tout libéral et franc-maçon qu'il fût, il entendait régner et gouverner, refusant d'être cantonné dans un rôle de figuration comme son père Jean VI l'était au Portugal depuis 1821.

Les premières difficultés apparurent avec la réunion d'une assemblée constituante en avril 1823. A priori, avec une assemblée de cinquante-trois députés, issus très majoritairement de la société civile mais comptant aussi des membres du clergé (dix-neuf) et de l'armée (sept), les choses auraient dû se passer en douceur et de façon consensuelle puisqu'il s'agissait de donner au nouvel État une constitution viable à partir de principes libéraux auxquels les députés adhéraient majoritairement. On imagine cependant que les dix-neuf membres du clergé étaient plus réservés car l'Église catholique, depuis la Révolution française, les misères faites par Napoléon au pape Pie VII et les mouvements révolutionnaires qui commençaient à agiter les États pontificaux, était très réticente aux idées nouvelles.

Pourtant, si les débats achoppèrent très vite, ce ne fut pas sur les questions religieuses ou sur les principes libéraux mais sur l'articulation des pouvoirs exécutif et législatif. En effet, le vote des lois par la représentation nationale étant acquis, l'empereur entendait que ces lois soient soumises à son approbation, avec faculté d'amendement ou de retrait. De leur côté, les députés ne voulaient lui reconnaître que le droit de sanctionner formellement les textes, sans modification sur le fond. Le monarque devait donc se contenter d'approuver purement et simplement les décisions votées par le pouvoir législatif.

Le blocage s'ensuivit car Pierre était une tête chaude. Il considérait qu'en matière démocratique il n'avait de leçon à recevoir de personne et rappelait qu'avant même de monter sur le trône du Brésil, c'est lui qui, en sa qualité de régent, avait introduit l'habeas corpus interdisant toute détention arbitraire et aboli la torture dans les procédures judiciaires. Il choisit donc la force pour réduire les beaux parleurs et prononça la dissolution de l'assemblée constituante en novembre 1823. Les députés récalcitrants, ou qui criaient trop fort, furent arrêtés, d'autres s'exilèrent par crainte de mesures de rétorsion. Ce fut le cas de Bonifácio de Andrade, ancien ami, conseiller et ministre de Pierre sous la régence, qui s'exila en France. L'empereur avait compris qu'en raison de leur dispute personnelle, Bonifácio de Andrade voulait le réduire au rôle assez peu enviable de soliveau constitutionnel et contribuait, avec son talent oratoire et ses diatribes enflammées, à monter les députés contre lui.

Pierre considérait que la légitimité et le droit étaient de son côté. D'abord, parce qu'il avait été proclamé empereur par les représentants de la nation ; ensuite, parce qu'il avait reçu l'onction de l'Église lors de son couronnement ; enfin, parce que, grand-maître de la franc-maçonnerie, il lui appartenait de conduire le Brésil dans la voie des Lumières. Il trancha le débat constitutionnel en adoptant une méthode purement bonapartiste et nomma lui-même une commission législative chargée d'établir un nouveau projet de constitution pour l'Empire. Ce document, truffé de références à la Déclaration des Droits de l'Homme et du Citoyen d'août 1789, fut rédigé puis soumis à l'approbation des conseils municipaux puisqu'il n'y avait pas d'autres strates démocratiques en mesure de s'exprimer. L'adhésion fut quasi unanime.

Ainsi, en avril 1824, le Brésil fut doté de sa première constitution qu'on nomma officiellement la « Charte »[14].

Ce texte, très napoléonien d'esprit, faisait de l'empereur la clé de voute des institutions en vertu d'un pouvoir dit « modérateur » ou « 0 Poder Moderator » en portugais. Ce pouvoir, déjà défini par Bernardin de Saint-Pierre comme un moyen pour la monarchie de garantir l'équilibre entre les trois ordres de la société, et par Benjamin Constant comme celui de faire régner l'harmonie entre les pouvoirs exécutif, législatif et judiciaire, devenait le fondement du droit constitutionnel au Brésil. Il ne s'agissait plus d'une notion purement spéculative à l'usage des philosophes ou des juristes mais bien d'un outil constitutionnel permettant au monarque de veiller au bon fonctionnement des institutions en corrigeant les dérives éventuelles et en contournant les blocages.

L'empereur, seul chef réel de l'exécutif, choisissait ses ministres en toute liberté. Il avait face à lui un pouvoir législatif composé de deux chambres : un Sénat, nommé par lui, et une Chambre des Députés élue démocratiquement. Particularité de cette élection : elle se faisait à deux degrés puisqu'on choisissait d'abord au niveau local des électeurs qui, ensuite, élisaient les députés[15]. Les listes des électeurs étaient dressées tous les ans dans chaque paroisse par le juge de Paix et une commission de citoyens honorables. Le vote était obligatoire mais réservé aux hommes de vingt-cinq ans - vingt-et-un si l'homme était marié -, et disposant de revenus suffisants. La Chambre pouvait être ajournée ou prorogée par le monarque qui, en outre, avait la possibilité de refuser de sanctionner des lois qui lui paraissaient aller contre l'intérêt du peuple brésilien. De même, l'empereur pouvait suspendre les décisions des assemblées communales ou provinciales, mesure qui fut prise avec un parti-pris assumé de centralisation afin d'éviter l'éclatement du Brésil.

Bien évidemment, Pierre Ier, déjà chef suprême des forces armées, disposait également des prérogatives traditionnelles d'un monarque

---

[14] Ce terme vient de la Charte de Louis XVIII de 1814 mais aussi, sans doute, de la « Grande Charte » anglaise du XIIIe siècle.

[15] Le suffrage direct mais facultatif s'imposera avec la réforme électorale de 1881 qui permettra l'accès aux urnes des anciens esclaves. Seuls les citoyens illettrés resteront interdits de vote en raison du risque de manipulation de leurs bulletins par les caciques locaux.

constitutionnel, à savoir le droit de grâce et d'amnistie, et, naturellement, le devoir de garantir l'indépendance judiciaire. Nous sommes donc bien là dans un régime démocratique puisque les élections à la Chambre étaient libres, que les partis s'organisaient comme ils l'entendaient et que la presse n'était pas muselée. Mais cette démocratie était « tempérée » par le pouvoir modérateur du souverain. Cela sous-entendant, bien sûr, que celui-ci serait toujours porté à la modération.

Cet autoritarisme « modéré » sera exactement le même que celui préconisé par le Libertador Simon Bolivar au congrès de la République de Bolivie en 1825 pour le gouvernement des jeunes États libérés de la tutelle espagnole : « Le Président de la République joue dans notre Constitution le rôle du soleil qui, du centre où il se tient ferme, donne la vie à l'univers. Cette suprême autorité doit être perpétuelle car, dans les régimes sans hiérarchie plus que dans tout autre, il faut un point fixe autour duquel tournent les magistrats publics et les citoyens, les hommes et les choses[16]. » Bien entendu, la notion d'autorité « perpétuelle » du président de type bolivarien suscitera autant de débats et de commentaires dans l'ancienne Amérique espagnole que celle du pouvoir « modérateur » au Brésil.

En tout cas, pour le Brésil, le « soleil bienveillant » au centre du système institutionnel ne fut pas un président à vie mais un monarque héréditaire, fier de son origine royale mais parfaitement conscient aussi de son rôle éminent d'émancipateur, de pacificateur et d'unificateur d'une ancienne colonie portugaise qui, à la différence de ses consœurs espagnoles, n'avait pas sombré dans le chaos à l'occasion de sa rupture avec la mère patrie.

Curiosité supplémentaire à signaler à propos de la première constitution brésilienne : bien que la nation fût dirigée par un monarque franc-maçon et que la liberté religieuse était proclamée conformément aux principes de la Déclaration des Droits de l'Homme et du Citoyen de 1789, la religion catholique obtenait néanmoins le statut de religion d'État. Inspiration, là encore, du Concordat de 1801 de Bonaparte qui, sans donner au catholicisme en France le statut de « religion d'État », lui reconnaissait une position privilégiée en contrepartie d'un droit de regard du pouvoir civil sur la nomination

[16] Gaston Bouthoul, « L'art de la politique ».

des évêques - sous réserve de confirmation ultérieure par le Saint-Siège - et de l'entretien du clergé par l'État. Pierre voulut ainsi ménager la puissance considérable que représentait l'Église catholique dans un pays où le catholicisme était religion dominante, pour ne pas dire exclusive. Par ailleurs, il entendait aussi s'attirer les bonnes grâces de la hiérarchie catholique et donc, au-delà, de la Papauté, dirigée à l'époque par Léon XII, pontife assez peu sensible aux idées nouvelles et grand pourfendeur des carbonari et des francs-maçons.

Cet exercice d'équilibre s'était déjà manifesté lors du couronnement de 1822 puisque Pierre avait solennellement juré de défendre les droits de l'Église et avait reçu les insignes du pouvoir des mains de l'évêque de Rio. Le sel de l'histoire est que cette bonne volonté de l'empereur du Brésil ne fut pas récompensée par Léon XII qui, dans une lettre apostolique de 1826, confirma les condamnations de la franc-maçonnerie fulminées par ses prédécesseurs depuis Clément XII en 1738. Il faut toutefois reconnaître que, pour la Papauté, ce trop-plein de francs-maçons parmi les libérateurs de l'Amérique latine avec Hidalgo, Miranda, San Martin ou Bolivar - ce dernier étant néanmoins catholique pratiquant et assidu à la messe dominicale quand la guerre lui en laissait le loisir -, cela faisait tout de même beaucoup.

Unité ou dissolution : le choix cornélien des États émergents d'Amérique latine

Les guerres d'indépendance menées par les colonies espagnoles d'Amérique depuis 1811 ont montré qu'il existait aussi dans ce processus d'émancipation, un ferment dangereux de dissolution. Les quatre grandes vice-royautés espagnoles qui divisaient le continent - Nouvelle-Espagne, Nouvelle-Grenade, Pérou et Rio de la Plata - explosaient les unes après les autres et un nationalisme régional succédait ainsi à un système colonial, moins oppressant sans doute qu'on l'a prétendu mais néanmoins étroitement lié à la métropole où toute décision fondamentale était prise. Bolivar perçut très vite le danger et voulut ralentir ce mouvement en créant de grands ensembles territoriaux comme la République de Grande-Colombie, et en les articulant autour d'un président unificateur.

Le Brésil, à partir de 1817, connut le même mouvement avec la révolte sécessionniste de Pernambouc. Jean VI avait supprimé les capitaineries générales du XVIIIe siècle pour les remplacer par des « provinces ». Idée louable puisque, symboliquement, on passait d'un système purement colonial à une organisation reconnaissant la spécificité des territoires composant le Brésil. A ceci près, que les capitaines généraux, jadis nommés par Lisbonne, furent remplacés par des gouverneurs de « souche brésilienne » et parfaitement bien implantés dans leurs territoires respectifs. Or, ces caciques avaient une volonté d'agir sans contrôle chez eux, ce que le pouvoir central ne pouvait admettre. Pierre Ier se rendit compte alors que le danger n'était pas vain d'un éclatement du pays. Du coup, la Charte de 1824 qu'il inspira fortement porte la marque d'une reprise en main par le monarque qui pouvait approuver, suspendre ou révoquer les décrets et résolutions des assemblées provinciales.

La seconde révolte sécessionniste des États de Pernambouc, de Ceará et de Paraíba qui éclata en juillet 1824 - quatre mois après la promulgation de la Charte - avec la proclamation par les insurgés de la « Confédération de l'Équateur » fut le signe alarmant que l'empereur n'avait pas sous-estimé le risque de dislocation territoriale. Cette révolte fut sévèrement réprimée par l'armée et la marine avec le bombardement de Recife à l'automne 1824. La normalisation fut impitoyable et des centaines de mutins furent passés par les armes. Toutefois, dès le début de 1825, Pierre usa de son droit de grâce pour tous les condamnés à mort encore emprisonnés.

Il était temps d'apaiser les choses dans le Nordeste car un nouveau mouvement sécessionniste émergea en avril 1825 au sud-est de l'Empire. Ce territoire qui, sous la colonisation espagnole, portait le nom de Banda Oriental, relevait de la vice-royauté du Rio de la Plata et constituait une pierre d'achoppement entre l'Argentine, qui se considérait comme l'État successeur de l'ancienne vice-royauté et avait même adopté le nom pompeux de « Provinces-Unies du Rio de la Plata », et le Brésil, qui voulait renforcer sa frontière du sud-est. En 1821, le Brésil annexa la Banda Oriental qui devint la Province Cisplatine. Mais, soutenue en sous-main par l'Argentine, cette province bascula quatre ans plus tard dans la sécession armée.

Si l'on excepte la question de la province Cisplatine dont la spécificité est particulière, on constate que le Brésil qui, pourtant, en

1822, n'était peuplé que de quatre millions d'habitants, était d'une grande fragilité en raison des oligarchies locales qui, sur le plan économique, rivalisaient entre elles. Le particularisme l'emportait sur l'esprit unitaire, situation qui, si elle avait fait les affaires de l'administration coloniale soucieuse de ne pas voir se dresser contre elle une opposition homogène, présentait un risque mortel pour le nouvel Empire. Pierre Ier, très conscient de ce danger, avait jugé que le maintien de l'unité du pays passerait par la centralisation administrative et par l'ouverture à une immigration étrangère peu sensible aux sirènes des séparatismes locaux.

En faisant appel à une main-d'œuvre immigrée d'origine européenne qu'il encourageait par des aides diverses - concession de terres, don de bétail et de semences, facilités administratives pour la création d'un commerce ou d'un atelier, exonérations fiscales -, l'empereur n'entendait pas substituer une population à une autre, mais casser les chauvinismes locaux par l'apport massif d'étrangers laborieux qui, bien accueillis dans leur nouvelle patrie, ne pouvaient que s'assimiler facilement par gratitude envers un État qui les avait si généreusement reçus. Ainsi, artisans, paysans, manouvriers, mineurs ou maçons débarquèrent d'Europe et vinrent enrichir un pays auquel ils devaient tout.

Cette politique que Carsten Holm a qualifiée « d'immigration active[17] » eut un effet bénéfique sur la démographie brésilienne et permit l'émergence d'un esprit national qui ne devait plus rien aux caciques locaux.

Crise dynastique au Portugal

Le 10 mars 1826, Jean VI de Portugal s'éteignit. En droit, son héritier direct était son fils aîné, l'empereur Pierre Ier du Brésil, mais le vieux roi savait qu'il serait impossible en pratique à Pierre de porter deux couronnes aussi dissemblables que la couronne royale du Portugal et la couronne impériale du Brésil. Dès lors, en vertu des promesses faites jadis par Pierre de renoncer à ses droits au profit de sa fille aînée Marie, Jean, avant de mourir, reconnut comme

[17] « Un petit coin d'Allemagne sous les palmiers ».

successeur sa petite-fille Marie II qui, n'ayant que sept ans, serait placée sous la régence de sa tante l'infante Isabelle-Marie. C'est donc le processus institutionnel qui se mit en place à Lisbonne le 10 mars 1826. Toutefois, l'empereur du Brésil estima que Jean VI n'aurait jamais dû prendre cette initiative car c'est bien lui qui était l'héritier légitime du trône du Portugal. Dès lors, pour faire les choses dans les formes, Pierre Ier du Brésil prit le nom de Pierre IV du Portugal dès que l'annonce du décès de son père fut parvenue à Rio. Avait-il changé d'avis et était-il revenu sur ses promesses ? Non, il entendait seulement succéder officiellement à son père pour abdiquer de son propre mouvement en faveur de sa fille. En droit, il avait parfaitement raison, même si les Brésiliens purent s'inquiéter de voir leur Pierre Ier devenir Pierre IV du Portugal et craindre qu'il ne les abandonne à leur sort.

Pierre tenait au respect des formes car il savait que sa fille aînée mineure serait menacée par son oncle, l'infant Dom Miguel, fils cadet de Jean VI et propre frère de Pierre. Dom Miguel considérait en effet qu'à partir du moment où son aîné avait créé une nouvelle dynastie au Brésil, il fallait qu'il y reste avec toute sa famille. Selon cette logique très personnelle, c'est lui qui devait succéder à Jean VI sous le nom de Michel Ier.

Ce prince était un ambitieux et un vindicatif. De plus, il manifestait des sentiments absolutistes et son catholicisme était aussi borné que ses idées politiques. Il représentait en quelque sorte le type même du réactionnaire du début du XIXe siècle. Son activisme, encouragé par sa mère, la reine Charlotte-Joachime, veuve de Jean VI, qui l'adulait et partageait ses idées obscurantistes, le conduisit à fomenter un coup d'État en 1823, du vivant même de son père, pour abolir la constitution libérale. Il échoua et partit en exil où il continua à conspirer. Pour lui, l'accession au trône de sa nièce Marie qui n'était qu'une enfant était une aubaine dont il saurait profiter au moment opportun. Dès lors, si Pierre avait tenu à signifier clairement à tous, et en particulier à son cadet, qu'il était l'héritier légitime et direct de son père Jean VI, c'était pour renforcer encore la légitimité de Marie II qui, ainsi, ne devrait pas le trône à un caprice de son grand-père mais à une renonciation en bonne et due forme de son propre père, Pierre IV de Portugal, en sa faveur.

Pierre ne se contenta pas de faire don au Portugal de sa fille aînée, il octroya aussi à sa patrie d'origine, pour laquelle il gardait un attachement compréhensible, la Charte constitutionnelle de 1826 qui établissait une monarchie équilibrée où les prérogatives du roi - avec le fameux « pouvoir modérateur », repris de la Charte brésilienne de 1824 -, et la souveraineté nationale, exprimée par l'élection de la Chambre des Députés, devaient cohabiter harmonieusement. Enfin, pour neutraliser son frère Michel qu'il ne voulait surtout pas désigner comme régent, il exprima la volonté que Marie II, lorsqu'elle aurait atteint l'âge nubile, épouse l'intéressé. L'idée n'était pas scabreuse en soi au Portugal puisque Marie Ire, à la fin du XVIIIe siècle, avait déjà convolé avec son oncle Pierre de Bragance. Mais Pierre III était un honnête homme et le couple royal s'entendait à merveille. En revanche, Michel était un prince dangereux, le type même du cadet qui passe sa vie à pourrir celle de son frère aîné. S'il épousait Marie II, il était évident qu'il reléguerait son épouse dans un palais éloigné ou dans un couvent et régnerait seul. Fausse bonne idée, donc.

Toutes ces décisions furent officialisées sans que pour autant les Brésiliens aient eu leur mot à dire puisqu'il s'agissait, théoriquement, d'une affaire purement interne à la dynastie. La petite princesse Marie du Brésil, abandonnant ses parents, son petit frère Pierre et ses sœurs, s'embarqua pour Lisbonne où elle fut proclamée reine le 28 mai 1826, sous la régence de sa tante, l'infante Isabelle-Marie. A la douleur de cette séparation s'ajoutait pour la jeune Marie II l'angoisse de ne plus revoir sa mère, l'impératrice Marie-Léopoldine, dont l'état de santé se dégradait de jour en jour. De fait, l'impératrice mourut à Rio en décembre 1826, sept mois après le départ de sa fille aînée.

Crise politique au Brésil

Les complications dynastiques de Lisbonne eurent des répercussions sur le fonctionnement de l'État à Rio. Les hostilités entre l'empereur et les députés commencèrent dès l'ouverture de la session parlementaire de 1826. De nombreux politiciens à la fibre nationaliste sensible n'avaient pas apprécié le jeu de chaises musicales autour de la couronne portugaise. Ils avaient accusé leur souverain de s'inquiéter du sort de son pays d'origine plus que de celui de son pays d'adoption. C'était déjà ce qu'avait prétendu Bonifácio de Andrade e

Silva à l'époque des débats constitutionnels houleux de 1823 lorsque, dans un climat politico-passionnel, le mentor réglait ses comptes avec son ancien disciple. Certains avaient craint même que « Pierre IV » - ce nom était en soi une provocation pour les patriotes brésiliens - n'envisage de remettre au goût du jour le fameux « Royaume-Uni » de Jean VI en foulant au pied l'indépendance du Brésil, pourtant solennellement reconnue par le Portugal l'année précédente. L'inquiétude était vaine et les soupçons outrageants pour Pierre Ier qui était assez fin politique et suffisamment réaliste pour songer à restaurer une double monarchie à cheval sur deux continents, et donc en pratique ingouvernable. Sans compter que, depuis 1822, le pli indépendantiste était pris au Brésil et que les Brésiliens se considéraient désormais comme une nation à part entière, ayant ses propres intérêts et ne conservant de ses liens historiques avec la mère patrie qu'une langue et une culture communes.

Sur ce terreau de soupçon et de médisance injustifiés, les débats politiques prirent un tour paroxystique. Les députés libéraux - pourtant favorables à la monarchie - attaquèrent l'empereur sur le rôle trop personnel qu'il jouait au sein de l'exécutif. De fait, c'est lui qui nommait les ministres et le chef du gouvernement sans même que la Chambre des Députés soit consultée et, moins encore, qu'elle puisse renverser le cabinet qui n'était pas responsable devant elle. L'empereur répondit qu'il appliquait à la lettre la Charte de 1824 ; qu'il laissait une marge de manœuvre importante aux ministres et au chef du gouvernement qu'il avait choisis ; qu'enfin, il s'était toujours refusé à prendre des décisions qui n'auraient pas été contresignées par les ministres en exercice.

Les libéraux ne se satisfirent pas de cette réponse. Ils voulaient plus. Leurs préférences allaient à un système monarchique purement représentatif dans lequel l'empereur se contenterait d'agréer des ministres choisis au sein de la majorité parlementaire. Dans cette hypothèse, le gouvernement pourrait donc à tout moment être renversé par les députés sans que le monarque ait son mot à dire.

Au fond, dès 1826, la classe politique brésilienne s'affrontait entre partisans du pouvoir impérial et partisans du parlement, ou mieux encore, entre partisans d'un exécutif fort qui aurait toujours le dernier mot et un législatif omnipotent qui, légitimé par le suffrage populaire - encore limité par l'exclusion des illettrés, des domestiques, des esclaves et des sans-emploi -, devait nécessairement imposer ses volontés. La même pièce se jouera bientôt en France entre Charles X et son opposition libérale.

Pierre ne céda pas. Si, philosophiquement, il n'était pas très éloigné des thèses libérales, il considérait néanmoins en pratique qu'un système monarchique représentatif ne suffirait pas à conduire dans la paix et dans la voie du progrès la nation émergente qu'était alors le Brésil. D'autant qu'un grand nombre de députés étaient de riches propriétaires terriens et donc, qu'on le veuille ou non, en dépit des idées libérales proclamées, des conservateurs attachés surtout à la préservation de leurs intérêts privés. On observera que Simon Bolivar lui-même, avec sa conception très constantinienne du « Président-Soleil », partageait un point de vue identique. Le Libertador, on le sait, fut d'ailleurs trahi par l'oligarchie des grands propriétaires craignant l'avènement d'une dictature impériale.

Droit dans ses bottes, Pierre Ier assuma sa gouvernance autoritaire mais néanmoins démocratique puisque la presse était libre, que le monarque n'usait pas de la dissolution pour contraindre la Chambre et qu'il s'appuyait sur des conseillers éclairés qui, pour la plupart, étaient issus de la franc-maçonnerie dont, rappelons-le, il était le grand-maître.

La franc-maçonnerie brésilienne du début du XIXe siècle n'avait rien à voir avec ce que sera la franc-maçonnerie française de la IIIe République. Pas d'hostilité farouche à l'égard du catholicisme reconnu comme religion d'État, mais volonté de tenir l'Église hors du débat politique pour qu'elle puisse se consacrer exclusivement à son ministère évangélique et à son œuvre éducative et sociale. La franc-maçonnerie brésilienne ressemblait en réalité beaucoup à celle de la France à la fin du XVIIIe siècle, vecteur actif des principes humanistes qui s'incarneront parfaitement dans la Déclaration des Droits de l'Homme et du Citoyen d'août 1789. L'empereur, avec conviction, adhérait à ces principes. Il croyait que l'homme naissait libre ; que tous les individus étaient égaux ; qu'ils avaient une totale liberté de conscience et d'opinion pour autant que l'ordre public soit respecté ; que seul le mérite justifiait les distinctions.

Le monarque allait même très loin dans l'expression de ses idées puisque, issu d'une dynastie profondément catholique, il rejetait absolument la notion « de droit divin », ce qui le rapprochait beaucoup de Frédéric II de Prusse ou de Gustave III de Suède, eux aussi francs-maçons, mais de tradition luthérienne. Le prince, selon cette conception, n'était pas d'une essence supérieure aux autres hommes et ne pouvait justifier sa position éminente au sommet de la société que par les services rendus et le contrat social qu'il passait avec un peuple libre. Dès lors, Pierre refusait « l'hommage réservé à une divinité » que l'on rendait traditionnellement aux souverains chrétiens, et particulièrement catholiques. On ne doit donc pas interpréter l'onction épiscopale du couronnement de 1822 comme la sacralisation de la monarchie par l'Église mais comme un signe de la reconnaissance du pouvoir civil par le clergé et de la prééminence du catholicisme par le monarque. L'Église est là pour bénir l'empereur et prier pour que son règne soit empreint de cet esprit de justice que le peuple est en droit de réclamer de ceux qui le gouvernent.

Ce peuple, justement, est le socle de la société civile. Il doit être amené à la connaissance par l'éducation et par la science. La tolérance est la première vertu du citoyen éclairé et si elle doit permettre, d'abord, l'expression libre des idées de chacun, elle doit aussi conduire à l'égalité entre tous. L'égalité dans une société mixte est l'absence de toute distinction ou prévention ethnique entre citoyens. Pierre était clair sur ce point, alors même que l'esclavage régnait encore dans le monde, jusqu'en Europe où, sous le nom de servage, il persistait en Russie et dans l'Empire Ottoman qui dominait alors la péninsule balkanique. L'empereur du Brésil, chef d'État pourtant d'un pays esclavagiste, condamnait l'esclavage parce qu'il ne croyait pas aux classifications raciales. Il parlait de ses « frères humains », expression qui relaie d'ailleurs le message évangélique. Il dira crûment à l'un de ses contradicteurs : « Je sais que mon sang est de la même couleur que celui des Noirs. »

L'empereur parlait et agissait. Il voulait avancer en douceur pour ne pas braquer une société encore rétrograde mais entendait, par l'exemple, montrer le chemin pour vaincre les préjugés et rejeter l'obscurantisme et le racisme. Sur ses domaines privés, comme celui de Santa Cruz, il offrit des terres aux esclaves et les affranchit. Étonnamment, ce monarque franc-maçon adoptera la politique de l'Église primitive qui, pour ne pas heurter frontalement la société romaine, demandera aux évêques, d'abord, d'affranchir les esclaves travaillant sur leurs terres.

On comprend dès lors la perception ambigüe, contrastée, de Pierre Ier dans l'opinion. La bourgeoisie et les possédants se méfiaient de ses idées progressistes que des intellectuels éclairés admiraient et qui étaient connues dans les classes défavorisées, mais, plutôt que de le contrer ouvertement sur ce terrain, allaient lui mener la vie dure à la Chambre pour le pousser à la faute.

1828 : l'année terrible

1828 fut une mauvaise année pour Pierre sur le plan politique, sur le plan militaire et sur le plan personnel.

Sur le plan politique, d'abord. Tandis qu'à Rio la partie de bras de fer se poursuivait avec les députés, à Lisbonne, l'infant Michel faisait un coup d'État pour renverser sa nièce Marie II et abroger la constitution libérale. Ce prince félon et sans respect pour la parole donnée devint donc le roi Michel Ier du Portugal avec la bénédiction des Cortès qui préféraient courber la tête plutôt que d'être dissoutes par le dictateur royal et poursuivies par sa vindicte. Michel jouissait cependant d'une certaine popularité dans le peuple et dans l'armée qui trouvaient sa présence sur le trône plus rassurante que celle d'une enfant, la reine, et d'une jeune femme sans grande expérience, la régente.

Le renversement de sa fille Marie par son frère Michel provoqua la colère irrépressible de l'empereur Pierre qui, du coup, sembla cautionner les médisances des parlementaires brésiliens qui le soupçonnaient d'être toujours portugais de cœur et de préférer le Portugal au Brésil. C'était faux. Pierre réagissait en père de famille dont l'héritage avait été spolié par un parent malhonnête. A ses yeux, Marie II était la reine légitime et Michel un usurpateur. En droit, il avait raison en dépit de la lâcheté des Cortès de Lisbonne. Par ailleurs, le droit, dans cette affaire, était encore renforcé par la morale puisque Michel, en tant qu'oncle paternel de Marie et son futur époux selon les accords dynastiques antérieurement passés, aurait dû être le premier à la protéger plutôt que d'usurper sa couronne.

Pierre était un émotif et un impulsif, caractère aggravé sans doute encore par le fait qu'il était sujet à des crises d'épilepsie. Il est certain que son premier mouvement, chevaleresque en diable, fut de songer à s'embarquer sans délai pour le Portugal afin de rétablir sa fille sur le trône. Mais cela posait de graves difficultés puisque le Brésil était alors en pleine guerre à cause de la sécession de la République Cisplatine. Si l'empereur, chef des armées, quittait le pays, les opposants à la Chambre profiteraient immédiatement de sa « désertion » pour le contraindre à choisir une fois pour toutes entre le Portugal et le Brésil. Pierre, la mort dans l'âme, resta.

Sur le plan militaire, les choses n'allaient guère mieux. L'armée brésilienne, depuis 1826, avait du mal à réduire la rébellion cisplatine et commençait même à subir des échecs cuisants. L'empereur avait même dû partir pour le Rio Grande Do Sul, région frontalière de la province en révolte, après avoir confié la régence à sa femme, l'impératrice Marie-Léopoldine. Il avait installé son quartier général à Porto Alegre et s'était fait chef de guerre, ce qu'il n'avait plus été depuis l'indépendance. Il avait dressé un bilan de la situation, revu en détail les opérations militaires en cours, donné de nouveaux ordres, limogé quelques responsables militaires. La guerre put ainsi reprendre avec plus de vigueur et de conviction du côté brésilien en raison de la présence du souverain dont la personnalité charismatique avait un effet certain sur le moral des troupes. Cet homme de plein air, étonnant de fougue, adorant les longues chevauchées et la chasse au jaguar ne pouvait en effet que séduire les soldats et mobiliser leur énergie.

Mais cette guerre était néanmoins difficile à gagner car les Brésiliens, comme Michel au Portugal, n'avaient pas le droit et la morale pour eux. En effet, il n'est pas douteux que la Banda Oriental du Rio de la Plata qu'ils avaient annexée en 1821 était bien - les cartes géographiques délimitant les possessions espagnoles et portugaises en Amérique du Sud à la fin du XVIIIe siècle en font foi - un territoire relevant de la vice-royauté espagnole du Rio de la Plata dont l'Argentine, après l'indépendance, était le principal État successeur. Certes, l'annexion brésilienne avait été justifiée par le fait que ce territoire était dépeuplé et que sa position géographique permettrait au Brésil d'atteindre la rive gauche du Rio de la Plata, enjeu stratégique d'importance face à l'Argentine, mais la légitimité de cette annexion n'en était pas moins discutable.

Sur le terrain, Pierre comprit qu'en dépit du sursaut militaire qu'il avait impulsé la province cisplatine serait perdue puisque la rébellion était armée par l'Argentine et financée par l'Angleterre. Cette dernière, comme les États-Unis par la suite, ne voulait pas voir un État dominant en Amérique latine afin de mieux imposer son propre impérialisme économique. Aussi, pour vaincre malgré les obstacles juridiques, politiques et diplomatiques, plus importants encore que les opérations militaires, il aurait fallu que tout le Brésil, autour de son empereur, dans une sorte d'union nationale, reconnaisse que l'enjeu était vital pour la nation. Objectivement, et en dehors même des querelles parlementaires sur le sujet qui embrouillaient les choses plus qu'elles ne les faisaient progresser, c'était à la fois peu crédible et dangereux pour les Brésiliens. En effet, s'ils souhaitaient avoir pour frontière naturelle méridionale le Rio de la Plata, pourquoi d'autres États émergents de l'Amérique du Sud n'auraient-ils pas manifesté des ambitions annexionnistes similaires qui, du coup, auraient déstabilisé le Brésil lui-même ? Songeons qu'à la même époque, Bolivar, inquiet de l'éparpillement des anciennes colonies espagnoles de la Nouvelle-Grenade et de la Terre Ferme, c'est-à-dire de la capitainerie générale de Caracas[18], avait créé la Grande-Colombie, bloc territorial qui, après tout, à bien observer sa position géographique, aurait pu prétendre repousser sa propre frontière sur l'Amazone. Pour ne pas ouvrir la boîte de Pandore, les gouvernements latino-américains devaient donc faire preuve de sagesse et respecter les frontières coloniales telles qu'elles avaient été héritées de l'histoire.

Pierre était parfois trop entier et fort peu diplomate, mais c'était un homme d'État honnête et lucide. C'est pour cela que, le cœur brisé, il avait dû admettre à la mort de son père en 1826 qu'il serait désormais impossible de maintenir un État lusitano-brésilien de part et d'autre de l'Atlantique. C'est pour cela encore qu'il comprit en 1828 que la guerre cisplatine, si l'on ne voulait pas poursuivre un conflit ruineux sur le plan financier et sanglant sur le plan humain, devait s'achever sans délai. Ce fut fait intelligemment en août 1828 par un traité aux termes duquel le Brésil reconnaissait l'indépendance de la République Cisplatine qui allait devenir la République Orientale de l'Uruguay. C'était une solution pertinente sur le plan géopolitique puisqu'elle

[18] Il s'agit respectivement de la Colombie et du Venezuela actuels.

évitait que l'Argentine, après avoir soutenu la province rebelle, ne s'empare de ce territoire pour se payer de son aide. En outre, la création d'un État tampon entre les deux colosses sud-américains était une précaution très sage.

Il n'en demeure pas moins que, pour l'empereur, « défenseur perpétuel du Brésil », ce fut une blessure personnelle, comme l'usurpation du trône du Portugal par Michel l'avait été pour le père de famille et le chef de la dynastie qu'il était également.

Enfin, sur le plan privé, 1828 marque une période délicate pour Pierre Ier. En décembre 1826, il avait perdu sa femme, l'impératrice Marie-Léopoldine, sans se rendre compte tout à fait de ce qu'elle avait représenté pour le Brésil et pour lui. Épouse aimante et discrète, mère exemplaire, cette malheureuse archiduchesse autrichienne qui eut tant de mal à s'acclimater au climat tropical de son nouveau pays, fut abondamment bafouée par un mari au sang chaud. La reléguant dans son palais, Pierre se pavanait avec ses maîtresses qui, à l'évidence, semblaient avoir pour lui plus d'importance que la digne impératrice. Pire encore, dévoré d'une passion de sous-lieutenant pour Domitila de Castro, l'une des plus belles fleurs du Brésil, il osa imposer à la cour sa maîtresse. Avoir plusieurs aventures pour un monarque est chose négligeable car si les sens l'emportent sur la raison, les passions charnelles sont éphémères. Mais une maîtresse en titre est en danger direct pour la souveraine légitime qui, en plus d'être bafouée, a le sentiment que tout s'écroule autour d'elle. Fragile de tempérament, Marie-Léopoldine disparut de la scène publique, se replia sur ses enfants et se laissa mourir de consomption.

Sur le moment, la perte ne sembla pas trop affecter l'empereur, d'autant qu'il y avait des dossiers politiques plus urgents à régler. Mais, au cours des mois suivants, il se passa un phénomène étrange. Pierre eut le sommeil agité, vit le spectre accusateur de sa femme lui apparaître la nuit, se convainquit qu'il avait été ignoble et qu'il avait traité Marie-Léopoldine comme sa propre mère, la reine Charlotte-Joachime du Portugal, avait traité son père Jean VI. A front renversé, bien sûr, puisque c'est la reine, alors, qui, comme sa mère, Marie-Louise d'Espagne, avait abondamment trompé son royal époux. Pierre, qui accusait sa mère d'être une « putain », comprit soudain que lui-même avait été un salaud.

Il s'ensuivit une sorte d'effondrement moral qui, mûrissant au fil du temps, aboutit à la contrition publique : l'empereur congédia sa maîtresse Domitila de Castro en 1828. Il pleura beaucoup, s'apitoya enfin sur ses enfants, et particulièrement sur son seul héritier mâle au trône du Brésil : le petit prince Pierre. Né en 1825, orphelin de mère à un an, le bambin n'avait trouvé d'affection maternelle qu'auprès de ses nounous noires ou métisses travaillant sous l'autorité de Mariana de Verna, gouvernante en titre. Ces femmes dévouées compensaient comme elles pouvaient la perte incicatrisable d'une mère.

Mais Pierre Ier était sanguin et sensuel. Ce tempérament exigeait des satisfactions charnelles. Comme il avait écrit à son beau-père François Ier d'Autriche qu'il regrettait l'attitude cruelle qu'il avait eue vis-à-vis de Marie-Léopoldine et qu'il en demandait pardon à Dieu, il ne lui restait qu'une solution raisonnable : un mariage légitime qui satisferait son exigeante nature. Toutefois, sa réputation de séducteur et le sort de l'infortunée première impératrice du Brésil furent un obstacle à ses projets. Toutes les cours d'Europe lui refusèrent la main de leurs princesses disponibles. Du coup, le diable au corps, il demanda à Domitila de Castro de revenir à la Cour. Ce fut bref car, miracle diplomatique, on finit par trouver une charmante princesse à sacrifier : Amélie de Leuchtenberg. Fille du prince Eugène de Beauharnais, vice-roi d'Italie du temps de Napoléon, et de la princesse Augusta de Bavière, l'élue était la petite-fille de l'impératrice Joséphine et celle de Maximilien de Wittelsbach, électeur de Bavière, que Napoléon, en remerciement de sa collaboration, avait fait roi de Bavière. En octobre 1829, à Rio, le second mariage impérial fut célébré et loué unanimement. Il flattait les Brésiliens et les rassurait car ils avaient craint que l'empereur solitaire ne finisse par épouser sa maîtresse. Les nations jeunes ont, plus que d'autres, besoin de respectabilité.

Ce qui est historiquement curieux dans tout cela, c'est que le nouveau mariage de Pierre Ier, déjà beau-frère par alliance de Napoléon par Marie-Léopoldine, devint avec Amélie le petit-fils par alliance du même Napoléon qui avait envahi le Portugal en 1807 et contraint les Bragance à s'exiler au Brésil.

La fin du Premier Règne

On ne sait pas précisément à quel moment l'empereur décida de lâcher prise et de se retirer de la vie publique brésilienne mais, à coup sûr, l'année 1828 fut celle où tout bascula dans sa tête. L'affaire du Portugal et le sort injuste fait à la petite reine Marie le hantaient. Mais il n'y avait pas que la question dynastique. Celle-ci se doublait d'une affaire plus grave encore : le basculement du Portugal dans l'absolutisme. De fait, Michel, soutenu par les extrémistes du clergé et de l'armée, suspendit la constitution de 1822, que Jean VI avait acceptée et qui proclamait solennellement que « la souveraineté réside dans la nation ». Il abrogea également la Charte constitutionnelle accordée par son frère aîné en 1826. Ce retour en arrière meurtrissait Pierre dont les idées libérales très avancées étaient bafouées par son frère cadet qui durcissait son régime et réduisait les libertés publiques des Portugais au moment même où la situation politique se radicalisait en France.

Le paradoxe est que l'empereur du Brésil subit le contrecoup de la crise constitutionnelle française car les nombreux journaux brésiliens - la presse était libre et très puissante au Brésil - se passionnaient pour les événements de Paris et commentaient avec passion le bras de fer qui se déroulait depuis 1829 entre Charles X et la Chambre des Députés. Bien que Pierre Ier, philosophiquement parlant, eût peu de points communs avec le dernier roi de France, on fit au Brésil, en raison des tensions permanentes entre l'exécutif et le législatif, entre le Trône et la Chambre, des rapprochements audacieux avec la situation française. Pierre, franc-maçon, humaniste, admirateur de la Révolution française - en tout cas de la « Révolution acceptable », comme aurait dit François Mitterrand[19] -, et qui avait introduit dans la constitution brésilienne les principes du *Contrat social* de Rousseau et ceux de la Déclaration des Droits de L'Homme et du Citoyen, était caricaturé en despote absolutiste. Cela le blessa et le révolta : « Vous exploitez au Brésil des circonstances particulières à la France ! », objecta-t-il à ses opposants.

---

[19] Contrairement à Clemenceau qui considérait que la Révolution française était un « bloc », Mitterrand estimait que si la période 1789-1792 pouvait susciter l'adhésion d'un honnête homme, la dictature conventionnelle, la Terreur, la corruption du Directoire et la dictature militaire de Bonaparte étaient condamnables par leurs dérives.

S'il est vrai qu'en politique tout est bon pour abattre un adversaire, surtout la mauvaise foi, il n'en reste pas moins que l'empereur fit un faux pas qui put faire croire aux ignorants, aux naïfs ou aux dupes, que son comportement était identique à celui de Charles X. En renvoyant en avril 1831 un cabinet qui avait le soutien des libéraux parce qu'il était incapable d'assurer l'ordre public et de protéger la communauté portugaise, victime d'agressions intolérables, il mit le feu aux poudres. Alors que le motif du renvoi était moralement louable et politiquement justifiable, l'opposition et la presse qui la soutenait montèrent au créneau pour faire plier le monarque. Lassé, démoralisé, hanté par les événements du Portugal, Pierre refusa de céder et préféra déposer la couronne impériale.

Le 7 avril 1831, sans qu'un seul coup de feu fût tiré, sans résistance, Pierre Ier du Brésil, libérateur du territoire et père de l'indépendance, descendit les marches du trône et renonça à ses droits en faveur de son petit garçon de cinq ans et demi qui devenait, sans contestation et dans la stupéfaction d'une opinion tétanisée par ce coup de théâtre, l'empereur Pierre II.

Pierre Ier partit la tête haute avec, pour ses fidèles, des mots simples mais qui venaient du cœur : « Je quitte un pays que j'ai profondément aimé et que j'aimerai toujours. » Il ne fit pas de discours public mais, avec une étonnante modernité, informa la nation par un communiqué de presse qu'il rédigea en rade de Rio sur un navire de guerre anglais, le *Warspite*, qui devait le conduire en Europe : « Je me retire en Europe avec le sentiment pénible de quitter la patrie, mes enfants et mes vrais amis. L'abandon paternel de ces objets si chers, privation cruelle, même pour le cœur le plus pur, je me l'impose en les considérant comme les plus glorieux soutiens de l'honneur de mon nom et du trône brésilien. Adieu patrie, adieu, adieu pour toujours[20] ! »

Nous ne savons pas ce que l'homme et le père ressentirent en abandonnant au palais impérial le petit Pierre II qui, désormais, serait doublement orphelin. Mais nous savons en revanche quelle fut la douleur de l'impératrice Amélie de devoir quitter l'enfant dont elle n'était pourtant que la marâtre. La lettre qu'elle écrivit sur le *Warspite* à son intention est déchirante : « Adieu, cher enfant, délice de mon

[20] Jean-Baptiste Debret, « Voyage pittoresque et historique au Brésil ».

âme, fils adoptif de mon cœur, toi que mes yeux considéraient avec tant de plaisir ! Adieu pour toujours, adieu ! Mes yeux baignés de larmes ne peuvent se rassasier de contempler ta beauté, à laquelle la sérénité de ton sommeil ajoute un charme de plus[21]. Ma raison troublée peut à peine se persuader de la réalité d'une couronne majestueuse offerte à ton jeune âge, ornant déjà l'innocence angélique dont resplendit ta physionomie enfantine qui me charme. Adieu, orphelin empereur, victime de la grandeur avant que tu saches la connaître. Adieu, ange d'innocence et de beauté ! Adieu, reçois ce baiser, et cet autre, et ce dernier[22] ! »

Les dernières aventures de l'ex-empereur Pierre Ier

De retour au Portugal après avoir reçu, à Londres, le soutien moral du roi Guillaume IV et, à Paris, celui de La Fayette et du roi Louis-Philippe, l'ex-empereur se fit chef d'armée sous le nom de « général duc de Bragance » et mit son sabre au service de sa fille dépossédée. Une guerre civile s'ensuivit car son frère ne voulait pas lâcher prise. Le Portugal était désormais divisé entre obscurantistes et libéraux. S'il est vrai que les simplifications sont toujours hasardeuses en politique, les 17 000 fusillés, les 16 000 déportés politiques et les 26 000 prisonniers[23] du roi Michel plaident en faveur de cette « simplification ». Les choses, d'ailleurs, empirèrent tellement que la flotte anglaise dut intervenir pour contraindre l'usurpateur à relâcher des ressortissants britanniques et français retenus dans les geôles portugaises.

En 1832, Pierre, qui avait déjà pris pied dans les Açores et reconquis une partie du territoire métropolitain, s'empara de Porto, centre économique du pays. Il fut aidé par l'Angleterre car Porto, à cause de son vin, était pour les Anglais un symbole aussi puissant et intouchable que Bordeaux l'avait été au Moyen Age et que le sera également la sicilienne Marsala en 1860, pour le plus grand bonheur du général Garibaldi. Mais la guerre se poursuivit car les carlistes

[21] L'impératrice ne voulut pas réveiller l'enfant au palais impérial, craignant de ne pouvoir supporter la rupture.
[22] Jean-Baptiste Debret, op. cit.
[23] Charles Seignobos, « Histoire politique de l'Europe contemporaine ».

espagnols, aussi absolutistes que Michel, étaient venus à son secours. En 1834, le basculement se produisit enfin grâce à l'intervention d'une armée libérale espagnole qui permit d'en finir. Michel s'enfuit, Marie II fut restaurée et le système constitutionnel rétabli. Pierre profita peu de son triomphe car, le 24 septembre 1834, quatre mois à peine après la fuite de son frère, il mourut d'épuisement physique, son état de santé s'étant aggravé en raison de la tuberculose contractée sur le front.

Dans son testament au peuple brésilien, aucune plainte alors qu'il aurait pu dénoncer les attaques injustes dont il avait été l'objet de la part de l'oligarchie dominante et les insinuations douteuses sur son « patriotisme ». Il aurait pu aussi s'abandonner à la neurasthénie et dire, comme Bolivar : « J'ai labouré la mer ». Non, Pierre n'avait pas labouré la mer, son œuvre demeurerait. Fondateur et défenseur du Brésil, nation qu'il avait tirée des limbes pour lui donner la liberté et la projeter dans la modernité, il avait aussi rétabli la légitimité dynastique au Portugal et écarté définitivement le spectre de la réaction absolutiste. Il avait agi toute sa vie en homme de conviction, en monarque bienveillant envers les défavorisés, méfiant envers les privilégiés.

Pas de regret donc, pas de condamnation. Juste une recommandation et un vœu : l'abolition de l'esclavage au Brésil, « ce cancer qui dévore l'âme des nations qui le tolèrent », et le souhait que sa dépouille soit rapatriée à Rio.

L'abolition de l'esclavage serait pour plus tard, le flambeau étant transmis à son fils. Quant au retour au Brésil, il faudra attendre 1972 et les célébrations du cent-cinquantenaire de l'indépendance. Les restes de Pierre Ier seront alors scellés dans le monument d'Ipiranga. Seul le cœur du monarque demeurera au Portugal, comme pour rappeler symboliquement aux générations futures que cet homme au destin si singulier appartenait tout entier à la grande communauté lusitanienne.

III.
La transition périlleuse

« La régence du Brésil fut une période troublée. »

Pierre Chaunu[24]

La Régence et le tutorat impérial

Toutes proportions gardées, la situation dynastique du Brésil en 1831 s'apparente à celle de la France à la mort de Louis XIV. Un enfant orphelin sur le trône, un tuteur ambitieux suscitant la méfiance, une armée dans l'expectative, une bourgeoisie avide de pouvoir, un peuple auquel on ne demande rien sauf l'acceptation de sa servitude.

Pierre II, à cinq ans et demi, devint donc le second empereur du Brésil indépendant. Pourquoi lui, qui n'était qu'un cadet des enfants de Pierre Ier et de Marie-Léopoldine ? Par application stricte des dispositions que Pierre Ier avaient prises et qui fixaient l'ordre de dévolution de la couronne brésilienne : « La couronne impériale du Brésil se transmet dans la descendance du souverain par primogéniture avec préférence pour les mâles, la ligne antérieure préférée à la ligne postérieure ; dans la même ligne, le degré le plus proche au plus éloigné ; à égalité de degré, les garçons aux filles ; à même sexe, l'aîné au cadet[25]. » Cette règle était celle régissant la transmission dynastique de la couronne portugaise qui n'excluait les femmes du trône qu'en présence d'un frère.

Ainsi, Pierre II était bel et bien l'héritier légitime du trône du Brésil… comme il aurait pu tout aussi bien être celui du trône du

[24] « Histoire de l'Amérique latine ».

[25] Philippe du Puy de Clinchamps, « Les grandes dynasties », article Brésil.

Portugal. Mais on sait que Pierre Ier opta pour la première solution, considérant que sa fille aînée Marie serait mieux acceptée par les Portugais puisqu'il y avait déjà eu à Lisbonne une Marie Ire, sa propre aïeule. En revanche, dans une nation jeune comme le Brésil, et moins policée que le Portugal, ou, disons-le moins brutalement, peu sensible aux subtiles dévolutions dynastiques de la Vieille Europe, la présence d'une femme sur le trône eût choqué.

Signalons à ce propos qu'en dépit des belles idées libérales professées par tous les libertadores sud-américains, la question de l'émancipation des femmes et leur égalité avec les hommes ne fut pas plus prise en compte dans les pays décolonisés qu'elle ne l'avait été au moment de la Révolution française. Comme dans l'Europe conservatrice, la femme n'était exaltée qu'en sa qualité de compagne du héros masculin. Ce fut le cas, on le sait, de la grande Manuela Saenz, veuve de Simon Bolivar, qui n'eut, du vivant du Libertador ou après sa mort, aucun rôle politique. Celui d'inspiratrice du héros, de gardienne de la mémoire, de vestale de l'Indépendance ou, mieux encore, de « Libertadora del Libertador », comme l'appelait affectueusement Bolivar[26], paraissait suffisamment noble à tous ces messieurs pour y ajouter quoi que ce soit. Ce qui est assez étonnant, mais « il n'y a pas de paradoxe en histoire » disait François Mitterrand, c'est que tous les libertadores sud-américains, plutôt « éclairés » sur le plan politique, partageaient le sexisme du prince de Metternich, grand-maître de la réaction en Europe, qui osa écrire, au sujet de l'accession au trône d'Espagne d'Isabelle II grâce à l'abolition de la loi salique par son père Ferdinand VII : « Le gouvernement des femmes restera livré à tout ce qu'il y a de plus plat et de plus détestable[27]. »

En vertu de la Charte de 1824, la majorité de l'héritier du trône était fixée à 18 ans. En 1831, Pierre II étant fort éloigné de cette perspective, il fallut donc parer au plus pressé : la nomination d'un régent. Dans la monarchie brésilienne, seul un prince ou une princesse de 25 ans révolus pouvait exercer cette fonction. Or, à cette époque, aucun membre de la famille impériale, réduite à sa plus simple expression, ne remplissait cette condition. Dès lors, Pierre Ier avait laissé au Sénat et à la Chambre des Députés la responsabilité du choix

[26] Gilette Saurat, op.cit.

[27] Mémoires publiés aux Editions Henri Javal, 1959, tome III, note du 30 avril 1836.

définitif. Louable décision démocratique s'il en fût de la part d'un monarque qu'on accusait parfois de despotisme. Sous le choc de l'abdication de l'empereur, le Sénat et la Chambre s'accordèrent pour confier la lourde charge de la régence non pas à un homme mais à trois, par prudence sans doute. Ce fut un triumvirat de sénateurs composé du général Francisco de Lima e Silva, de Nicolau Pereira de Campos Vergueiro et de José Joaquim Carneiro de Campos.

Constitutionnellement, les choses étaient ainsi parfaitement bouclées. Toutefois, avant son départ pour l'exil, Pierre Ier, agissant cette fois en père de famille et non en monarque, avait désigné trois tuteurs pour le jeune empereur et pour ses sœurs, les princesses Janvière et Françoise. Il s'agissait de José Bonifácio de Andrade e Silva, de Mariana de Verna et du noir Rafael.

Bonifácio de Andrade avait été le mentor de Pierre et son compagnon de route lors de l'indépendance, puis était devenu un opposant irréductible durant son règne pour, au final, se réconcilier avec lui. Réconciliation scellée par ces mots de l'empereur à l'égard de l'intéressé : « C'est un citoyen honorable et un patriote, un véritable ami. » Il est vrai qu'en dépit de leurs querelles sur le rôle de l'exécutif ou sur les prérogatives impériales, les deux hommes partageaient deux idées fondamentales sur l'avenir du Brésil : la centralisation administrative et l'abolition de l'esclavage. Bonifácio de Andrade, et cela fut incontestablement un atout pour lui dans cette fonction de « tuteur » ou de « gardien » des enfants impériaux, était aussi un savant de réputation internationale. Naturaliste de formation, il s'intéressait à tout : à la politique, aux sciences, à la littérature, à l'administration, aux travaux publics. Il avait enseigné à l'université de Coimbra au Portugal - une chaire de métallurgie avait été créée spécialement pour lui et recouvrait tous les domaines allant des mines aux fonderies -, et était devenu secrétaire permanent de l'Académie royale de Lisbonne. Bien que né au Brésil, il se fit un devoir de combattre les armées napoléoniennes qui avaient envahi le Portugal et obtint à cette occasion le grade de major. C'était donc tout à la fois un savant et un homme d'action, mélange parfait pour l'éducation d'un jeune monarque.

Le choix des autres tuteurs était plus surprenant, bien que, d'une certaine façon, il corresponde assez à la personnalité affective et fantasque de Pierre Ier. En effet, confier également le tutorat de ses enfants à la gouvernante Mariana de Verna - que le jeune prince Pierre considérait comme sa mère depuis la mort de l'impératrice Marie-Léopoldine - était sympathique, émouvant même, mais audacieux si l'on considère que la gouvernante n'appréciait pas du tout le caractère hautain et rugueux de Bonifácio de Andrade. Cependant, au-delà d'une malice de Pierre Ier ou d'une volonté de mettre des bornes à l'autoritarisme de son vieil ami, il y a une autre explication que l'on découvre dans la lettre d'adieu de l'impératrice Amélie au petit empereur. En effet, dans cette lettre, l'impératrice s'adressait aussi à toutes les mères brésiliennes : « Tendres mères, je vous confie ce gage le plus précieux de la félicité de l'empire et du peuple brésilien ; qu'il se conserve au milieu de vous aussi parfait et aussi pur que le premier fils de l'homme né dans le paradis terrestre. En le déposant dans vos mains, je sens couler mes pleurs avec moins d'amertume[28]. » Mariana de Verna représenta donc auprès du jeune empereur l'ensemble des femmes du Brésil veillant sur lui comme les bonnes fées des légendes anciennes.

Mais Pierre ne resta pas en si bon chemin et désigna comme troisième tuteur un homme devenu depuis un héros de légende pour la nation brésilienne et pour la communauté afro-américaine particulièrement : le Noir Rafael. Employé au palais impérial de Saint-Christophe à Rio, Rafael était le valet et l'homme de confiance de Pierre Ier et l'accompagnait partout, y compris sur le front lors des conflits. L'empereur avait observé combien cet homme loyal et courageux était attentif aux besoins du prince impérial et s'attachait à distraire l'enfant de mille façons pour rompre sa solitude. Du coup, ce choix, qui dut paraître complètement loufoque à la haute société brésilienne, se comprend parfaitement dans la mesure où Pierre Ier, qui avait tant négligé et maltraité sa première épouse, réalisa au dernier moment qu'il avait été aussi un père trop absent pour un fils déjà privé de sa mère.

Ceci étant, et à y voir de près, cette équipe tutorale éclectique avait peut-être pour Pierre Ier une signification plus profonde et symbolique. En effet, dans le contexte brésilien de l'époque, le politique, la gouvernante et le Noir affranchi représentent trois catégories bien distinctes de la société et, par leur diversité même, pouvaient apporter au jeune empereur la connaissance et la discipline,

[28] Jean-Baptiste Debret, op.cit.

la douceur du foyer, l'amitié dévouée et fidèle. Ajoutons-y l'absence de toute prévention sociale ou raciale qui sera un marqueur déterminant du règne de Pierre II.

Les tuteurs disposaient d'un atout important pour réussir dans la mission que Pierre Ier leur avait confiée et cet atout était le jeune empereur lui-même. Enfant sage, solitaire, très réfléchi pour son âge, Pierre II, orphelin de mère à un an, aimé par son père, certes, mais un père lointain en raison de ses difficultés conjugales, de ses aventures amoureuses et des obstacles politiques qu'il rencontrait, avait été choyé par ses nourrices et sa gouvernante dont l'affection compensait les carences familiales.

Il est vrai que l'enfant ne pouvait que susciter la sympathie de tous ceux qui l'approchaient. En raison, bien sûr, de la mort prématurée de sa mère comme du drame conjugal qu'avait vécu cette malheureuse impératrice dont on imagine que le petit garçon, instinctivement, avait perçu la douleur dans le regard, mais aussi parce qu'il était beau. Et d'une beauté assez rare pour un prince issu de cette famille de Bragance dont, il faut bien l'avouer, la galerie des portraits royaux offre peu d'exemples de monarques ou de princes séduisants. Pierre II était beau parce qu'il ne ressemblait pas du tout à un Bragance. Encore moins à son père, Latino au poil noir, aux yeux sombres et perçants d'aventurier du Nouveau Monde, de chasseur de grands fauves et de femmes, ce qu'il fut aussi, du reste. Pierre II, comme beaucoup de garçons, avait tiré de sa mère, et donc de l'Autriche et des Habsbourg. Il ressemblait enfant à son cousin germain Napoléon II, le duc de Reichstadt, fils de sa tante l'impératrice Marie-Louise, ou à son autre cousin, François-Joseph d'Autriche, fils de son oncle, l'archiduc François-Charles. Blond, la peau laiteuse, les yeux bleu pâle, le regard nostalgique, tout ce qu'il faut, là aussi, mais dans un autre genre que celui de son père, pour séduire les femmes. Et les premières femmes que séduisit le garçonnet furent celles de son entourage et, plus encore, de la nurserie impériale.

C'est peut-être aussi parce qu'ils héritaient d'une manière rocambolesque d'un enfant-monarque plein de charme et marqué déjà par des drames familiaux que les Brésiliens, sous le choc, ne songèrent pas du tout, après l'abdication de Pierre Ier, à proclamer la République. Pourtant, cela aurait pu sembler inéluctable puisque le sentiment monarchique n'avait guère eu le temps de s'ancrer dans le pays. Faut-il expliquer cet étrange phénomène politique par l'esprit chevaleresque des Brésiliens, plus dignes dans ce cas que les Français qui, en 1830, avaient spolié le jeune duc de Bordeaux de sa couronne au profit du duc d'Orléans ? Ou était-ce, plus banalement, la peur de l'avenir ? Cette crainte de voir le Brésil partir en vrille comme les républiques latino-américaines après la mort de Bolivar, et succomber lui aussi à ce « triomphe du morcellement » dont parle Pierre Chaunu[29]. Un peu de tout cela, sans doute, avec, quand même, le choc de la sidération devant l'abdication de Pierre Ier à laquelle personne ne s'attendait vraiment.

Le souffle de l'anarchie et le spectre de la désagrégation

Sur le plan politique, le Brésil ne se portait pas bien. Les querelles de personnes envenimaient les débats et les conservateurs loyalistes, partisans de Pierre Ier, reprochaient aux libéraux radicaux d'avoir provoqué une crise constitutionnelle dont le pays se serait bien passé. Le sel de l'histoire est que les conservateurs, grands propriétaires pour la plupart ou élus par l'oligarchie foncière, étaient farouchement opposés à l'abolition de l'esclavage prônée par l'ex-empereur, alors que les libéraux, en désaccord avec lui sur le rôle, trop dominant selon eux, de l'exécutif, partageaient ses idées progressistes sur l'égalité des races, l'émancipation des esclaves ou la neutralité de l'Eglise dans le domaine politique.

Les Etats, comme les poissons, pourrissent toujours par la tête. Les débats virulents à la Chambre, l'impossibilité d'élaborer une politique publique cohérente et, disons-le tout net, l'absence de direction au sommet de l'Etat puisque les trois régents n'avaient qu'un rôle formel, encouragèrent la fermentation sociale et politique dans les provinces. A ce stade, le désordre se développa car le résultat des élections était presque systématiquement contesté par le parti vaincu qui criait à la fraude. Les Brésiliens se conduisaient alors comme des tifosis

[29] Op.cit. Il faut rappeler que les années 1830 virent la dislocation dans l'Amérique espagnole des grands ensembles territoriaux qui s'étaient constitués depuis l'indépendance. Ainsi, presque dans le même temps, la Fédération des Andes a éclaté en cinq Etats : Colombie, Pérou, Bolivie, Venezuela et Equateur, de même que la Confédération de l'Amérique centrale a laissé place au Guatemala, au Honduras, au Salvador, au Nicaragua et au Costa Rica.

contestant le score d'un match de football et ils le faisaient moins par sincérité que par volonté d'en découdre avec leurs adversaires.

A partir de 1831 et pratiquement jusqu'en 1835, le Brésil connut des révoltes dont on ne sait plus très bien si elles furent fédéralistes ou séparatistes. En tout cas, elles favorisèrent l'anarchie dans les provinces de Pernambouc - qui s'était déjà singularisée en 1824 -, de Bahia et du Minas Gerais.

C'est sans doute à cause de ce désordre qui se propageait dans le pays qu'en juin 1831 la régence fut modifiée dans sa composition. Le général de Lima e Silva, homme fort de l'équipe précédente, fut maintenu dans sa charge de régent mais ses deux autres collègues furent remplacés par José da Costa Carvalho et João Bráulio Muniz. Du coup, on aboutissait à une meilleure représentation territoriale du pays puisque le général de Lima e Silva représentait Rio dont il était sénateur, tandis que Costa Carvalho était député de Bahia, et Bráulio Muniz, député de Maranhão, dans le Nordeste.

Le général de Lima e Silva entreprit de pacifier par la force les provinces en ébullition où, à l'insatisfaction face au gouvernement central, s'ajoutaient des querelles ethniques entre Portugais et Brésiliens. Cette affaire est assez incompréhensible pour nos contemporains mais peut s'expliquer par des raisons sociales puisque les Portugais du Brésil, acteurs toujours importants dans le domaine économique, étaient globalement plus aisés que les Brésiliens, et aussi par des motifs politiques parce qu'on les soupçonnait de regretter l'époque coloniale où ils tenaient le haut du pavé. Malheureusement, l'explication doit être complétée par le fait qu'il se développa au Brésil, à partir de l'indépendance, un véritable racisme anti-portugais qui perdura longtemps. Ce fut, notamment, l'un des nombreux sujets évoqués bien plus tard dans les entretiens du comte de Gobineau, ministre de France à Rio en 1869-1870, avec l'empereur Pierre II. Devant l'étonnement du diplomate face à ce phénomène récurrent, l'empereur, un peu désabusé, dut reconnaître : « Je suis de votre avis et j'espère que cela passera. Mais les races latines... Au fond, je suis de votre avis sur les races latines[30] ».

[30] Georges Raeders, « Le Comte de Gobineau au Brésil ».

Cette situation globalement inquiétante explique la création en août 1831 de la Garde nationale du Brésil, force armée qui avait pour but de défendre la constitution et l'intégrité de l'Empire, de maintenir la tranquillité publique et de seconder les troupes régulières contre tous les ennemis du pays, qu'ils fussent de l'intérieur ou de l'extérieur. La loyauté de l'armée impériale au gouvernement central, favorisée par le légitimiste général de Lima e Silva en dépit du fréquent mépris des militaires pour la caste politique, et l'aide substantielle apportée par la Garde nationale dans le maintien de l'ordre ramenèrent un semblant d'unité et permirent un fonctionnement à peu près normal des services publics. Même si ce fut au prix de milliers de victimes car il s'agissait bien de petites guerres civiles qu'il fallait combattre de toutes parts.

Mais le sabre ne suffit pas à la stabilité d'un État. Particulièrement d'un État démocratique et qui entend le rester, ce qui était le cas du Brésil, seul pays d'Amérique latine à l'époque où, grâce à la monarchie constitutionnelle, les principes généraux du droit étaient respectés. Il faut aussi à cet État des règles claires, fermes et cohérentes. Par l'Acte additionnel de 1834, la Charte de 1824 fut modifiée pour renforcer les structures politiques du pays, notamment, sur proposition des libéraux, dans un esprit fédéraliste. Des assemblées législatives provinciales remplacèrent les conseils généraux purement consultatifs, mais le pouvoir central garda la main sur l'exécutif des provinces car c'est lui qui nommait les gouverneurs. Cette amorce de redressement se concrétisa également l'année suivante par la fin du système collégial de régence au profit d'un régent unique élu pour quatre ans, durée inspirée sans doute par le mandat présidentiel aux États-Unis. Cette dernière réforme était pertinente car l'histoire a démontré que les régences collégiales dans les monarchies comme les présidences collégiales dans les républiques étaient sources de désordre, voire de dislocation. Les exemples, au XXe siècle, du royaume de Roumanie à la fin des années 1920 comme de la république socialiste fédérative de Yougoslavie à la fin des années 1980 ont dramatiquement confirmé ce fait puisque, dans le premier cas, la dictature l'a emporté, dans le second, le pays a explosé.

Le 7 avril 1835, un prêtre, l'abbé Diogo Feijó, ancien ministre de la Justice, et l'un des fondateurs de la Garde nationale, fut élu régent de l'Empire par le Sénat et la Chambre des Députés. Ce sera le premier chef d'État élu du Brésil, en représentation, bien sûr, du jeune empereur empêché par son âge. Feijó était libéral et progressiste aussi bien dans le domaine politique où il plaidait pour une certaine autonomie des provinces et donc une limitation du pouvoir central, qu'en matière religieuse où il préconisait la fin du célibat des prêtres pour lutter contre le développement du concubinage parmi les membres du clergé. Sur le dossier de l'esclavage, il soutenait une idée originale : accroître l'immigration étrangère afin que les nouveaux arrivants, devenus ouvriers agricoles, se substituent aux Noirs dans les grandes propriétés.

Le nouveau régent était favorable à la concession d'une marge d'autonomie aux provinces mais dans l'ordre, ce qui explique le rôle qu'il avait joué dans la création de la Garde nationale. Toutefois, l'équilibre était instable et fut très vite mis à l'épreuve des faits. Le Brésil, déjà fragilisé par les tensions locales, fut confronté cette année-là à un nouveau conflit intérieur du fait de la déclaration unilatérale d'indépendance de la « République du Rio Grande do Sul », province située au sud-est de l'Empire et limitrophe de la toute nouvelle République de l'Uruguay. Ce fut une véritable guerre de sécession menée contre le pouvoir central par des grands propriétaires qui considéraient que la fiscalité et les contraintes administratives imposées par le gouvernement de Rio étaient un obstacle à l'expansion économique de la région. Il s'agissait, classiquement, d'une querelle de nantis et d'esclavagistes se refusant à partager le gâteau avec les autres. Il n'empêche que cette guerre dura presque dix ans, qu'elle fit des dizaines de milliers de victimes, et qu'elle fut aussi l'une des premières aventures épiques du grand Giuseppe Garibaldi. Celui-ci, réfugié à Rio pour échapper à la cour martiale qui l'avait condamné à mort pour une mutinerie fomentée à Gênes, était en voie d'expulsion car le gouvernement brésilien était assailli de plaintes par le ministre du royaume de Sardaigne qui n'en pouvait plus de ses provocations. Piment de l'affaire : Garibaldi, en toute naïveté mais avec conviction, se battit pour une république dont les dirigeants ne cherchaient que leur profit personnel sous couvert de slogans humanitaires. En effet, dans son esprit de jeune et ardent révolutionnaire, le Brésil, parce qu'il avait un empereur - très formellement à l'époque d'ailleurs - et surtout un prêtre catholique à la tête du gouvernement, ne pouvait être qu'un pays obscurantiste et clérical. Or, l'abbé Feijó, était très libéral, très proche de la franc-maçonnerie, et pas du tout en odeur de sainteté à Rome[31].

Le régent mena la guerre avec vigueur contre la République du Rio Grande do Sul - ou République de Piratini, du nom de sa nouvelle « capitale »[32] - parce qu'il avait compris que l'extrémisme des particularismes locaux menait tout droit à la désintégration du pays. Grâce à ce conflit, il réussit à créer autour de lui une sorte d'union sacrée qui, comme toutes les unions sacrées, ne dura malheureusement qu'un temps. Au Sénat, comme à la Chambre, les querelles partisanes reprirent du fait que la guerre se prolongeait.

C'est sous la régence de Feijó que se structurèrent véritablement les deux blocs qui allaient désormais jouer un rôle majeur dans le Brésil impérial et démocratique : le bloc progressiste qui devait former le Parti Libéral, et le bloc régressiste qui se coagula autour du Parti Conservateur. Dans les grandes lignes, les libéraux étaient favorables à l'autonomie administrative des provinces, à la monarchie représentative et à l'abolition de l'esclavage. Les conservateurs leur faisaient pièce en soutenant un pouvoir central fort, une monarchie où le souverain serait l'arbitre actif de la vie politique, et le maintien de l'esclavage dont l'abolition ruinerait les grandes propriétés agricoles et jetterait dans la rue des dizaines de milliers d'hommes libres mais sans ressources.

En 1837, Feijó, qui n'avait pu venir à bout de la guerre de sécession du Rio Grande, qui était attaqué sans cesse à la Chambre par des libéraux qui lui reprochaient son intransigeance et par des conservateurs qui le trouvaient trop mou, honni enfin par la hiérarchie catholique pour ses vues sulfureuses sur la moralisation du clergé local ou sur l'enseignement primaire public qu'il entendait mettre en place, jeta l'éponge. Prétextant un état de santé dégradé, il démissionna après avoir désigné le successeur de ses vœux : Pedro de Araújo Lima, marquis d'Olinda. Sous le choc, comme ils l'avaient été après l'abdication de Pierre Ier, le Sénat et la Chambre entérinèrent ce choix.

---

[31] Sur cet épisode de l'épopée garibaldienne, se reporter à l'ouvrage de l'auteur : « Garibaldi, l'aventurier de la liberté ».

[32] La capitale officielle du Rio Grande do Sul était, et est toujours, Porto Alegre.

La majorité de Pierre II ou le « sauve qui peut ! » des politiciens

Guerre de sécession au sud-est et révoltes sporadiques au nord-est continuèrent à menacer l'État brésilien. En 1839, la situation s'aggrava d'un coup lorsque la province de Santa Catarina, au nord du Rio Grande do Sul, proclama également son indépendance sous le nom de République Juliana et se fédéra à la République de Piratini.

C'était le coup de grâce.

La classe politique, en raison de ses divisions et de ses chamailleries, se retrouvait nue, sans solutions, sans homme providentiel pour sauver le pays en péril et en voie de désagrégation.

Pour une fois réconciliés, les politiciens de Rio - à l'exception d'un petit groupe de radicaux extrémistes qui rêvaient de république - se rappelèrent soudain qu'il y avait un empereur au Brésil.

On se tourna alors vers le palais de Saint-Christophe, dans le parc de la Quinta da Boa Vista, où résidait le jeune monarque, comme vers un tabernacle renfermant le Saint-Sacrement salvateur.

Pierre II avait maintenant quatorze ans. C'était un adolescent sérieux, renfermé et solitaire. Marqué par les épreuves familiales, il était beaucoup plus mûr qu'un adolescent de son âge. Il s'était forgé une personnalité originale, d'apparence réservée et timide, mais, au fond, déjà affirmée sur les principes.

L'éducation qu'il avait reçue avait été exemplaire grâce aux règles établies par son principal tuteur, José Bonifácio de Andrade e Silva. Celui-ci, justifiant la confiance de Pierre Ier, avait rempli son rôle à la perfection. S'il enseignait en personne les mathématiques et les sciences à son pupille, il avait choisi des hommes de talent pour le suppléer dans les autres domaines. Ainsi, Luís Aleixo Boulanger était professeur d'écriture, de lecture, de géographie et d'histoire ; le père Renato Pedro Boiret, qui avait enseigné le français à Pierre Ier du temps qu'il n'était que le prince héritier de Jean VI, fit de même avec Pierre II. Les arts n'étaient pas oubliés puisque Simplício Rodrigues initia le jeune monarque au dessin, Fortunato Mazzioti à la musique et Lourenço Lacombe à la danse. Lacombe était même officiellement

« maître à danser » de l'empereur, ce qui sent son Versailles à plein nez.

Les enseignants d'origine française étaient en force dans cette équipe éducative et ce sont ces hommes qui inculquèrent à l'adolescent le goût de la langue, de la littérature et de la culture françaises. Ils suscitèrent également chez lui un véritable intérêt pour la Révolution de 1789 et les principes humanistes qu'elle avait véhiculés. Cette période de l'histoire passionnait leur élève qui, avec Boulanger particulièrement, revivait dans la paisible douceur du parc de la Quinta da Boa Vista les événements tragiques ou glorieux dont sa famille, les Bragance du Portugal, avaient en partie fait les frais. Pierre II, cousin germain du duc de Reichstadt, éprouvait également, comme beaucoup de garçons arrivant à l'âge d'homme dans les années 1830-1840, une fascination certaine pour Napoléon dont le remariage de son père avec Amélie de Leuchtenberg l'avait singulièrement rapproché encore sur le plan familial. Fascination romanesque liée beaucoup plus au caractère et au destin tragique du personnage qu'au souvenir - que cette classe d'âge ne pouvait avoir - des centaines de milliers de morts laissés sur les champs de bataille de l'Europe par l'épopée napoléonienne.

L'éducation et la formation intellectuelle du jeune empereur ne furent pas, en apparence du moins, perturbées par la crise de 1833 qui vit l'éviction de Bonifácio de Andrade de ses fonctions de tuteur impérial. L'intéressé, qu'on surnommait « le Patriarche de l'Indépendance », était un homme remarquablement intelligent, un savant de tout premier ordre et un politicien d'envergure mais la conscience qu'il avait de sa supériorité intellectuelle sur ses contemporains le fit détester. Sa vanité et son mauvais caractère avaient déjà, on le sait, ruiné ses relations avec Pierre Ier - avant la réconciliation in extremis de 1831 - mais ils avaient ruiné aussi ses rapports avec le ministre de la Justice de la première régence, l'abbé Diogo Feijó. Les deux hommes se détestaient et cette détestation de Feijó pour le tuteur impérial passa à son successeur à la Justice, Aureliano Coutinho qui, en 1833, mit fin brutalement aux fonctions de l'intéressé et s'en vanta auprès de ses amis par ces mots sans ambigüité : « On a renversé le Colosse ! » A quoi donc était dû ce licenciement brutal que l'exclu considéra comme abusif ? Aux soupçons qu'on avait sur sa loyauté à l'égard de régence. On le suspectait, en effet, de prêter la main aux insurrections locales qui empoisonnaient et menaçaient alors le Brésil pour, en insistant sur l'incapacité du gouvernement à maîtriser les événements, favoriser le retour de l'Aigle, autrement dit la restauration de Pierre Ier !

Bien entendu, Bonifácio de Andrade ne se laissa pas faire. Il nia, accusa ses accusateurs, résista comme un forcené à toutes les tentatives d'expulsion du palais où il s'incrustait comme une bernique. Il ne délogea qu'en 1834 avec un mandat d'arrêt que l'on fit exécuter manu militari. L'homme se retira alors de la politique et s'enferma dans son Île d'Elbe à lui, l'Île de Paquetá, dans la baie de Guanabara. Ce fut aussi son Sainte-Hélène puisqu'en 1838, gravement malade, on le transporta en urgence dans la ville voisine de Niterói, où il mourut.

Cette ténébreuse affaire fut une façon pour la classe politique brésilienne de se débarrasser d'un trublion dont on craignait, à la longue, une mauvaise influence sur le jeune Pierre II. Le complot visant à restaurer Pierre Ier paraît cependant n'avoir été qu'un prétexte fallacieux. En effet, si Bonifácio de Andrade travaillait à la restauration de l'ex-empereur, la régence aurait dû éliminer avec lui tous les proches de l'ancien monarque. Or, le nouveau tuteur choisi pour le jeune empereur se trouva être le colonel Manuel Inácio de Andrade Souto Maior Pinto Coelho, marquis d'Itanhaém, un proche de Pierre Ier qui l'avait choisi pour porter l'étendard impérial lors du couronnement de 1822 et qui l'avait élevé au marquisat pour sa fidélité à la dynastie.

En 1839, tout cela était loin. Bonifácio de Andrade et Pierre Ier étaient mort, Pierre II attendait sagement au palais de Saint-Christophe.

De nombreuses délégations de sénateurs et de député vinrent donc voir à quoi ressemblait le jeune monarque de quatorze ans et demi. Beau garçon blond tout en longueur, il fit une excellente impression sur des parlementaires plutôt noirauds et rondouillards. De plus, il présentait bien, ce qui est déjà beaucoup pour un chef d'État. Distinction innée, donc, mais conversation un peu contrainte pour un jeune homme de tempérament timide, élevé dans la solitude de son palais. Le marquis d'Itanhaém ne tarit pas d'éloges sur son pupille qu'il décrivit à ces messieurs comme un nouveau Pic de la Mirandole. Ce qui était vrai. Curieux de tout, véritable homme du XIXe siècle de ce point de vue, Pierre s'était formé au contact de professeurs de talent qui l'avaient entouré depuis 1831. Ses maîtres furent souvent contraints eux-mêmes d'approfondir leurs propres connaissances car l'élève ne cessait de poser des questions sur toutes sortes de sujets, ne se contentant pas de réponses superficielles ou dilatoires. Situation qui dut souvent les embarrasser car si le propre des enseignants est de morigéner un élève taiseux, ils sont aussi particulièrement agacés par celui qui pose trop de questions. Pierre dut les agacer souvent mais ils se tinrent coi. Après tout, le blanc-bec était quand même le descendant de Charles Quint et de Louis XIV[33].

Pour la curiosité intellectuelle, Pierre tirait de sa mère, Marie-Léopoldine d'Autriche, qu'il n'avait évidemment pas beaucoup connue puisqu'elle était morte un an après sa naissance, mais que l'on décrit comme « ayant un grand penchant pour l'étude, parlant plusieurs langues, étant passionnée de sciences naturelles[34] ». De fait, la malheureuse impératrice, pour compenser sans doute une vie conjugale désastreuse auprès d'un mari brutal et peu attentionné, dévorait les livres d'histoire, de géographie, de voyages, collectionnait les minéraux et toutes les plantes exotiques que lui rapportaient des officiers de marine, souvent français d'ailleurs puisque Marie-Léopoldine était la sœur préférée de l'ex-impératrice Marie-Louise. Ajoutons à cela qu'elle jouait à ravir du piano et dessinait à la perfection. Le jeune empereur marcha sur ses traces en élargissant plus encore ses connaissances dans des domaines aussi variés que la médecine, l'astronomie, la mécanique, l'ethnologie ou l'archéologie. Chercheur né, il allait toujours jusqu'au bout de sa curiosité et de ses passions.

Ainsi, la photographie l'enthousiasma dès l'invention du daguerréotype en 1839 et la lecture attentive qu'il fit de la communication de l'Académie des Sciences de Paris sur le sujet. L'année suivante, sachant qu'un navire-école de la marine française mouillait en rade de Rio et que l'aumônier de ce navire, l'abbé Louis Comte, se proposait de faire aux Cariocas[35] une présentation du daguerréotype, Pierre, pour y assister, quitta incognito le palais impérial de Saint-Christophe et fut enthousiasmé par l'expérience. Il

[33] Pierre II descendait de Charles Quint par les Habsbourg-Lorraine et de Louis XIV par les Bourbons d'Espagne.

[34] Denyse Dalbian, op.cit.

[35] C'est le nom que portent les habitants de Rio de Janeiro.

acheta aussitôt un appareil et commença à photographier ses proches, d'abord, puis les paysages, les monuments, tout ce qui attirait son regard et lui paraissait digne d'être mémorisé. Finalement, à la fin de son règne, il avait accumulé une collection de 25 000 clichés qu'il offrit à sa mort à la Bibliothèque Nationale du Brésil. Cette collection fabuleuse, que l'Unesco a aujourd'hui reconnue comme « mémoire du monde », s'est enrichie au fur et à mesure d'œuvres réalisées par les plus talentueux photographes de l'époque dont l'empereur était le mécène et auxquels il ne manquait jamais de demander des conseils techniques pour améliorer son propre travail. Bien entendu, ne faisant jamais les choses à moitié, il aida financièrement les photographes brésiliens et créa même pour eux le titre de « photographe de la Maison impériale[36]. »

Après concertation et débats, les parlementaires convinrent que Pierre II était d'ores et déjà en état de régner. A quatorze ans et demi ? C'était audacieux. C'est, du reste, ce qu'il dit lui-même aux délégués qu'on lui dépêcha à nouveau le 22 juillet 1840 en leur précisant, timidement, qu'il n'atteindrait ses quinze ans que le 2 décembre suivant. Cela ne changeait rien au problème constitutionnel puisque la majorité impériale était fixée à dix-huit ans, donc, pour lui, au 2 décembre 1843. Cela ne changeait rien mais on avançait quand même. Les parlementaires admirent que quatorze ans et demi c'était un peu court, que quinze ans c'était mieux mais encore un peu tardif. De fait, dans un pays en ébullition, cinq mois d'attente, c'était long. Donc, tout de suite, ce serait mieux pour tout le monde. En tout cas pour un prince savant et pour une classe politique en déshérence. Pierre, dans un murmure, répondit : « oui ».

Mais il aurait fallu changer la constitution et le temps pressait. On opta donc pour un simple vote parlementaire, plus rapide et surtout moins risqué que des débats constitutionnels qui risquent toujours de

[36] Rodrigo Cunha, « La Science et la Culture ». L'inestimable collection de l'empereur porte le nom de « Collection Thérèse-Christine-Marie », hommage du monarque à son épouse, décédée quelques semaines après les événements tragiques de novembre 1889. Il n'est pas sans intérêt de relever que la passion de Pierre II pour la photographie en fait aujourd'hui, aux yeux de certains, l'inventeur du « selfie » au Brésil. En effet, vers 1860, l'empereur s'est photographié lui-même en posant un appareil photographique sur un meuble du palais impérial de Saint-Christophe et en actionnant le mécanisme déclencheur par un ingénieux système de cordes. Cf. « http://www.facebook.com/PedroIIBrasil/posts ».

s'enliser dans des controverses stériles. Le lendemain même de la réception de la délégation parlementaire et de l'acceptation de Pierre, le 23 juillet 1840, donc, sur l'initiative du Parti Libéral, les deux chambres, sans opposition, votèrent la déclaration de majorité du monarque.

Ainsi, ce jour-là, Pierre II devint « Empereur et Défenseur perpétuel du Brésil par la Grâce de Dieu et de la Constitution ». Celle-ci, bonne fille, s'était quand même laissé un peu violer.

En tout cas, le peuple fut content et exprima sa joie par des chants et des danses dans les rues de Rio. On le comprend, car un jeune et beau gars sur le trône c'était tout de même plus sympathique que les vieux barbons de la Chambre et, plus encore, du Sénat. La jeunesse, c'est l'espoir !

IV.
L'avènement du Second Règne

« Mon fils a un avantage sur moi, c'est le fait qu'il soit brésilien, et les Brésiliens l'aiment. Il régnera sans difficulté et la constitution garantira ses prérogatives. »

Pierre Ier du Brésil

Les premiers pas

Le garçon timide et renfermé qui monta sur le trône du Brésil le 23 juillet 1840 était mieux préparé à son rôle que les politiciens n'auraient pu l'imaginer.

Formé par Bonifácio de Andrade e Silva puis par le marquis d'Itanhaém, Pierre II s'intéressait à la chose publique. Il s'y intéressait tant qu'il avait déjà rédigé de sa main un document en anglais pompeusement intitulé, car c'était un tout jeune adolescent, « Political Right »[37]. Il s'agissait d'une sorte de mémento ou de vade-mecum à l'usage du futur chef d'État qu'il serait un jour. Ce qui est troublant dans cette affaire, ce n'est pas que la plume lui démangeait les doigts, là encore, adolescence oblige, mais les idées personnelles qu'il exprima dans ce texte et qui, de fait, seront le fondement de son action politique future.

Lorsqu'on commence la difficile traversée de la puberté, il est rare qu'on exprime des idées aussi fortes que : « L'esprit de modération doit être l'esprit du législateur », ou encore : « Je ne séparerai jamais la justice de la politique. La justice doit être l'étoile polaire de l'art de

[37] Que l'on peut traduire par « Droit constitutionnel ».

gouverner dans une société civile[38]. » Tout est dit en quelques mots par un garçon sans expérience politique pratique et qui régnera pendant quarante-neuf ans selon les principes qu'il a édictés dans sa prime jeunesse. On dira qu'il a été influencé, peut-être. Encore que pour la modération, qui n'est pas la vertu première de l'adolescence, on admettra qu'il ne pouvait s'inspirer ni de l'impétuosité colérique de son père ni de la vanité autocratique de son premier tuteur.

Étrange maturité donc chez ce jeune monarque que rencontrera à Rio quelques mois plus tard le prince Adalbert de Prusse, petit-fils du roi Frédéric-Guillaume II de Prusse, et qui reviendra enchanté de sa visite : « Dom Pedro a un développement et une vigueur mentale très remarquables pour son âge. Il trouve son plus grand plaisir dans l'accroissement et le progrès de l'instruction qu'il s'applique à posséder dans toutes sortes de connaissances. L'histoire est son étude favorite, bien qu'il s'intéresse à des sujets différents, entre autres la botanique. »

Le prince allemand, qui était beaucoup plus âgé que l'empereur, fut surpris par la régularité du quotidien de son hôte qui se levait toujours à six heures du matin pour se rendre à son cabinet de travail et qui, lorsque les affaires de l'État lui laissaient quelque répit, s'adonnait à la lecture, « activité qui lui est d'un grand profit grâce à une mémoire excellente[39].»

Enfin, si Pierre était discipliné et bien organisé, il manifestait aussi, avec beaucoup d'à-propos et de courtoisie, un sens diplomatique très affirmé. Ainsi, artiste-peintre amateur mais d'un certain talent, comme sa mère, et choisissant par goût des sujets historiques, il offrira à son hôte, « de la façon la plus gracieuse », un portrait à l'huile de Frédéric le Grand peint de sa main. Cela vient du cœur mais n'est pas dénué de finesse politique, voire de calcul. La Prusse, à cette époque, était une puissance émergente en Europe et prétendait regrouper autour d'elle tous les États de langue allemande. Pierre II, qui avait compris depuis longtemps que le Brésil, comme avant lui le Portugal, risquait de devenir la chasse gardée de l'Angleterre, entendait montrer clairement, dès son accession au trône, que ses alliances seraient

[38] Mary Wilhelmine Williams, « Dom Pedro the Magnanimous, Second Emperor of Brazil ».
[39] Georges Raeders, op.cit.

diversifiées. Du reste, l'empereur savait que son père avait favorisé l'immigration allemande et que cette population était laborieuse et légitimiste. L'accueil amical réservé au prince Adalbert fut donc aussi une façon d'exprimer le souhait que cet apport d'une main-d'œuvre compétente et capable d'intégration rapide se poursuive et devienne un atout démographique et économique pour son pays.

Les qualités de sérieux et d'application de Pierre II, qui préférait signer les documents officiels en utilisant, non pas son prénom comme il est d'usage dans les monarchies, mais le mot « Imperador »[40] - ce qui semble traduire que l'homme s'efface devant la fonction - lui furent d'une aide précieuse dès les premiers mois de son règne en raison du chaos qui menaçait le Brésil et qui avait accéléré son intronisation.

Il accorda d'abord une amnistie générale dont bénéficièrent tous les rebelles emprisonnés et tous ceux qui rendraient les armes. C'était à la fois un geste de clémence et une décision à caractère politique puisqu'il s'agissait de tendre la main à tous les hommes de bonne volonté. De façon plus imprévisible, surtout pour les libéraux qui avaient été les premiers à demander l'abaissement de sa majorité constitutionnelle, il procéda à la dissolution de la Chambre. Cette décision entraîna de nouvelles élections et le retour en force des conservateurs en mars 1841. Difficile de dire si cette décision était personnelle ou si elle lui avait été inspirée par un entourage - on pense immédiatement au marquis d'Olinda, fondateur du Parti Conservateur et dernier régent - estimant que la décentralisation adoptée par les libéraux dans l'acte additionnel de 1834 avait été trop loin et que son application conduisait l'Empire à la catastrophe. Cependant, l'empereur semble avoir été suffisamment au fait des choses pour comprendre lui-même d'où venait alors le danger pour la monarchie et pour le pays.

Le 18 juillet 1841, l'accession au trône fut somptueusement solennisée par le couronnement qui suivit le rituel déjà appliqué en 1822 pour Pierre Ier. Dans la chapelle impériale, Pierre II reçut les insignes du pouvoir des mains de l'évêque de Rio. Gageons que, catholique pratiquant, il prit beaucoup plus au sérieux les onctions

[40] Pour la corresponde privée, ce sera « Pedro », « Dom Pedro » ou « Dom Pedro de Alcantara ».

épiscopales que son franc-maçon de père qui n'avait de la religion catholique qu'une vue purement utilitariste, absolument identique à celle de Napoléon. La couronne du Brésil qui ceignit son front était « en or, ornée de huit palmettes alternant avec des perles et le bandeau portait des diamants de la plus belle eau. Huit arcades ornées de perles se rejoignaient en forme de tiare pour soutenir une sphère armillaire surmontée de la croix de l'Ordre du Christ émaillée de rouge ». Le tout, or, perles et diamants, provenant naturellement du Brésil. Quant au sceptre, aussi long que celui de Napoléon Ier, il n'était pas surmonté d'un aigle mais « d'un dragon ailé qui figurait en cimier dans les armes du roi Edouard de Portugal au XVe siècle[41]. » Les cérémonies furent suivies de nombreuses festivités populaires et des milliers de personnes applaudirent le monarque lors de la traversée de la ville en carrosse[42]. La liesse était générale et, à la vérité, très surprenante dans un pays où la tradition monarchique était récente. On peut en déduire que le système politique en vigueur depuis 1831 était rejeté et que le peuple aspirait à voir enfin au pouvoir un homme incarnant l'autorité et l'avenir de la nation.

Les premiers actes du nouveau monarque furent particulièrement significatifs. Outre le décret de grâce qui était conforme aux usages monarchiques lors des événements de ce type, Pierre II, déjà passionné par la recherche médicale et les questions de santé publique dans un pays fragile de ce point de vue en raison des fièvres tropicales et de l'insalubrité des quartiers populaires, signa le décret de fondation de l'Hospice Pedro II à Rio. Il s'agissait de se pencher enfin sur le sort des aliénés dont le traitement au Brésil était absolument rétrograde, pour ne pas dire inhumain. A n'en pas douter, le geste était symbolique, l'empereur souhaitant que le début de son règne ne soit pas seulement festif mais marqué aussi par une volonté de ne laisser personne sur le bord du chemin. L'établissement sera inauguré en 1852 et commencera à fonctionner avec le concours de médecins français détachés de l'Hôpital Sainte-Anne, à Paris[43]. Plus tard,

[41] Arnaud Chaffanjon, « La merveilleuse histoire des couronnes du monde ».

[42] Couronne et carrosse se trouvent aujourd'hui au Musée impérial de Petrópolis. Un carrosse ayant appartenu aux équipages impériaux se trouve aussi au château d'Eu, en Seine-Maritime.

[43] L'influence française est ici très importante puisque c'est le 30 juin 1838 que le gouvernement de Louis-Philippe Ier promulgua la « loi des aliénés », premier texte moderne sur le traitement des malades mentaux.

l'Hôpital impérial de Rio puis, en 1857, l'Institut d'Education des Sourds viendront compléter ce maillage hospitalier avec, notamment, le concours du pédagogue Edouard Huet, formé à l'Institut Impérial des Sourds-Muets de Paris, que Pierre II fera venir spécialement de France en 1857 pour promouvoir ce qui deviendra la LIBRAS, c'est-à-dire « la langue brésilienne des sourds ».

1841 fut l'année d'un grand virage politique. Le Parti Conservateur, dit aussi Regresista - terme qui nous paraît assez péjoratif bien qu'il fût alors communément employé dans le sens, non pas de « rétrograde » ou de « réactionnaire », mais plutôt de « révisionniste » par rapport à la politique précédemment suivie -, tira les conséquences de la faillite politique. En novembre et décembre, de nouvelles lois constitutionnelles renforcèrent le pouvoir administratif central et donnèrent un coup d'arrêt à la politique de décentralisation qui conduisait à l'éclatement du pays. Elles rétablirent aussi le Conseil d'Etat de Pierre Ier qui avait été aboli par les libéraux en 1834 et qui était un organe essentiel de gouvernement pour l'empereur. Celui-ci, entouré de douze sages qu'il nommait sans exclusive partisane, pouvait ainsi disposer d'une opinion éclairée avant de prendre des décisions importantes. Enfin, le nouveau monarque retrouvait les prérogatives de son père : il choisissait les ministres, les renvoyait, convoquait et dissolvait la Chambre des Députés, désignait un certain nombre de sénateurs. Bien entendu, c'était un pouvoir assez considérable mais qui, en pratique, était régulé par le « pouvoir modérateur » du souverain. Pouvoir modérateur qui, à la vérité, allait s'exercer avec plus d'efficacité sous le règne de Pierre II que sous celui de son père en raison d'une personnalité portée naturellement au consensus plus qu'à la confrontation, et d'un souci constant de suivre les recommandations des conseillers d'Etat. Attitude d'une grande sagesse pour un garçon parvenu au pouvoir à un âge si précoce.

Le redressement militaire

Tandis que les politiciens s'occupaient de politique, et particulièrement d'élaborer une réforme territoriale suffisamment souple pour laisser les provinces respirer et suffisamment ferme pour préserver l'autorité du pouvoir central - c'était l'éternelle querelle entre les deux grands partis de gouvernement -, l'empereur, lui, commandant suprême des forces armées, devait ramener la paix dans une nation en ébullition. Il le fit sans hargne et sans esprit de rétorsion mais en considérant que « les petites patries provinciales devaient s'effacer devant la grande, dont Rio de Janeiro représentait la tête[44]. »

Son attention fut attirée par le colonel Luís Alvez de Lima e Silva, fils de l'ancien régent Francisco Alvez de Lima e Silva. Commandant des forces impériales et gouverneur de la province de Maranhão, l'intéressé venait de réduire un soulèvement qui durait depuis 1838 et qu'on appelle « la Balaiada du Maranhão. » C'était un magnifique cadeau qu'il faisait à Sa Majesté pour son couronnement. Pierre II fut reconnaissant et octroya le titre de baron de Caxias et le grade de général au vainqueur. Homme à poigne, Caxias ne manquait cependant pas de qualités humaines et sa redoutable ardeur à combattre les rebelles n'avait d'égale que le souci de traiter avec bienveillance ses adversaires vaincus. Cela correspondait tout à fait au vœu de l'empereur et à ses propres sentiments de générosité.

Devenu le sabre de l'Empire, le nouveau général baron de Caxias ne put profiter longuement de sa permission, amplement méritée pourtant, car de nouvelles rébellions éclatèrent en 1842 à Sorocaba, dans la province de São Paulo, et à Barbacena, dans celle du Minas Gerais. Il fut envoyé derechef sur place pour ramener le calme par la force des armes et s'acquitta rapidement de sa tâche. Pierre II, admirateur de l'histoire de France, avait trouvé son Turenne.

C'est donc tout naturellement à Caxias que l'empereur demanda de résoudre l'interminable guerre de sécession qui, à l'autre bout du pays, embrasait depuis 1836 le Rio Grande do Sul qui s'était proclamé République de Piratini[45] - dite encore République Riograndaise - et qui avait formé une confédération en 1839 avec l'éphémère république sécessionniste voisine de Santa Catarina, devenue, elle, République Juliana[46] ou République Catarinense.

Cette guerre avait été prise de haut par les Brésiliens qui la nommaient avec mépris la « guerre des Farapos » ou la « révolution Farroupilha » pour moquer leurs adversaires qui n'avaient pas d'uniformes dignes de ce nom et ressemblaient à des gueux ou à des

[44] Armelle Enders, « Histoire de Rio de Janeiro ».
[45] Piratini se trouve à plus de 300 km au sud de Porto Alegre.
[46] Parce que proclamée au mois de juillet.

loqueteux, ce que traduit le mot « Farapos ». Mal leur en prit, car ces « gueux », hommes de la terre et des vastes espaces étaient coriaces comme de vrais gauchos, ce que la plupart d'entre eux étaient en réalité. Le fait que ces hommes courageux aient pu être manipulés et utilisés par l'oligarchie des grands propriétaires du Rio Grande et du Santa Catarina est la preuve en tout cas que les soulèvements populaires sont parfois instrumentalisés par des forces dont les objectifs proclamés ont peu de chose à voir en réalité avec les buts poursuivis. Le jeune Garibaldi lui-même s'y est laissé prendre.

Quoi qu'il en soit, Caxias n'était pas homme à se poser des questions et seule la victoire sur les rebelles lui importait. Il obtint des renforts, marcha sur les provinces du sud-est, ne fit pas de quartier et extermina allégrement tous ceux qui voulaient la mort du Brésil et osaient porter les armes contre un jeune empereur qui ne leur avait rien fait. Mais si la guerre conventionnelle fut bientôt gagnée sur le terrain par les forces loyalistes, elle se poursuivit néanmoins sous la forme d'une guérilla sporadique qui dura jusqu'en 1845, date à laquelle, enfin, la paix fut signée. Paix généreuse d'ailleurs, avec amnistie générale, incorporation des anciens rebelles qui le souhaitaient dans l'armée impériale, droit de regard des autochtones sur le futur gouverneur de la province et paiement des dettes de guerre par l'État brésilien. Cette dernière disposition était assez surprenante mais justifiée pourtant par la volonté de Pierre II de tendre une main fraternelle aux sécessionnistes dont le territoire était économiquement ruiné. Quant au grand vainqueur, le général baron de Caxias, il fut élevé à la dignité de comte puis de marquis.

Il est certain que la frustration de l'empereur fut grande de ne pas avoir participé aux combats, ou, tout au moins, de n'avoir pas été présent sur le front. Mais, en raison de son jeune âge, de son absence de postérité et de sa place éminente dans le système institutionnel brésilien, ni le gouvernement ni le parlement n'acceptèrent de le laisser partir. D'autant que la guerre du Rio Grande do Sul était une guerre de sécession, donc une guerre civile, et que la présence du monarque à la tête des armées, même étroitement secondé par le général de Caxias, lui aurait compliqué la tâche pour mener ensuite une politique de réconciliation. Ceci étant, l'attitude qu'il adoptera en 1865, lors de la guerre du Paraguay, semble prouver que, grand admirateur de son père qui avait été un soldat valeureux sur les champs de bataille du Brésil ou du Portugal[47], il rêvait secrètement de pouvoir un jour l'imiter.

De la meilleure façon de gouverner

Il faut rappeler, et c'est une vieille règle du gouvernement des hommes, qu'on ne doit pas s'arrêter à la lettre d'une constitution mais à la façon dont elle est appliquée. Ainsi, la monarchie de Pierre II, légalement très personnalisée, sera en pratique très démocratique par l'usage qu'en fera le monarque. Ceci explique l'appellation de « Second Règne » que l'on donne au gouvernement de Pierre II à partir de sa majorité constitutionnelle pour le différencier du « Premier Règne », celui de son père, nettement plus autoritaire. Et pourtant, dans l'un et l'autre cas, la constitution est fondamentalement la même puisqu'il s'agit toujours de la Charte de 1824 à laquelle Pierre II vouait un respect quasi mystique : « Si même je n'avais pas prêté serment à la constitution, elle serait pour moi comme une seconde religion[48]. »

Cette divergence de comportement entre le père et le fils est un risque inhérent aux monarchies héréditaires dans lesquelles le souverain exerce des responsabilités effectives. L'on pourra ainsi passer, en s'appuyant sur un texte identique, d'un monarque respectueux de la volonté nationale à un autre qui aura une vue plus personnelle de la conduite des affaires. L'exemple le plus parlant étant celui de la France sous les règnes successifs de Louis XVIII puis de son frère Charles X.

C'est, du reste, ce danger réel pour la démocratie qui conduira toutes les monarchies de type occidental à évoluer dès la fin du XIXe siècle vers un système purement représentatif, ne conservant pour le chef de l'État qu'un rôle symbolique.

Il n'est pas douteux que la monarchie brésilienne, si elle avait perduré, aurait suivi la même voie que ses congénères européennes. Mais Pierre II, lui, ne fut pas un monarque représentatif. Il fut un

---

[47] Pierre Ier est appelé communément « le Libérateur » ou « l'Empereur-Soldat ».
[48] Journal de l'empereur, 31 décembre 1861.

monarque démocrate, attaché aux principes de la souveraineté nationale et veillant, à cause de cela, aux équilibres politiques, économiques et sociaux de l'Empire. C'est d'ailleurs ce que l'opinion réclamait après le chaos de la Régence car un pays émergent et fragile comme le Brésil avait besoin d'un capitaine tenant ferme la barre du navire dans la tempête ou se contentant d'indiquer le cap à suivre lorsque la mer était calme.

Cependant, les choses sont souvent plus subtiles qu'on ne le croit. Durant son règne, notamment lorsqu'il fut parvenu à l'âge mûr, Pierre II contesta le fait, observé pourtant par de nombreux témoins, qu'il « régnait » et « gouvernait » tout à la fois. Il préférait donner une interprétation plus imagée et plus fine de son rôle personnel, comme s'il voulait enrichir la réflexion des générations futures d'historiens ou de politologues. Ainsi, la réponse qu'il fit en juillet 1882 au baron Von Hübner, ministre d'Autriche-Hongrie à Rio, est particulièrement intéressante car elle s'inscrit dans ce débat sur le rôle du monarque constitutionnel qui a opposé violemment les Français sous le règne de Louis-Philippe Ier, règne qui couvre la période allant de 1830 à 1848, c'est-à-dire, justement, les premières années de Pierre II à la tête du Brésil[49].

On connaît, en effet, la querelle entre Thiers qui proclamait que « le roi règne mais ne gouverne pas » et Guizot qui n'acceptait pas que « le trône soit un fauteuil vide ». Pierre II, d'une certaine façon, proposait une alternative pour, sinon trancher définitivement la question, du moins pour en montrer la subtilité. A son interlocuteur austro-hongrois qui lui faisait observer que, s'il respectait scrupuleusement les règles constitutionnelles brésiliennes, il n'en restait pas moins qu'en pratique il régnait et gouvernait, il répliqua : « Non, Excellence, vous vous trompez. Je laisse la machine institutionnelle fonctionner car elle est bien construite et j'ai confiance en elle. Toutefois, quand les roues grincent et risquent de se bloquer, alors, je mets un peu d'huile ![50] »

On comprend donc que si l'empereur règne mais ne gouverne pas « en temps normal », il intervient « en période de crise » pour remettre

---

[49] Des liens de famille existaient entre Louis-Philippe Ier et Pierre II depuis 1843, date à laquelle la princesse impériale Françoise du Brésil, fille de Pierre Ier et sœur aînée de Pierre II, épousa le prince François de Joinville, fils du roi des Français.

[50] Roderick J. Barman, « Citizen Emperor. Pedro II and the making of Brazil 1825-1891 ».

les choses en ordre. Il agit comme un mécanicien avec sa machine défectueuse ou comme un professeur avec un élève qui ne respecte pas les règles. De ce fait, le pouvoir d'influence personnelle du monarque est considérable, surtout dans un pays latin où les querelles de partis et de personnes ne facilitent pas la tâche des gouvernements en place, sans même parler des gouvernements provinciaux.

Le système politique de Pierre II sera fondé aussi sur l'alternance qu'il favorisa consciencieusement entre les libéraux et les conservateurs. Chaque parti ayant à tour de rôle sa part de pouvoir - on comptera trente-six gouvernements en quarante-neuf ans de règne effectif -, le pays put fonctionner sans trop de heurts et surtout d'acrimonie car il suffisait d'être patient et d'attendre que le pendule électoral oscille dans un sens favorable. L'empereur choisissait ses ministres dans le parti majoritaire si le verdict des urnes était net, et retrouvait une marge de manœuvre lorsque les majorités étaient fragiles ou étroites. Sans trop se faire d'illusion d'ailleurs sur la régularité des scrutins car, à l'époque, la fraude électorale était assez répandue tant au niveau local qu'au niveau provincial. Mais nul ne lui reprocha jamais d'avoir favorisé délibérément l'une ou l'autre des deux principales formations parlementaires par des prises de position qui auraient pu fausser le verdict des urnes.

De même, lors des nominations au Sénat ou au Conseil d'Etat, il veilla à l'équilibre politique en privilégiant la compétence des candidats et non leur étiquette partisane, même si, et c'est malheureusement souvent le cas en politique, le sénateur ou le conseiller qui n'a pas été choisi crie à l'injustice ou au favoritisme. Il n'y eut pas d'injustice ou de favoritisme au Brésil dans les nominations faites par Pierre II parce qu'il n'y avait pas de cour à Rio ou de coteries au palais impérial et qu'au Brésil la noblesse n'avait pas le rôle qu'elle pouvait avoir en Europe avant 1789 ou avant 1830. Chacun louera donc toujours les choix pertinents que fit l'empereur de personnes particulièrement qualifiées dans leur domaine de compétence. Certes, cette neutralité tenait à la nature de Pierre II, toute de pondération, mais aussi au fait que, de chaque côté de l'échiquier politique, il y avait des hommes avec lesquels il avait des accointances intellectuelles mais aussi, parfois, des divergences de vue notables. Ainsi, il était proche des conservateurs sur la question de la centralisation mais opposé à eux sur celle de l'abolition de l'esclavage. Vis-à-vis des libéraux, c'était la même situation, mais à front renversé.

Les réflexions de l'empereur sur « le bon fonctionnement de la machine constitutionnelle » le conduisirent, parce que c'est un homme qui avait de la suite dans les idées, à favoriser l'émergence au Brésil d'un véritable régime parlementaire. De fait, en 1847, et alors que, jusque-là, c'est lui qui choisissait les ministres en fonction du résultat des élections, il décida que, désormais, il désignerait seulement le chef du gouvernement - logiquement le leader de l'opposition si le parti majoritaire n'était pas fragilisé par des querelles intestines -, à charge pour lui de choisir à son tour les membres de son ministère. Songeons qu'en 1847 Pierre II n'avait que vingt-deux ans, et qu'à cet âge, celui de toutes les audaces et de tous les espoirs, un Louis XIV ou un Pierre le Grand ne songeaient qu'à gouverner eux-mêmes, et seuls !

Ajoutons à cela, pour compléter l'étude de la gouvernance de Pierre II, que si l'empereur avait naturellement, comme tout homme, des affinités particulières avec l'un ou l'autre de ses chefs de gouvernement, il veilla à ne jamais bloquer l'alternance en maintenant coûte que coûte au pouvoir, et par confort personnel, un président du Conseil décrié par l'opinion ou contesté par la classe politique. Grande sagesse, là encore, surtout si l'on compare cette attitude à celle d'un Charles X ou d'un Louis-Philippe en France qui, tous deux, perdirent leur couronne pour avoir soutenu, au-delà de toute raison, un Polignac ou un Guizot.

Il est vrai que Pierre II lisait attentivement la presse française car la France était à l'époque un laboratoire étonnant d'expériences institutionnelles contradictoires. Nul doute que cela enrichit un peu plus sa réflexion politique et qu'il tira le plus grand profit des analyses qu'il pouvait faire sur la situation française.

V.
L'impérieux devoir dynastique

« L'impératrice Thérèse-Christine ne joua aucun rôle politique mais fut très aimée de ses sujets pour sa dignité, sa conduite irréprochable et son soutien à la culture brésilienne. »

Gotha d'Hier et d'Aujourd'hui [51]

En quête d'une épouse

Toute dynastie, et surtout une dynastie de fraîche date, doit prospérer pour conforter le trône qu'elle occupe. Officiellement née en 1822, la dynastie brésilienne devait relever rapidement ce challenge si on ne voulait pas qu'elle s'éteigne prématurément ou que les Brésiliens se trouvent contraints d'aller chercher un monarque à l'extérieur. Il est vraisemblable d'ailleurs que ces deux hypothèses auraient entraîné le même inéluctable résultat : la proclamation de la République.

C'eût été dommage en l'état, alors qu'un si beau et si sage jeune homme était sur le trône impérial et apparaissait pour les Brésiliens comme un don de Dieu dans une nation encore fragile où le risque de désagrégation n'était pas complètement écarté.

Si jeune et si sage mais bien trop sérieux. Comme tous les garçons sensibles de cette époque encore romantique, Pierre II ne s'intéressait pas beaucoup aux amours charnelles. Ayant par la force des choses appris que son père y avait trop sacrifié, il en vint à considérer ce sujet avec la plus grande circonspection, d'autant que sa mère, perdue trop jeune, avait été la première malheureuse victime de ces débordements.

[51] 7 novembre 2013.

Il était aussi sincèrement catholique et très pratiquant, contrairement encore à son père qui ne voyait dans la religion qu'un moyen de régulation sociale. Tout cela contribua au renfermement affectif d'un garçon qui, du reste, ne connaissait les femmes qu'à travers sa gouvernante, Mariana de Verna, et ses sœurs, les princesses Janvière et Françoise du Brésil. C'est peu. Très insuffisant en tout cas. Ajoutons que le Brésil est loin de l'Europe, qu'il n'y avait pas de jeunes princesses en Amérique, qu'aux Etats-Unis même rien ne laissait imaginer qu'il y eût un jour des Grace Kelly ou des Jackie Kennedy pour aristocratiser un peuple prétendument si républicain. Pierre II, jeune homme, ne pouvait donc pas fréquenter de princesses européennes de confession catholique qui, à la vérité, sauf du côté autrichien ou bavarois, n'étaient pas toutes de grandes beautés.

Pour les politiciens brésiliens, l'affaire était sérieuse. L'empereur était sympathique, conciliant et soucieux de bien faire. A tout prendre, il était même plus consensuel que ne l'aurait été un président élu parmi les libéraux ou les conservateurs qui, immanquablement, comme cela se passe souvent dans les régimes les plus démocratiques, aurait vu sa légitimité et son action immédiatement contestées par le clan adverse, surtout après une élection serrée. Au fond, ce jeune monarque était bien pratique. Il fallait le garder et, si possible, qu'il fasse lui-même des princes à sa ressemblance afin qu'ils lui succèdent pour pérenniser un si bon système de gouvernement.

Le mariage, donc, et le plus vite possible !

On ne sait pas comment le dossier fut pris, et surtout par quel bout. On soupçonne des diplomates brésiliens bien intentionnés de s'être accointés avec le chancelier autrichien Metternich qui s'était déjà entremis dans le mariage de Pierre Ier avec Amélie de Leuchtenberg. C'est possible, et même vraisemblable, car Metternich, bureaucrate, paperassier et fouineur, se mêlait de tout. De plus, ayant contribué en personne, après les guerres de la Révolution et de l'Empire, à restaurer partout où il le pouvait les vieilles dynasties sur leurs trônes, il connaissait parfaitement tous les princes et princesses catholiques à marier. Un homme de bon conseil donc.

De fil en aiguille et de conciliabules en accords diplomatiques auxquels Pierre II ne participa aucunement, le choix des marieurs tomba sur la princesse Thérèse-Christine de Bourbon-Siciles, fille du roi François Ier des Deux-Siciles[52]. Ce roi François fut un bon roi, et d'autant plus populaire qu'il ne régna que cinq ans, de 1825 à 1830. A l'époque des négociations matrimoniales concernant l'empereur du Brésil, c'est donc son fils Ferdinand II qui géra le dossier. Ferdinand II est connu dans l'histoire sous le nom de « Re Bomba » pour avoir bombardé Palerme révoltée. Plus généralement, c'était un obscurantiste qui s'acharnait sur tous les libéraux qu'il croisait sur son chemin. Inutile de dire que si Pierre II avait été mis au courant des tractations en cours, il aurait certainement tiqué à l'idée d'avoir pour beau-frère un tel énergumène. L'avenir confirmera d'ailleurs cette antipathie, et même ce mépris de Pierre pour Ferdinand II qui représentait pour lui l'exemple type du réactionnaire borné.

Du côté de sa mère, l'infante Marie-Isabelle de Bourbon, Thérèse-Christine était la nièce de Ferdinand VII d'Espagne, encore un de ces monarques obtus dont les monarchies et les peuples se seraient bien passés. Ce triste sire doit toutefois être regardé avec une certaine indulgence pour avoir aboli la loi salique que les Bourbons d'Espagne avaient importée de France[53].

Tout cela n'était pas très excitant pour le futur fiancé brésilien et on évita surtout de l'ennuyer avec ces vieilles et sordides histoires de famille. Plus gravement, se posait un autre problème : celui du physique de l'élue. Plus âgée de trois ans que Pierre II, Thérèse-Christine avait, en outre, un physique ingrat, selon la formule des cours. C'est donc une jeune femme courtaude, noiraude et assez quelconque que tous ces messieurs envisageaient le plus sérieusement

---

[52] Rappelons qu'il y a historiquement deux Siciles : la Sicile proprement dite ou Sicile « insulaire », et la Sicile « péninsulaire », nommée plus communément « royaume de Naples ». Cette originalité vient du fait qu'après avoir reçu le titre de rois de Sicile du pape au XIe siècle pour avoir libéré l'île des envahisseurs musulmans, les Hauteville, chevaliers normands d'origine, conquirent tout le sud de l'Italie en chassant non seulement les musulmans qui y tenaient encore quelques points stratégiques, mais aussi les Byzantins qui, depuis Justinien, avaient conquis eux-mêmes l'ensemble de l'Italie sur les Ostrogoths au VIe siècle.

[53] La loi salique fut rétablie en Espagne par le général Franco en 1947 avec, cependant, une notable atténuation : si les femmes étaient exclues du trône, elles pouvaient néanmoins transmettre la couronne à leurs fils. Après la restauration effective de la monarchie à Madrid en 1975 et la constitution de 1978, la loi salique a disparu. Du coup, le roi Philippe VI, qui n'a que deux filles, pourra voir un jour son aînée lui succéder.

du monde de marier à l'un des plus beaux, des plus blonds et des plus élancés princes du Gotha.

A sa décharge, ou plutôt en sa faveur, la princesse avait un caractère avenant, très doux, très empathique. En bref, elle avait un cœur d'or et se préoccupait de la misère sociale qui sévissait alors dans son pays natal. Cela tombait bien puisque cette misère existait aussi au Brésil dans les classes populaires. Pierre II, qui avait des idées sociales avancées, fut sensible à ce trait de caractère qu'on lui rapporta et songea que la future impératrice du Brésil pourrait le seconder efficacement dans son combat pour l'éradication de la pauvreté.

En revanche, ce qui est plus déloyal de la part du personnel politique brésilien, et particulièrement des diplomates en poste à Naples, c'est que le portrait de la princesse qu'on montra au futur fiancé pour l'aguicher et le séduire était très en dessous de la réalité. Mais il était trop tard. Le 30 mai 1843, le contrat de mariage de l'empereur Pierre II du Brésil et de la princesse Thérèse-Christine-Marie des Deux-Siciles fut signé à Naples. Par procuration, puisqu'on avait trouvé plus prudent de ne pas faire venir le jeune homme sur place pour se faire sa propre opinion sur celle qui allait devenir sa femme devant Dieu et devant l'Histoire.

Triste destin des princes dont on ne voit en général que le côté « féérique » de l'existence.

Lorsque Thérèse-Christine débarqua à Rio le 3 septembre 1843 de la frégate *Constitution*, il était trop tard. Pierre, profondément déçu, eut du mal à cacher sa déception. Le choc fut si violent qu'il ne s'adressa pas à la princesse et même, dit-on, lui tourna le dos. C'est certainement excessif car c'était un jeune homme bien élevé. Disons donc qu'il ne chercha pas à approfondir ses relations avec elle sur le moment et qu'il alla ensuite pleurer dans le giron de sa gouvernante, Mariana de Verna, en balbutiant : « Dadama, Ils m'ont trompé ! » Ceci étant, il faut relativiser. Thérèse-Christine n'était certes pas la belle au bois dormant qu'attendait le jeune empereur mais, à voir ses portraits, et surtout les photographies réalistes mais plus tardives de Joaquim José Insley Pacheco, on constate que la nouvelle impératrice, pour n'être pas une beauté fatale, avait tout de même la chance de ne pas ressembler à sa mère Marie-Isabelle d'Espagne ou à sa grand-mère maternelle Marie-Louise d'Espagne qui, l'une comme l'autre, rivalisaient de laideur et de vulgarité.

Quand l'eau est tirée, il faut la boire. Le 4 septembre, la cérémonie solennelle du mariage fut célébrée dans la chapelle impériale. Revenu de ses premières émotions, Pierre se rendit compte que la jeune impératrice, puisqu'impératrice il y avait désormais, saurait tenir son rang et ne pas lui faire honte. Après tout, comme le grand-père de sa femme, Ferdinand Ier de Naples, s'amusait à vendre lui-même sur le marché le poisson qu'il avait pêché en mer et ne servait à ses hôtes à la table du palais royal que des macaronis par souci d'économie, on pouvait s'attendre au pire.

Rien de tout cela. La très modeste et très catholique Thérèse-Christine fut une épouse respectueuse et aimante. Une souveraine exemplaire par sa tenue et sa discrétion, se distinguant ainsi de sa mère et de sa grand-mère qui furent des intrigantes. Elle n'intervint pas dans la vie politique brésilienne, sauf pour attirer l'attention de son époux sur telle ou telle situation sociale calamiteuse.

Les Brésiliens aimèrent cette impératrice sans prétention mais toujours affable, avec « cet air de bonté qui attire au premier abord et la rend agréable[54]. » Ce fut pour l'empereur une personne bienfaisante et apaisante. Assez lucide pour reconnaître qu'elle ne serait jamais à son niveau sur le plan intellectuel, elle compensa cette lacune par un amour sincère et une grande dévotion. Quelques années plus tard, Pierre II dut se dire qu'après tout sa très effacée épouse et impératrice était une compagne plus supportable que celle de son cousin François-Joseph Ier d'Autriche qui, avec sa flamboyante Elisabeth, supporta avec abnégation une vie conjugale qu'aucun autre homme n'eût acceptée, sans compter des initiatives politiques intempestives qui encouragèrent le particularisme hongrois.

Sur le plan diplomatique, il faut observer que le mariage napolitain de l'empereur du Brésil fut sans doute aussi un moyen pour le roi des Français Louis-Philippe Ier d'étendre l'influence de sa famille au Brésil. En effet, même si les Bourbons de Naples étaient ostensiblement protégés par l'Autriche et Metternich, on ne saurait oublier que Thérèse-Christine était la propre nièce de la reine Marie-

[54] Auguste Mayor, « Visite de l'empereur du Brésil à Neuchâtel ».

Amélie, elle-même fille de Ferdinand Ier de Naples. Par ailleurs, avant même que Pierre II n'épouse Thérèse-Christine, sa sœur aînée, Françoise du Brésil, avait convolé à Rio le 1er mai 1843 avec François d'Orléans, prince de Joinville, grand marin s'il en fût, et l'un des nombreux fils de Louis-Philippe et de Marie-Amélie. On sent derrière tout cela le déploiement discret de la politique dynastique des Orléans qui, de la Belgique avec la reine Louise, épouse de Léopold Ier en 1832, à l'Espagne avec le prince Antoine d'Orléans, duc de Montpensier, marié en 1846 à l'infante Louise-Ferdinande, sœur cadette d'Isabelle II, en passant par le mariage brésilien du prince de Joinville en 1843, cherchait à étendre ses ramifications en Europe et dans le monde. Activisme dynastique qui agaça prodigieusement les Anglais, pourtant grands protecteurs jusque-là de Louis-Philippe, et qui fut l'une des causes de la rupture de la première Entente cordiale en 1846.

Enfin, et ce n'est pas anecdotique, la princesse Janvière du Brésil, sœur aînée également de Pierre II, épousa en avril 1844 le prince Louis de Bourbon-Siciles, comte d'Aquila, frère de l'impératrice Thérèse-Christine. Il n'est pas certain que cette union fut bien vue de l'empereur qui entretint des rapports détestables avec son beau-frère. Celui-ci, à la différence de sa sœur et en communion d'esprit, si l'on peut dire, avec sa mère et sa grand-mère, était un personnage frivole, ambitieux et intrigant. La rupture fut consommée fin 1844. Sur les instances de l'empereur, le comte et la comtesse d'Aquila durent quitter définitivement le Brésil pour s'installer à Naples. Le comte d'Aquila, aussi intrigant à Naples qu'il l'avait été à Rio, condamna la faiblesse de son neveu François II des Deux-Siciles lors de l'expédition des « Mille ». Il voulait que la riposte à l'agression garibaldienne soit plus ferme et envisageait de déposer son neveu pour se substituer à lui en qualité de régent. A l'été 1860, François II le fit expulser de Naples comme Pierre II l'avait expulsé du Brésil.

Une consolidation dynastique en demi-teinte

Thérèse-Christine remplit admirablement son rôle de génitrice pour renforcer la famille impériale du Brésil. On ne sait si les étreintes conjugales furent chaleureuses mais elles furent fructueuses. En 1845, deux ans tout de même après son mariage religieux avec Pierre - ce qui laisse imaginer que le démarrage fut lent et compliqué -, elle donna naissance à un fils, le prince Alphonse. Pourquoi Alphonse et pas Pierre ? Tradition portugaise, sans doute, puisqu'il y avait eu cinq rois du Portugal qui, au Moyen Age, avaient porté ce nom, mais bizarrerie tout de même qui peut laisser penser que le jeune Pierre II n'avait pas encore à cette époque tout à fait pardonné à son père - fondateur pourtant de la dynastie brésilienne - le sort injuste réservé à sa mère et son propre abandon en 1831.

Les époux poursuivirent sur leur lancée procréatrice avec la naissance de la princesse Isabelle en 1846, puis de la princesse Léopoldine en 1847. Ici, contrairement à ce qui s'était produit en 1845, l'hommage filial de l'empereur à sa mère, la malheureuse impératrice bafouée et maltraitée, est parfaitement transparent. Enfin, en 1848, naissance du prince Pierre-Alphonse, le petit dernier de la couvée. Donc, la succession au trône était désormais parfaitement bien assurée par quatre princes et princesses, les filles passant après les garçons, ainsi qu'il a déjà été dit.

Le destin fut toutefois cruel puisque les deux garçons furent emportés prématurément par la maladie. Alphonse mourut en 1847 et son frère cadet le suivit en 1850.

Une question se pose à ce stade : pourquoi Pierre II et sa femme n'ont-ils pas tenté d'avoir d'autres héritiers mâles ? Après tout, à la mort de Pierre-Alphonse, les époux n'avaient respectivement que vingt-cinq ans pour lui et vingt-huit ans pour elle. Y avaient-ils des raisons médicales ou s'agissait-il d'une décision du couple de ne plus faire semblant et de vivre désormais comme frère et sœur ?

Quoi qu'il en soit, cette situation hypothéquait sérieusement l'avenir. De fait, c'est la princesse Isabelle qui devenait désormais héritière du trône, avec toutes les difficultés que cela pouvait impliquer, tant pour vaincre les préjugés machistes de l'époque que pour trouver un jour un parti convenable pour la princesse.

VI.
Les premières années du règne : apaisement intérieur, conflits internationaux et affermissement du pouvoir central

« De 1840 à 1848, les idées désorganisatrices firent encore quelques apparitions, mais elles furent vaincues ; l'esprit gouvernemental gagnait du terrain, et ses progrès enfantaient d'autres intérêts qui ouvraient de nouveaux et de plus nobles horizons aux esprits et aux ambitions. »

Pereira da Silva[55]

Normalisation et derniers soubresauts provinciaux

La pacification du pays dont l'unité était gravement menacée sous la Régence était globalement acquise en 1845, en dépit de révoltes locales sporadiques dont la plupart avaient pour origine des tensions sociales inévitables dans un pays aussi vaste, aussi hétérogène et aussi inégalitaire que le Brésil de la première moitié du XIXe siècle. L'unité politique est une chose, la révolution sociale en est une autre et il n'est pas évident que les deux aspirations ou les deux projets puissent toujours s'accorder. D'autant que les élites qui prônent l'unité cherchent surtout à conforter ou étendre leurs privilèges tandis que les défavorisés attendent de l'unité qu'elle leur apporte, sinon l'égalité sociale, au moins une amélioration sensible de leur sort. Cette contradiction aura des conséquences particulièrement tragiques dans l'Italie de la fin du XIXe siècle, lorsque Giuseppe Garibaldi, désespéré, se rendra compte qu'il avait, sans le vouloir, travaillé à la

[55] « Le Brésil en 1858 sous l'empereur Pedro II ».

préservation des intérêts de l'aristocratie et de la bourgeoisie plutôt que pour ceux du peuple dont il était issu.

Pierre II était un homme de conviction. Il avait fait la guerre avec fermeté aux provinces sécessionnistes du sud-est car il savait que le bloc territorial brésilien risquait d'être profondément fissuré par ces mouvements endogènes qui pouvaient contaminer d'autres provinces. Mais c'était aussi un homme de paix et de bonne volonté. Il fit donc, les hostilités ayant cessé, un geste de réconciliation à l'égard des deux provinces soumises par l'armée impériale. Il se rendit dans l'ex-République Catarinense puis visita sa consœur et alliée, l'ex-République Riograndese. Dans les deux cas, il reçut un accueil populaire chaleureux car les accords de paix avec le pouvoir central avaient été négociés avec une volonté certaine d'apaisement. Il est probable aussi que les populations locales comprirent à cette occasion qu'un jeune monarque humaniste et bienveillant était peut-être plus à même de donner satisfaction à leurs revendications sociales qu'une oligarchie ambitieuse et soucieuse, surtout, de protéger ses intérêts économiques.

Pourtant, à la suite de la chute de Louis-Philippe en France en février 1848 et du mouvement révolutionnaire qui avait secoué toute l'Europe en balayant les gouvernements monarchistes les plus conservateurs comme celui du prince de Metternich à Vienne, la fièvre s'empara de la province brésilienne de Pernambouc en novembre 1848. Ce fut la révolte Praieira[56] qui était un mouvement hybride, dirigé socialement contre la bourgeoisie commerçante portugaise et les grands propriétaires esclavagistes mais politiquement fondé sur des revendications diverses et variées. Les contestataires demandaient l'extension du suffrage universel à toute la population - le système électoral brésilien, comme celui de toutes les grandes démocraties occidentales de l'époque, était censitaire et excluait les domestiques, les indigents, les sans domicile fixe et les esclaves, cette dernière catégorie n'ayant pas le droit de vote non plus aux États-Unis -, le travail garanti à vie pour tous, l'indépendance des pouvoirs locaux, la liberté totale de la presse avec la suppression de la censure pour respect des bonnes mœurs ou protection de la famille régnante, la fin du pouvoir modérateur du monarque et du droit de grâce, la

[56] « La plage », par référence au siège du « *Nouveau Journal* », organe réformateur, dont le siège était situé sur la plage de Recife.

suppression du service militaire et une réforme de la justice pour garantir les libertés individuelles.

Certaines mesures étaient clairement dirigées contre l'empereur dont le gouvernement, conduit alors par Pedro de Araújo Lima, ancien régent, avait destitué le gouverneur local libéral, Antonio Chinchorro da Gama, pour le remplacer par un conservateur. La décision était motivée par l'incapacité de l'intéressé à rétablir l'ordre dans une province frappée par la crise de l'industrie sucrière, mais les révoltés considérèrent néanmoins que le pouvoir modérateur de l'empereur devait être supprimé parce que, sans doute, ils s'estimaient eux-mêmes plus éclairés et plus modérés que lui. En réalité, il y avait en la circonstance une ignorance absolue des règles institutionnelles du Brésil car le pouvoir modérateur de l'empereur n'avait pas pour but de bloquer les décisions du gouvernement légal mais de veiller à l'équilibre politique et social du pays. Enfin, les aspirations du mouvement étaient nettement fédéralistes puisqu'on ne voulait plus que le pouvoir central puisse révoquer un responsable politique local. C'était ici une vieille antienne des oligarchies provinciales dont l'arrière-pensée était d'assurer surtout leur mainmise sur les territoires et se partager ainsi le gâteau brésilien. Au détriment du peuple, cela va sans dire.

Certaines des revendications des révoltés, comme le suffrage universel étendu à l'ensemble des Brésiliens ou la liberté absolue de la presse, ne pouvaient que bénéficier de la sympathie de Pierre II. Mais si, à ses yeux, il s'agissait de mesures souhaitables, elles ne pouvaient cependant être réalisées qu'à plus ou moins long terme et en fonction du niveau d'éducation des classes défavorisées. Sur le suffrage universel, particulièrement, il partageait au fond les mêmes convictions que son grand contemporain Benjamin Disraeli qui considérait que la démocratie nécessitait « un haut degré de civilisation », ou même que Garibaldi qui estimait que le système républicain ne pourrait être instauré en Italie que lorsque le peuple serait suffisamment instruit. Pour la liberté de la presse, Pierre était aussi, et très naturellement, favorable à son extension. N'ayant aucun préjugé de classe, il lui aurait été certainement indifférent que la famille impériale perde l'immunité dont elle bénéficiait[57]. En

[57] Dans les années 1870, l'immunité touchant la famille régnante fut levée de facto par le refus de l'empereur d'engager des poursuites contre les journaux satiriques

revanche, au sujet de la suppression de la censure visant à protéger les bonnes mœurs, il pensait, comme la plupart des hommes d'État de son temps, que si cette mesure était prise, elle serait sans doute saluée par les bourgeois progressistes mais condamnée non seulement par l'Église catholique - religion d'État au Brésil depuis 1824 -, mais aussi par les milieux populaires qui ont souvent de la morale une vue plus étroite que celle de la bourgeoisie dominante.

La révolte Praieira fut finalement réduite par l'armée et les principaux meneurs politiques furent arrêtés, jugés et condamnés. Toutefois, selon son habitude, Pierre II les amnistia en 1851 et la plupart purent retrouver les fonctions qu'ils occupaient avant les événements. Le pouvoir modérateur avait donc du bon, comme le droit de grâce du monarque dont les révoltés avaient également demandé la suppression.

Bras de fer avec l'Angleterre[58]

La situation intérieure à peu près rétablie, c'est un conflit diplomatique qui allait surgir, cette fois, entre le Brésil et l'Angleterre. Les Anglais, on le sait, étaient les protecteurs du Portugal depuis le Moyen Age et entendaient, dans la foulée, être les « parrains » du Brésil depuis la régence ultramarine de Jean VI. Ayant été chassés des Etats-Unis à la fin du XVIIIe siècle, ils avaient donc, sur le continent américain, conservé au début du XIXe siècle deux importantes têtes-de-pont : le Canada, pièce essentielle du nouvel empire colonial britannique sur lequel régnait Victoria depuis 1837, et le Brésil, où ils avaient des intérêts commerciaux considérables. Pour les Anglais, le Brésil représentait un enjeu géostratégique qu'ils entendaient maîtriser. Aussi, en 1843, le mariage de la princesse Françoise du Brésil avec le prince de Joinville puis celui de Pierre II avec Thérèse-Christine de Bourbon-Siciles, enfin celui de la princesse Janvière du Brésil avec Louis de Bourbon-Siciles l'année suivante leur avaient

---

qui, comme en Angleterre ou en France, n'épargnaient plus personne. Pierre II et ses ministres furent certainement parmi les personnages les plus caricaturés de l'époque avec, parfois, des légendes humoristiques qui, en d'autres temps, auraient valu une condamnation pénale à leurs auteurs.

[58] Le terme Angleterre est utilisé dans ce livre par commodité pour désigner ce qui, depuis 1801, est en réalité le Royaume-Uni de Grande-Bretagne et d'Irlande.

profondément déplu. Si les ambitions familiales de Louis-Philippe les indisposaient parce qu'elles risquaient de contrecarrer leur propre influence, le prestige que les Bourbons de Naples avaient tiré des mariages de Rio leur était apparu comme un camouflet. En effet, depuis 1815, l'Angleterre voulait la chute de la dynastie napolitaine car les Bourbons, réfugiés à Palerme et protégés en Sicile des ambitions de Napoléon et de Murat par la Royal Navy, n'avaient pas été reconnaissants au moment de leur restauration. Aucun avantage commercial n'avait été consenti, aucune concession minière ou portuaire attribuée, pas même de contrats juteux sur le développement des chemins de fer[59], alors en pleine expansion dans les Deux-Siciles.

Les Anglais sont rancuniers ou, en tout cas, contrairement aux Français, ont une mémoire d'éléphant. Mais, s'ils n'avaient pas oublié l'ingratitude des Bourbons de Naples, ils se souvenaient aussi que c'est grâce à la Royal Navy que les Bragance, fuyant le Portugal envahi par les troupes napoléoniennes, avaient pu se réfugier au Brésil en 1807. Il fallait donc éviter, pour l'amour-propre national, que le Brésil n'en prenne à son aise comme les Deux-Siciles. Par ailleurs, commerce et diplomatie vont de pair chez eux depuis le règne d'Elisabeth Ire, et le commerce extérieur a même longtemps relevé du Foreign Office. Aussi, comme ils n'avaient aucun moyen et aucun titre pour contester le mariage de Pierre II avec la princesse Thérèse-Christine ou celui de la princesse Janvière avec le comte d'Aquila, ils manifestèrent en 1845 leur mauvaise humeur - aggravée encore par la décision du gouvernement impérial d'imposer en 1844 de lourdes taxes sur les importations - en provoquant une crise avec le Brésil à propos de la traite, autrement dit, du commerce transatlantique des esclaves. L'esclavage existait au Brésil mais le pays, en 1826, s'était engagé vis-à-vis de l'Angleterre à interdire cet infamant commerce. Vingt ans plus tard, des manquements, dus à la rapacité des négriers locaux comme aux convulsions qui secouaient le pays et entraînaient une désorganisation administrative, furent relevés par les Anglais

[59] Les Anglais prirent leur revanche en 1860. Ils protégèrent le général Garibaldi et ses Mille lors du débarquement de Marsala, contraignirent les troupes bourboniennes à signer une suspension d'armes à Palerme au prétexte de protéger les ressortissants de Sa Majesté résidant dans cette ville, favorisèrent le passage du détroit de Messine aux Garibaldiens et bloquèrent la rade de Naples pour interdire l'arrivée d'éventuels renforts au soutien du gouvernement légitime. Ils poussèrent même le cynisme jusqu'à offrir au roi François II de Bourbon un de leur navire pour le conduire dans le lieu d'exil qu'il aurait choisi.

qui accusèrent le gouvernement de Rio de ne pas respecter ses engagements.

Sur le plan moral, la cause était juste. Sur le plan factuel, elle était aussi fondée car l'autorité du gouvernement central brésilien était contestée dans plusieurs provinces maritimes, ce qui, naturellement, empêchait les contrôles réguliers et favorisait les fraudeurs. Mais la riposte fut disproportionnée car le parlement de Westminster, approuvant une loi de Lord Aberdeen, secrétaire d'État au Foreign Office, autorisa unilatéralement, sans négociations préalables, la marine de guerre britannique à arraisonner tous les navires marchands brésiliens suspectés de pratiquer la traite et à les saisir ainsi que leur cargaison si les faits s'avéraient établis. Décision qui, sans attendre, fut appliquée et suivie d'effet. Politique du « gros bâton », donc, légitimée par une cause qui en valait humainement la peine mais qui aurait pu être réglée diplomatiquement. Si le Brésil avait été alors une grande puissance militaire et un pays stable, une guerre s'en serait suivie. Il n'en fut rien mais le gouvernement brésilien, conscient que l'enjeu était moral, même si les pressions et menaces britanniques relevaient de méthodes purement impérialistes, se donna les moyens, l'ordre ayant été à peu près rétabli dans le pays, de durcir les lois contre la traite afin de l'éradiquer définitivement. En 1850, la nouvelle législation, dite Loi Eusébio de Queirós, nom du ministre brésilien de la Justice, conseiller d'État et chambellan de la Maison impériale, entra en vigueur et, deux ans plus tard, l'Angleterre considéra que le contentieux était clos[60].

Pierre II, viscéralement opposé à l'esclavage comme son père l'avait été avant lui, joua dans cette affaire un rôle d'apaisement et de conciliation. S'il avait été, comme tant d'autres en Amérique latine à l'époque, le dictateur de circonstance d'un pays à peine décolonisé, il aurait pu jouer sur l'amour-propre de son peuple pour engager une partie de bras de fer avec l'Angleterre dont les conséquences auraient été catastrophiques pour le pays. Mais, monarque héréditaire et légitime, il n'était pas contraint d'exciter la fibre nationaliste pour affermir ou conserver son pouvoir. Surtout dans une affaire, certes

[60] De fait, le chiffre des esclaves arrivés au Brésil était de 43000 par an dans les années 1820-1830. Ce chiffre s'est stabilisé ensuite avant de connaître un pic de 49 000 en 1849, puis est tombé à moins de 25 000 en 1850 avant de disparaître définitivement ensuite.

traitée de façon blessante et prétorienne par l'Angleterre, mais qui, du point de vue de l'humaniste qu'il était, allait lui permettre aussi de poursuivre son combat personnel en faveur de l'abolition. Du reste, la révolte Praieira de 1848, opposant souvent des employés agricoles à leurs propriétaires, prouvait que la question restait brûlante.

Toutefois, les méthodes employées par l'Angleterre laissèrent un goût amer à l'empereur qui, lui aussi, comme les Anglais, avait une mémoire d'éléphant. Lorsque, quelques années plus tard, en 1861, un navire de commerce britannique s'échoua et fut pillé sur la côte du Rio Grande do Sul, puis, qu'en 1862, des officiers de la Royal Navy, en escale à Rio, troublèrent l'ordre public et furent incarcérés pour ivresse et tapage, le consul de Sa Majesté, William Christie Dougal, exigea, sur un ton insultant, des excuses et des réparations du gouvernement brésilien. Il se dit même prêt, s'il le fallait, à faire intervenir la flotte anglaise pour saisir des navires de commerce brésiliens en compensation du préjudice subi. Du coup, Pierre II se braqua et rejeta l'ultimatum. Mieux encore, il fit renforcer les batteries côtières et donna l'ordre à la marine de guerre de tirer à vue sur tout navire étranger menaçant les côtes brésiliennes. Surpris par cette réaction inattendue d'un monarque qu'il devait considérer à peu près comme un « roi nègre », pour reprendre le langage des colonialistes européens de l'époque, Dougal rétropédala, proposa un règlement amiable ou un arbitrage international. Néanmoins, comme les arguments développés par les Anglais furent d'une parfaite mauvaise foi et juridiquement infondés, on ne put parvenir à rien et le Brésil rompit en 1863 ses relations diplomatiques avec Londres.

L'empereur prouva ainsi que, tout pacifique et philosophe qu'il fût, il ne pouvait accepter que son pays soit traité de façon méprisante.

Première grande guerre extérieure

Le Brésil, après l'annexion de l'Uruguay sous Jean VI puis l'indépendance de ce pays à laquelle Pierre Ier avait dû se résoudre en 1828 pour mettre un point final à une affaire mal engagée, enfin les dix années de guerre intérieure avec la sécession du Rio Grande do Sul et de la province de Santa Catarina, avait besoin de paix avec ses voisins. Dans les deux cas cités, le véritable rival de l'Empire avait été l'Argentine ou, à l'époque encore, la Confédération des Provinces-Unies de la Plata. De fait, l'Argentine avait soutenu militairement l'Uruguay dans sa résistance à l'annexion brésilienne dans le but de s'approprier elle-même ce territoire qui s'étendait sur la rive gauche du Rio de la Plata. De la même façon, elle avait fourni des armes et des mercenaires à la république sécessionniste du Rio Grande do Sul pour fragiliser le Brésil en favorisant la création d'un État tampon entre elle et le Brésil si l'Uruguay avait pu être annexé par elle. Toutefois, derrière ces conflits locaux, c'est encore l'Angleterre qui était à la manœuvre. Les Anglais n'avaient aucune ambition territoriale dans l'Amérique latine libérée du colonialisme mais craignaient l'émergence de puissants États qui menaceraient leur impérialisme économique. Les États-Unis reprendront bientôt sans aucun scrupule cette politique pour leur propre compte. Il est clair que, pour se trouver en position de force, mieux vaut avoir en face de soi une multitude de petits États qui se jalousent et se chamaillent plutôt que des gouvernements forts et centralisés. Il était donc logique que l'Angleterre soutienne en sous-main l'Uruguay ou la République Riograndese contre le Brésil en encourageant les ambitions de l'Argentine. Quitte à se retourner contre ce pays si, par hasard, il devenait à son tour trop puissant.

Mais la situation intérieure de l'Argentine allait bientôt tout bouleverser dans la région. Un homme à poigne, le général Juan Manuel de Rosas, avait pris le pouvoir à Buenos-Aires en 1829 et avait étendu son autorité à l'ensemble d'un pays qui était menacé, lui aussi, d'éclatement. Cela lui prit du temps mais il y parvint, instaurant dans la foulée un régime dictatorial où la plupart des libertés fondamentales avaient été suspendues. Le gouvernement de Rosas était donc l'antithèse absolue du gouvernement impérial de Pierre II auquel, d'ailleurs, il s'était opposé au Rio Grande do Sul en soutenant les sécessionnistes.

Rosas aimait la guerre et avait déjà combattu le Pérou et la Bolivie pour repousser les frontières occidentales de l'Argentine. Son rêve était clairement de constituer une « Grande Argentine » en annexant les territoires limitrophes de son pays. Il menaça aussi le Paraguay dont le Brésil reconnut en 1844 l'indépendance pour faire comprendre au dictateur de Buenos-Aires que ce pays bénéficiait désormais de sa protection. Mais Rosas était un entêté. Il persista dans la provocation et, en 1850, menaça directement l'Uruguay qu'il entendait s'approprier « en douceur » en soutenant le leader conservateur uruguayen Manuel Oribe qui lui était idéologiquement proche. Le Brésil intervint alors dans cette partie d'échecs en s'appuyant sans réserve sur Fructuoso Rivera, adversaire libéral d'Oribe et partisan de l'indépendance absolue de l'Uruguay. On avait compris à Rio que si Rosas, avec la complicité d'Oribe, s'emparait de l'Uruguay, il serait bientôt une menace sur la frontière sud-est de l'Empire et risquait de faire un mauvais sort à l'importante communauté brésilienne d'Uruguay. Il s'ensuivit une guerre civile dans ce pays dont la capitale, Montevideo, subit un siège long et éprouvant de la part des Argentins qui voulaient affamer la population pour contraindre les autorités à capituler[61]. Le Brésil s'allia alors avec l'Uruguay des libéraux et avec les provinces argentines de l'Entre Rios et de Corrientes qui rejetaient la dictature de Rosas.

Cette guerre, dite « Guerre de la Plata », avait donc tout à la fois pour le Brésil un but défensif et un but politique puisqu'il s'agissait de faire tomber le conservateur uruguayen Oribe et, par contrecoup, la dictature de Rosas en Argentine même afin, dans l'un et l'autre cas, de favoriser l'émergence de régimes démocratiques. Ce fut un succès total car en 1852 les Brésiliens, les libéraux uruguayens et ceux des provinces argentines soulevées contre Rosas écrasèrent les troupes du dictateur à la bataille de Monte Caseros. Cette défaite militaire cinglante entraîna la chute de Rosas qui s'exila en Angleterre où il mourut paisiblement à Southampton en 1877, sans que personne ne lui cherche noise pour les persécutions politiques dont il s'était rendu coupable dans son pays pendant la dictature.

Cette affaire prouve, une fois encore, le jeu un peu trouble du gouvernement britannique qui, sur la question de la traite des esclaves en 1845, avait donné des leçons de morale au Brésil avec la volonté manifeste d'humilier le jeune Empire, mais qui, sept ans plus tard, accueillit et protégea un dictateur argentin qui avait sur les mains le sang de milliers de ses compatriotes.

[61] C'est au siège de Montevideo que Giuseppe Garibaldi se distingua en combattant les Argentins avec sa légion italienne. Cette fois, il ne se trompa pas de cible car il combattait un vrai dictateur, ce qui n'avait pas été le cas lors de son aventure au Rio Grande do Sul.

VII.
L'impulsion du progrès

« Le règne de Pedro II apparaît dans l'histoire de l'Amérique comme un des moments les plus remarquables de son évolution. »

Jacques Pirenne[62]

L'engagement économique et technologique

Homme de science et de culture, Pierre II était informé de tout ce qui se passait dans le monde car il dévorait chaque jour la presse internationale, même si elle lui parvenait d'Europe avec retard. Ainsi, il put suivre de près l'extraordinaire développement industriel de l'Angleterre et de la France sous les règnes de la reine Victoria et du roi Louis-Philippe.

Louis-Philippe, après 1830, avait profité du grand souffle libéral porté par la Révolution de Juillet pour, à partir d'une France déjà remise sur pied et enrichie par la Restauration, renforcer plus encore les structures économiques du pays. La bourgeoisie financière qui avait porté le « Roi-Citoyen » au pouvoir s'impliqua dans ce processus qui libéra les initiatives privées et encouragea les industriels, les chefs d'entreprise, les négociants à suivre la même voie audacieuse, aventurière parfois, que leurs collègues britanniques avaient commencé d'explorer sous les règnes de George IV et de Guillaume IV. Quant à Victoria, si elle monta sur le trône en 1837 en ignorant tout des questions économiques, industrielles ou commerciales, elle fut secondée dans ce domaine par des hommes particulièrement brillants comme Sir Robert Peel, qu'elle n'aimait pas,

[62] « Les grands courants de l'histoire universelle ».

ou le prince Albert de Saxe-Cobourg-Gotha, son époux, qu'elle adulait. Dès lors, l'Angleterre victorienne, portée elle aussi par une bourgeoisie dynamique et entreprenante, devint la première puissance industrielle et commerciale du monde, puissance qui, grâce à Benjamin Disraeli, s'appuya bientôt sur le plus grand empire colonial qui fût depuis Rome.

Historiquement, et dans ce contexte de progrès et de développement, Pierre II du Brésil ne ressemblait guère à son cousin germain l'empereur François-Joseph Ier d'Autriche, bureaucrate pointilleux, soucieux de conserver plus que de moderniser, et toujours méfiant envers les innovations techniques. En revanche, il fut le frère jumeau du prince consort d'Angleterre Albert de Saxe-Cobourg-Gotha qui était son aîné de six ans et avec lequel il n'avait aucun lien de sang[63]. La similitude des comportements et des tempéraments entre le jeune empereur brésilien, avide de modernité, et le prince anglais, promoteur et organisateur de la Grande Exposition de Londres en 1851, est frappante. C'étaient tous deux des hommes pudiques, solitaires, sérieux, studieux, tournés vers l'étude et la recherche, constamment animés d'une vive curiosité intellectuelle, toujours à l'affût des progrès scientifiques et techniques. Mais cet enthousiasme n'était pas motivé seulement par la modernisation ou l'enrichissement de leurs pays respectifs, il visait plus haut. Ce qui les animait profondément était l'amélioration de la condition sociale précaire, pour ne pas dire misérable, des classes populaires, laissées pour compte du capitalisme triomphant.

On observera aussi que, dans la sphère politique, les deux hommes réagirent exactement de la même façon, et dans le même sens : le développement de la démocratie. Pierre II conduisit le Brésil dans la voie d'un parlementarisme régulé par le pouvoir modérateur impérial au moment même où Albert se battait à Buckingham ou à Windsor pour convaincre sa tendre mais autoritaire épouse que le bon plaisir royal devait céder devant le choix des électeurs et que la nomination des Premier ministres ne dépendait pas des sympathies du monarque mais de la volonté du peuple.

[63] Depuis 1836, ils avaient cependant des liens familiaux puisque la sœur aînée de Pierre II, Marie II du Portugal, avait épousé le prince Ferdinand de Saxe-Cobourg-Gotha, frère consanguin d'Albert.

La fondation de Petrópolis

Comme Albert, qui fût un prince bâtisseur à Balmoral ou à Osborne, l'empereur du Brésil se lança dès le début de son règne dans l'édification d'une résidence de plaisance dans une région idyllique que son père Pierre Ier avait déjà remarquée pour la beauté de son site et où il avait acquis la Fazenda de Corrego, propriété dont, à la vérité, il ne profita pas beaucoup en raison de son abdication.

Similitude, donc, dans la naissance du projet, avec l'exemple de Louis XIV, ancêtre de Pierre II par les Bourbons d'Espagne, qui bâtit Versailles autour du relais de chasse de son père Louis XIII.

En 1843, naîtra ainsi, à 68 km au nord de Rio, Petrópolis, la ville de Pierre, la Saint-Pétersbourg de Pierre II, en quelque sorte, mais en plus modeste quand même car le monarque n'entendait pas construire une capitale d'Empire mais un paisible lieu de villégiature où il lui serait plus aisé d'étudier, de réfléchir et de se reposer que dans l'agitation fébrile et permanente de Rio. Bien entendu, fidèle à lui-même, il fit appel aux meilleurs architectes, aux meilleurs ingénieurs et aux meilleurs jardiniers avec lesquels il se concertait sur les détails techniques car, là aussi, ce touche-à-tout avait des connaissances et beaucoup d'idées. Il employa de nombreux travailleurs allemands de Rhénanie sur le site du palais mais également de la nouvelle ville dont il voulait l'entourer et s'adjoignit les services de l'ingénieur militaire Koeler pour superviser les opérations. Il eut sur ce point plus de latitude que le prince Albert qui, lui, ne put se permettre de faire appel de façon trop voyante à des compatriotes d'outre-Rhin car les Anglais de l'époque avaient beaucoup d'antipathie pour les Allemands, reprochant même au mari de la reine de l'être un peu trop.

En aparté, il faut signaler, quitte à froisser notre amour-propre national, que si les Allemands se montrèrent endurants à la tâche, les cinquante-neuf Français, embauchés à des conditions salariales très favorables en 1843 par la province de Rio pour construire la route reliant Porto da Estrela à Petrópolis, se fatiguèrent vite et, spleen du pays natal aidant, rentrèrent en France, souvent de manière cavalière d'ailleurs et en profitant des passeports brésiliens qui leur avaient été délivrés par les autorités. Au final, il n'en resta plus que treize en 1847[64].

L'imprégnation germanique marquera Petrópolis qui, bien après Pierre II, redeviendra célèbre un siècle plus tard, en 1942, lorsque le grand écrivain autrichien Stefan Zweig, qui en avait fait son dernier refuge, s'y suicida. Il avait retrouvé ici, dans cette ville « qui évoquait irrésistiblement Baden-Baden ou Ischl, et avec son théâtre, son petit casino, les villégiatures du vieux monde, leur élégance désuète et leur parfum de cures[65] », un havre de paix qui, sous les tropiques, le renvoyait aux souvenirs aimables de l'Autriche, de la Bavière ou du grand-duché de Bade.

Petrópolis n'était cependant pas un simple caprice princier, même si Pierre II a voulu ressusciter, par le style et la couleur des bâtiments du palais « dont la teinte brun-rouge était l'un des avatars du jaune de Schönbrunn sur laquelle tranche le blanc des colonnes, des pilastres et des frises[66] », le cadre où sa mère, l'ancienne archiduchesse Marie-Léopoldine, avait vécu dans sa jeunesse. Il s'agissait en effet, surtout, d'un projet qui devait permettre de lancer une politique d'infrastructures routières et ferroviaires dont le Brésil, en raison de son immensité territoriale - près de 8 500 000 kilomètres carrés tout de même - et des différences extravagantes de relief, avait le plus grand besoin pour son développement économique.

Ainsi, la première ligne de chemin de fer allant de Praia da Estrela, sur la baie de Guanabara, à Fragoso, dans les montagnes de Petrópolis, sera destinée, non pas seulement au confort personnel de l'empereur, mais à l'écoulement de la production de café de la vallée de la Paraíba. Elle fut solennellement inaugurée le 30 avril 1854 par Pierre II et l'impératrice Thérèse-Christine, entourés par tous les membres du gouvernement, afin de signifier que cet événement était particulièrement symbolique pour un Brésil entrant dans la modernité. Le projet, compliqué par les difficultés techniques et la configuration accidentée du terrain, fut l'œuvre du richissime entrepreneur et banquier Irineu Evangelista de Sousa, surnommé « le Rothschild

---

[64] Laurent Vidal, « Ils ont rêvé d'un autre monde ». Il s'agissait surtout d'ouvriers phalanstériens, disciples de Charles Fourier.

[65] Dominique Bona, « Stefan Zweig, l'ami blessé ».

[66] Ibid.

brésilien »[67], qui avait été préalablement étudier en Angleterre le fonctionnement des chemins de fer. L'empereur, reconnaissant envers un homme qui, ayant bénéficié d'une concession d'État mais travaillant sur les fonds propres d'une société qu'il avait constituée, lui accorda le titre de baron de Mauá, nom du port de Praia da Estrela. En 1876, une voyageuse anglaise, Lady Anna Brassey, décrira avec pittoresque le voyage qu'elle fit de Rio à Petrópolis sur cette ligne : « Nous sommes partis, à onze heures, pour Petrópolis par le chemin de fer. Le train passe auprès des plantations de cannes à sucre et de caféiers, établies au milieu de forêts de palmiers où l'on a pratiqué de larges clairières[68]. »

Ce grand pas vers la modernité incarné par le rail et les locomotives à vapeur sera suivi de beaucoup d'autres : en 1858, la ligne Cinco Pontas - Cabo (province de Pernambouc) fut inaugurée, ainsi que la ligne Corte-Queimados (province de Rio) qui recevra le nom de Estrada de Ferro Central Dom Pedro II - Chemin de Fer Central Pierre II - et constituera le premier tronçon de la liaison stratégique entre Rio et les provinces de São Paulo et de Minas Gerais ; en 1860, Calçada fut reliée à Paribe (province de Bahia) ; en 1867, Santos à Jundiaí (province de São Paulo ; en 1873, Fortaleza à Porongaba (province de Ceará) ; en 1874, Porto Alegre à São Leopoldo (province du Rio Grande do Sul) ; en 1881, Sitio à Barroso (province du Minas Gerais) ; en 1885, Paranagua à Morretes (province du Paraná), projet dont on doit la réalisation aux frères André, Antonio et José Rebouças, ingénieurs civils et militaires, d'origine mulâtre, abolitionnistes et proches de Pierre II[69]. Ainsi, le réseau ferré s'étendit[70] avec le souci du pouvoir central de couvrir toutes les grandes provinces et particulièrement les plus turbulentes et les plus excentrées comme Pernambouc et le Rio Grande do Sul. Personne ne fut oublié dans la grande famille que constituait le Brésil impérial.

---

[67] Surnom pertinent puisque les Rothschild ont joué, comme les Pereire, un rôle déterminant dans le développement du chemin de fer en Europe, particulièrement en France.

[68] Lady Anna Brassey, « Voyage d'une famille autour du monde ».

[69] Surtout André qui suivit Pierre II en exil après le coup d'Etat de 1889.

[70] 601 km en 1867, 997 km en 1870, 3521 km en 1880, 8486 en 1887, 9200 km en 1888. A la fin de l'Empire, les 10 000 km sont franchis (cf. Gaston Dodu, « Les autres Patries »).

Le chemin de fer est une chose, la route en est une autre dans un pays immense qui, « sauf dans les provinces de Rio et de São Paulo, n'a pas de routes proprement dites, mais des chemins à peine frayés, souvent impraticables pendant la saison des pluies[71]. » Là encore, il y aura une véritable impulsion des travaux qui vont peu à peu permettre la pénétration du pays. De 1856 à 1861, on assiste à la construction par la société privée Union and Industry de la première grande route moderne permettant de relier Petrópolis, et donc Rio dans le prolongement, au Minas Gerais, région minière la plus importante du pays, exactement comme la vallée de la Paraíba était le premier centre de production du café. Cette route suivait le tracé d'une ancienne piste coloniale et l'on retrouve dans sa réalisation tout l'imaginaire technologique du XIXe avec les incontournables ponts métalliques et les chaussées renforcées grâce à la technique innovante de l'ingénieur anglais John Loudon McAdam.

L'exemple sera bientôt suivi dans les autres provinces où la plupart des routes étaient impraticables ou à peine carrossables. Ce mouvement fut favorisé par cette sorte de décentralisation intelligente prônée par l'empereur. De fait, si Pierre II n'entendait pas tolérer les séparatismes locaux, en revanche, il considérait que, sur un chantier aussi vaste que celui des infrastructures, les gouvernements provinciaux devaient être à la manœuvre. Le branle étant donné à Rio et à Petrópolis, les cloches devaient sonner à toute volée dans l'ensemble du pays. Du coup, les responsables politiques locaux rivalisèrent pour doter leurs provinces respectives de routes et de voies ferrées convenables, favorisant ainsi la libre circulation des hommes et des marchandises. Aux yeux de l'empereur, il s'agissait là de mettre les énergies provinciales au service de la nation pour ne pas les laisser s'épuiser dans des querelles intestines et partisanes qui freinaient le décollage du Brésil.

Enfin, et compte tenu de l'immensité territoriale du pays et de sa configuration géographique - près de 15 000 km de frontières dont 7500 km de côtes -, ce sont les liaisons maritimes qui, du nord au sud, allaient permettre de rallier toutes les grandes villes portuaires, de Belem à Porto Alegre, avec des navires à vapeur, les steamers, qui remonteront aussi, bientôt, le cours de l'Amazone. Pierre II encouragea le développement des compagnies maritimes à capitaux

[71] Gaston Dodu, op.cit.

américains, anglais et français pour que la flotte marchande brésilienne, vieillissante au début de son règne, puisse rivaliser avec les flottes étrangères. Cette politique visait, bien sûr, à renforcer les échanges entre les provinces maritimes mais aussi à faciliter les exportations agricoles, notamment le café et le sucre, sur lesquelles était fondée une grande partie de la richesse nationale.

Si le remarquable développement des communications au Brésil à partir des années 1850 eut un impact positif sur la vie économique du pays, il ne faut cependant pas négliger le fait qu'il contribua également à l'unification du territoire qui était une autre priorité de l'empereur. Ainsi, lors d'un voyage qu'il fit dix ans plus tard dans le pays, un journaliste français put constater que l'amélioration de la navigation entre les ports brésiliens avait eu des conséquences politiques extrêmement positives : « Les tendances séparatistes vont chaque jour en diminuant. Le gouvernement constitutionnel de l'empereur ne donne plus prise aux récriminations politiques. Les steamers qui sillonnent continuellement l'Atlantique font mieux sentir la main du pouvoir, détruisent de plus en plus les velléités d'isolement en facilitant les communications[72]. »

Ainsi, on doit objectivement reconnaître que, dans le domaine des infrastructures, l'impulsion donnée par Pierre II, qui estimait que « le meilleur emploi de l'argent public est dans les moyens de communication[73] », fut le vecteur le plus déterminant de la modernisation et de l'unification du Brésil au XIXe siècle.

Rio, capitale impériale

Pierre II rêvait d'un Empire uni autour d'une capitale incontestée dans sa primauté sans pour autant nuire au développement des autres métropoles brésiliennes qui, elles aussi, avaient un rôle à jouer dans l'équilibre du pays et donc pour sa cohésion.

Sous la colonisation, c'est Bahia qui était la capitale administrative du pays. C'est là que résidait le vice-roi, représentant le monarque portugais. Jean VI, déjà, avait transféré la capitale à Rio, décision

[72] Adolphe d'Assier, « Le Brésil et la société brésilienne ».
[73] Pierre II, Journal, 2 janvier 1862.

éminemment symbolique pour signifier que le Brésil serait désormais sur un pied d'égalité avec le Portugal. C'est ce monarque aussi qui dota la ville des premières grandes institutions, des premiers monuments d'utilité publique. Pierre Ier, son fils, n'eut guère le loisir d'en faire autant au cours de son règne interrompu, mais Pierre II, le petit-fils, poursuivit l'œuvre de l'aïeul.

C'est au palais de Saint-Christophe, devenu résidence royale du temps de son grand-père Jean VI, que Pierre II était né et c'est de là qu'il dirigea l'Empire. Il modernisa l'édifice datant des années 1820 et aménagea de splendides jardins arborés dans la Quinta da Boa Vista pour donner à ce lieu et à ses alentours le cachet et la beauté néo-classique des palais royaux de la Vieille Europe. C'est d'ici, dans son bureau, qu'il travaillait dès l'aube et jusqu'à la tombée de la nuit au bonheur de son peuple et à la grandeur de son pays, attentif aux frémissements de la ville et à ses senteurs exotiques. Le cœur de l'État battait à Rio et Rio était le cœur de l'Empire[74].

Rio devint une ville moderne avec un urbanisme de qualité, des parcs magnifiques, des magasins où l'on trouvait les produits les plus récents de France ou d'Angleterre car il fallait satisfaire le goût de la bourgeoisie montante comme de l'aristocratie d'État qui n'était pas une caste parasitaire mais représentait l'élite de l'administration, du monde intellectuel ou artistique. Comme toujours, comme souvent en tout cas au XIXe siècle, les Anglais fournissaient la capitale et les grandes métropoles en produits manufacturés robustes et de bonne qualité, tandis que les Français se distinguaient dans le secteur du luxe et de la mode. Les Brésiliennes de la haute société sortaient peu de leurs demeures à cette époque mais, quand elles le faisaient, elles égalaient en élégance les plus belles femmes de Paris avec, en plus, ce zeste d'exotisme qui aurait assuré leur triomphe auprès des étrangers séjournant dans le pays si leurs maris, possessifs et jaloux comme des Siciliens, ne les avaient surveillées de près. La France était présente aussi par les journaux et par le livre. Le bourgeois brésilien parlait affaires en anglais mais le français restait la langue de la politique et des choses de l'esprit. Du reste, avec ses nombreuses imprimeries, ses librairies et sa Bibliothèque Nationale, Rio prenait des allures de Petit Paris, tandis que ses académies prestigieuses, comme l'Institut

[74] Le palais impérial de Saint-Christophe est aujourd'hui le Musée National du Brésil.

Historique et Géographique National - le fameux IHGN - en faisaient un centre intellectuel de premier plan.

Mais Rio était aussi une ville tropicale qu'il fallait assainir pour la rendre salubre en évitant la propagation des épidémies. Le problème essentiel était celui de l'eau auquel s'attela l'ingénieur militaire André Rebouças, ce mulâtre de génie né d'un commerçant portugais et d'une esclave noire. Ami proche de l'empereur qui admirait son talent et lui faisait une confiance absolue, il travailla à l'acheminement de l'eau courante par un système de canalisations irriguant la capitale depuis les montagnes proches tandis que des unités de traitement en amont en assuraient la pureté.

Éclairée au gaz et disposant de l'un des tout premiers tramways, Rio se hissa ainsi au rang d'une capitale moderne, reliée au reste du pays par le chemin de fer et des routes enfin carrossables, et au monde entier par le trafic incessant des steamers qui croisaient dans la baie de Guanabara, arrivant ou partant pour l'Europe ou l'Amérique du Nord.

Cette mutation fut accompagnée par l'empereur qui favorisa le rayonnement culturel et scientifique de la capitale en recevant à sa cour, fort modestement d'ailleurs et sans chichis ou ronds de jambe, l'élite des savants, des écrivains et des artistes du Brésil, des États-Unis ou d'Europe. Grâce à lui, Rio devint une destination prisée par les sommités les plus illustres de l'époque qui appréciaient le climat de cette région luxuriante, tempérée par le voisinage des montagnes et de l'Atlantique Sud, magnifiée plus encore par la splendeur des paysages naturels. Ferdinand Wolf, conservateur de la Bibliothèque Nationale de Vienne, a rendu hommage à cet activisme culturel impérial en précisant que « Pierre II n'agissait pas par calcul, comme Auguste, ou par vanité égoïste, comme Louis XIV, pour faire de ces hommes éminents le marchepied de son ambition, mais parce qu'il aimait les sciences et les arts pour eux-mêmes[75]. »

Un enjeu d'avenir : la jeunesse

Pierre II, et c'est encore particulièrement surprenant pour un garçon de son âge, songea dès son accession au trône à l'avenir du Brésil et à

[75] Georges Raeders, « Le Comte de Gobineau au Brésil ».

la formation d'une élite intellectuelle capable de poursuivre la tâche commencée par la génération de l'indépendance.

Il porta immédiatement son attention sur le Collège Impérial Dom Pedro II de Rio qui avait été fondé sous la Régence, en 1837, à l'époque de sa minorité, et qui avait été baptisé en son honneur. Lui, qui dira un jour : « Si je n'étais pas empereur, je voudrais être enseignant car je ne connais pas de tâche plus noble que d'orienter les jeunes esprits et de préparer les hommes de demain[76] », entendait que cet établissement devienne l'Alma Mater de l'enseignement au Brésil et qu'il forme tous les cadres administratifs de l'Empire. Il devait ressembler aux grands lycées parisiens préparant à l'École Normale Supérieure et préfigurait en même temps l'École Nationale d'Administration, créée par De Gaulle en 1945 avec exactement le même objectif : la formation d'une fonction publique de qualité au service de l'État. Pierre attachait tant d'importance à cet établissement qu'il en plaisantait même : « Au fond, je ne dirige vraiment que deux choses au Brésil : ma propre maison et le Collège Impérial[77]. »

Les élèves du Collège Impérial - collège et lycée tout à la fois si l'on s'en tient aux normes actuelles -, issus de familles aisées ou soutenus par des bourses d'État, allaient désormais étudier les humanités classiques sous la férule des plus éminents professeurs. L'empereur veillait personnellement à ce que le corps enseignant accueille des écrivains illustres comme Joaquim Manuel de Macedo ou des historiens de talent comme João Capistrano de Abreu. En quittant l'établissement à la fin de leurs études secondaires, les meilleurs élèves suivaient ce qu'Armelle Enders appelle « les voies d'excellence du Brésil monarchique[78] », à savoir les études de droit dans les facultés de Recife ou de São Paulo - fondées en 1827, sous le règne de Pierre Ier - pour entamer ensuite une carrière politique ou se lancer dans les affaires. Certains d'entre eux, tentés par la recherche, pouvaient même rejoindre un jour le prestigieux Institut Historique et Géographique Brésilien, fondé en 1838, et que Pierre II prendra sous sa « protection immédiate » en 1850, favorisant même son installation dans le parc du palais impérial de Saint-Christophe.

---

[76] Heitor Lyra, « Historia de Dom Pedro II (1825-1891) ».
[77] Site « imperiobrazil.blogspot.fr », op.cit.
[78] « Histoire du Brésil ».

Pour l'enseignement supérieur scientifique, il faut se souvenir que Jean VI avait créé une École de Médecine et de Chirurgie à Bahia, une autre à Rio, ainsi qu'un Observatoire astronomique. Il avait été également à l'origine des Archives militaires, établissement doté d'une riche cartothèque où l'on retrouva plus tard des projets stratégiques et économiques de pénétration à l'intérieur du pays élaborés sous son règne. Du coup, Pierre II, son petit-fils, put exploiter des pistes de développement qui avaient fait l'objet d'études approfondies dans les années 1820.

Le développement de l'enseignement supérieur au Brésil sous Pierre II fut une véritable révolution car, au début du XIXe siècle, les jeunes gens souhaitant entreprendre un cursus universitaire de haut niveau devaient se rendre à l'université de Coimbra, au Portugal, l'une des plus anciennes et des plus fameuses d'Europe. On conviendra que ce privilège était inaccessible, non seulement aux enfants des classes populaires mais aussi à ceux de la petite bourgeoisie.

Si l'empereur songeait aux élites administratives pour occuper les postes de responsabilité de l'Empire, il n'oubliait cependant pas les couches les plus défavorisées ou les moins aisées de son peuple. Il fit donc également porter son effort sur l'enseignement primaire - entièrement aux mains du clergé catholique jusque dans les premières années de l'indépendance -, et sur l'enseignement secondaire, plutôt destiné encore aux rejetons des familles de la classe moyenne qui, sans être pauvres, n'avaient pas les moyens de s'offrir des précepteurs. L'effort fut poursuivi avec persévérance. Ainsi, en 1856, on pouvait dénombrer au Brésil 2460 écoles primaires et secondaires, fréquentées par plus de 82 500 élèves[79]. En 1869, la progression se poursuivit avec 3516 écoles et 115 735 élèves ; enfin, en 1889, dernière année du règne, on dénombrait 7500 écoles et 300 000 élèves[80].

Pragmatique dans ce domaine comme dans tous les autres, l'empereur, qui savait bien que l'enseignement public, trop insuffisant encore, ne pouvait pas résoudre seul la question de l'éducation pour le plus grand nombre, accepta le concours des congrégations religieuses, notamment françaises, portugaises et espagnoles, qui vinrent

[79] Pereira da Silva, op.cit.
[80] Frédéric Mauro, « Histoire du Brésil ».

s'installer au Brésil au milieu du XIXe siècle[81]. Les Jésuites, les Lazaristes et les Salésiens ouvrirent ainsi des établissements d'enseignement secondaire pour les garçons dans plusieurs provinces tandis que les Dominicaines se consacrèrent à l'éducation des filles. Les filles étaient alors les grandes oubliées de la politique d'éducation de l'État, même si l'empereur rêvait d'un enseignement égalitaire. Mais ce projet était trop audacieux encore pour tous ceux qui, au Brésil, considéraient que les femmes devaient rester au foyer et n'en pas sortir, sauf pour aller à la messe ou participer à des réceptions destinées surtout à conforter l'influence sociale de leurs époux.

Avec Pierre II, rien n'était jamais fait à moitié. S'il supervisait très directement le Collège Impérial Dom Pedro II, épluchant les programmes et veillant au recrutement des professeurs, il ne s'interdisait pas de visiter fréquemment les autres établissements scolaires du pays afin de vérifier leur fonctionnement. Clairement, il s'agissait d'inspections, parfois improvisées, qui lui permettaient de se faire une opinion sur la qualité de l'enseignement dispensé et sur les difficultés que certains enfants pouvaient rencontrer. Tel un nouveau Charlemagne, auquel il devait immanquablement faire penser avec sa belle barbe blonde, il écoutait les élèves, distribuait des prix aux plus méritants et offrait des bourses d'études sur sa liste civile. Cette implication, qu'on jugerait sans doute excessive aujourd'hui, et que le corps professoral de l'époque devait trouver pesante, était dans la nature d'un homme qui considérait que l'éducation était un enjeu de civilisation, particulièrement dans un pays neuf comme le Brésil. Au surplus, n'ignorant rien des dysfonctionnements inhérents aux services publics en général, et aux services publics sous les tropiques en particulier, l'empereur, qui eût fait un excellent inspecteur d'Académie, savait que des carences trop flagrantes dans la formation des nouvelles générations seraient désastreuses pour l'avenir de la nation[82] .

---

[81] Maria Alzira da Cruz Colombo, « La venue des congrégations religieuses françaises au Brésil à la fin du XIXe siècle et au début du XXe siècle ».

[82] Dans son ouvrage intitulé « L'Instruction publique au Brésil », publié en 1889, quelques mois avant la chute de l'Empire, le Docteur José Ricardo Pires de Almeida a décrit de façon exhaustive le développement de l'instruction publique sous le règne de Pierre II.

VIII.
Le pouvoir modérateur face aux turbulences politiques

« L'empereur, qui savait parfaitement que les élections étaient peu significatives et voulait éviter que les mêmes groupes d'influence et les mêmes coteries se perpétuent au pouvoir, était à la recherche du pays réel. »

Bartholomé Bennassar et Richard Marin[83]

Ordem e Progresso

Si la devise positiviste « Ordre et Progrès » date de la République brésilienne, elle peut aussi caractériser les premières années du règne de Pierre II. A condition, bien sûr, que l'on veuille bien interpréter la devise républicaine au sens où l'empereur pouvait lui-même l'entendre, c'est-à-dire « le progrès dans l'ordre. »

En effet, c'est grâce à ce développement dans la paix civile que le Brésil des années 1850-1860 est sorti définitivement du monde ancien pour entrer de plain-pied dans la modernité du XIXe siècle, comme l'avaient déjà fait avant lui la plupart des nations européennes occidentales sous l'impulsion de l'Angleterre et de la France. Le Brésil colonial et postcolonial ayant disparu, c'est une solide puissance régionale qui émergeait des limbes sous le sceptre bienveillant de Pierre II et sous l'autorité de gouvernements qui, adoptant les sages préceptes du monarque, mirent un temps de côté les querelles de personnes et les affrontements partisans pour travailler au bien public. Curieusement, ce Brésil tropical, pays des chaleurs

[83] « Histoire du Brésil ».

torrides et des pluies diluviennes, terre de lumière, de sang, de passion et de violence, nation si peu en rapport avec le climat tempéré de l'Europe, adopta, à la surprise générale du monde entier, un système démocratique dont Montesquieu aurait sans doute pensé qu'il n'était pas prédestiné à sa nature sauvage et primitive.

Le miracle brésilien est là. Sorti du colonialisme en douceur, ou, en tout cas, avec infiniment moins de casse et de sang que l'Amérique espagnole, le Brésil du XIXe siècle rejoignit le monde démocratique en évitant les pronunciamientos, les dictatures et les tyrannies qui furent jusqu'à la fin du XXe siècle, ou presque, le cauchemar des républiques latino-américaines. Il n'est pas douteux que ce mouvement a pu être initié au Brésil grâce à un système de monarchie constitutionnelle inspiré par les idéaux de la Révolution française. Au fond, Pierre Ier et surtout Pierre II, avec des personnalités pourtant si différentes, ont su, par ce mélange subtil de l'autorité du prince et de la souveraineté nationale, réaliser cette synthèse à laquelle ni Louis XVI ni les députés de la Constituante n'ont pu parvenir et qui, à cause de cela, verra la Révolution dériver et la République éclaboussée par le sang de la Terreur, salie par la corruption du Directoire, achevée enfin par les baïonnettes de Bonaparte.

D'une certaine façon ce succès brésilien est dû aussi, et c'est un paradoxe, au choc qu'avait provoqué au Brésil l'abdication inopinée de Pierre Ier. Monarque sincèrement démocrate mais au caractère exalté, Pierre Ier n'aurait certainement pas eu les mêmes aptitudes que son fils à construire dans la sérénité cet empire constitutionnel exemplaire. Homme sanguin, tout de passion non contenue, proche de ce point de vue de son peuple d'adoption, il n'aurait pu devenir le dirigeant qu'il fallait pour le Brésil à ce moment précis de l'histoire. C'est peut-être d'ailleurs la cause profonde de son retrait. Lucide, il avait compris que s'il avait donné avec bonheur l'impulsion initiale, il aurait eu les plus grandes difficultés à régner avec un personnel politique divisé face à des enjeux économiques et sociétaux considérables. Par contrecoup, l'abdication de 1831 avait littéralement sonné les Brésiliens qui comprirent qu'après avoir tué le père, ils devaient se souder autour du fils pour sauver le pays. Le choc fut si violent qu'en dehors de quelques radicaux, nul ne songea à établir la République au Brésil, alors même que le système républicain dominait partout en Amérique latine depuis l'échec de l'empereur

Augustin Ier au Mexique en 1823 et le règne éphémère des monarques d'Haïti.

Symbole étonnant de ce légitimisme monarchique : le loyalisme des régents à l'égard de l'empereur-enfant. Pour conforter leur pouvoir et rassurer le peuple sur l'avenir du pays, les régents, lors des grands événements patriotiques, avaient pris l'habitude d'aller chercher le garçonnet à la Quinta da Boa Vista pour l'exposer à la foule. C'était une façon quasi religieuse de conjurer le mauvais sort dans un pays alors terriblement divisé et menacé dans sa survie par les mouvements séparatistes locaux.

Pierre II n'aurait certainement pas choisi la carrière politique s'il n'était pas né à la place où Dieu l'avait mis. Mais homme de devoir, il se coula dans le moule dès sa déclaration de majorité en 1840, conforté encore par son couronnement l'année suivante et cette sorte de consécration populaire qui légitima une décision parlementaire insensée. Car enfin, un monarque adolescent sur le trône au XIXe siècle... Pari fou, mais pari gagné !

De naturel empathique et bienveillant, Pierre domina sa timidité pour allait vers les autres, sans que jamais les distinctions de classe ou de race puissent être un obstacle pour lui, ce qui reste tout de même assez remarquable pour l'héritier de tant de prestigieuses dynasties européennes. Très éveillé intellectuellement, il joua le jeu, il fit le job. Curieux, attentif, il se forma politiquement petit à petit avec ses tuteurs puis avec les régents successifs. A quinze ans, il était déjà parfaitement au fait du fonctionnement institutionnel du Brésil, de ses carences aussi. Le respect qu'il avait pour les hommes ne lui interdisait cependant pas de s'interroger sur les méthodes et sur les caractères. L'autoritarisme de Bonifácio de Andrade, notamment, et ce sentiment qu'avait le « Patriarche » d'être supérieur à tous les hommes de sa génération, durent être pour lui source de réflexion.

Dès son accession au trône, Pierre disposa de nombreux atouts. Outre ses capacités intellectuelles, son sérieux et son goût du travail, il était politiquement neuf et totalement vierge, c'est-à-dire irresponsable des erreurs du passé commises tant par son père que par le personnel politique de l'époque. Par ailleurs, ce sont les politiciens qui avaient précipité eux-mêmes son accession au trône, s'accrochant à lui comme à une planche de salut. C'est donc dans ce contexte très favorable qu'en effet il régna sans opposition, avec la seule retenue d'un caractère tempéré. Et c'est à ce moment-là, et grâce au pouvoir d'influence dont il disposait et qui était accepté par tous, qu'il put, avec l'aide de ministres compétents, d'ingénieurs de talent, d'hommes d'affaires dynamiques, relancer la machine, apaiser les tensions intérieures, parer aux dangers extérieurs, encourager les initiatives privées, moderniser le Brésil en développant son économie grâce aux nouvelles infrastructures ferroviaires, routières, fluviales ou maritimes, sans omettre le télégraphe qui permettait, plus encore que ne pouvaient le faire le chemin de fer, les diligences ou les navires, de réduire les distances entre les hommes.

Il fit tout cela sans ostentation. Travailleur acharné - c'est le seul point commun qu'il eut avec son cousin autrichien François-Joseph - il se levait tôt et se couchait tard, étudiant attentivement ses dossiers, y ajoutant souvent en marge ses propres réflexions. Quand du temps lui restait, en fin de journée parfois, il le consacrait à l'étude, à ses livres, à la correspondance personnelle qu'il entretenait avec toutes les sommités de l'époque, enfin à ses hobbies : la musique, la peinture, la poésie, la photographie ou l'étude des langues anciennes. Vêtu bourgeoisement, vivant modestement, mangeant médiocrement, il exécrait les mondanités et supprima au début des années 1850 les bals de cour et les réceptions au palais impérial. Sur ce point, il fut en parfaite intelligence avec l'impératrice Thérèse-Christine qui, mal à l'aise en public, détestait ces choses-là autant que lui.

Mieux encore, il considérait que l'empereur devait donner l'exemple de la moralité publique. Voyant bien que les fonctionnaires et politiciens brésiliens n'étaient pas tous des parangons de vertu et avaient tendance, comme de nombreux fonctionnaires et politiciens dans le monde, à abuser du système et à tondre la laine sur le dos du peuple, il donna des instructions précises pour un meilleur fonctionnement des administrations. Il fixa à 8h la journée de travail des agents de l'Etat, de ses collaborateurs et de ses ministres, et veilla à ce que toutes les nominations soient faites, non par favoritisme, plaie des systèmes parlementaires comme des anciennes monarchies, mais en fonction du mérite des candidats et de leur honnêteté. Bien sûr, on renâcla, car de nombreux responsables brésiliens préféraient la douceur de leurs villégiatures campagnardes ou le soleil des cités balnéaires à leurs bureaux étouffants où s'entassaient les piles de dossiers. Mais que dire, que faire, quand Sa Majesté elle-même est un bourreau de travail et que ce bourreau de travail couronné estime encore qu'il est trop payé et refuse systématiquement la réévaluation de sa liste civile - maintes fois proposées pourtant par des gouvernements admiratifs -, et fixée depuis sa majorité constitutionnelle à 800 000 réaux par an ?[84]

Bien évidemment, Pierre II, exigeant avec lui-même, l'était avec les autres et, plus spécialement, avec ses conseillers et ses ministres dont il supervisait la qualité du travail. Là encore, reprenant sa casquette de contrôleur ou d'inspecteur, « il gouverne et suit tous les projets de ses ministres qu'il lit et annote de « son crayon fatidique[85]. » A la vérité, tout cela était fait avec bienveillance et même humour car le monarque n'en manquait pas. Il n'en demeure pas moins que la fonction de ministre ou de conseiller à l'époque ne devait pas être un lit de roses tous les jours, bien qu'on n'ait pas d'exemple flagrant de limogeage arbitraire. En revanche, lorsque les idées d'un de ces messieurs ne lui convenaient pas sur un sujet qui lui tenait à cœur - l'abolition de l'esclavage, par exemple, ou la moralisation de la vie publique -, l'empereur attendait patiemment les nouvelles élections ou le remaniement du gouvernement. Il suggérait alors au président du Conseil de se débarrasser du gêneur, allant même jusqu'à décorer ou anoblir l'intéressé - l'anoblissement au Brésil était une récompense honorifique sans transmission héréditaire - pour éviter d'en faire un opposant acharné du nouveau cabinet.

Composition, recomposition, décomposition

L'empereur se satisfaisait de l'alternance entre les deux grands blocs parlementaires parce qu'il n'avait strictement aucun esprit partisan, considérant que la vérité est parfois relative et qu'un débat loyal et dépassionné peut faire bouger les lignes. Son esprit scientifique rejetait l'idée que la politique fût une science exacte. Au vrai, il croyait aux hommes plus qu'aux partis et n'ignorait pas que les

---

[84] Cette liste civile, qui représentait 3% des dépenses de l'Etat en 1840, n'en représentait plus que 0,5% à la fin de la monarchie, en 1889 (cf. Heitor Lyra, op.cit.). La moitié de la liste civile de l'empereur fut consacrée au soutien des sociétés caritatives, scientifiques ou culturelles.
[85] Armelle Enders, « Histoire du Brésil ».

libéraux comme les conservateurs étaient beaucoup plus divisés que les apparences ne le laissaient croire.

A l'automne 1853, il chargea Honório Carneiro Leão, marquis de Paraná et chef du Parti Conservateur, de former un nouveau gouvernement car le précédent cabinet, conservateur lui aussi, avait démissionné. Pierre II en profita pour tenter de faire bouger les lignes, considérant que l'ancienne équipe n'était pas dans l'esprit de son projet de renouvellement du système parlementaire par la constitution de majorités d'idées transpartisanes. Il estimait que l'ère du développement économique et technologique dans laquelle le Brésil était entré justifiait, par souci d'efficacité, un remodelage de la gouvernance politique et une rénovation des mœurs parlementaires.

Carneiro Leão respecta sa feuille de route et tendit la main à quelques députés libéraux qui entrèrent au gouvernement. Mais, contrairement à ce qu'imaginait l'empereur, les pesanteurs du système étaient toujours là et des réticences commencèrent à se manifester. L'aile droite du Parti Conservateur trouva saumâtre que des portefeuilles ministériels soient confiés à des adversaires politiques alors que les conservateurs disposaient encore de nombreux talents - et aussi, sans doute, de nombreuses ambitions - qui ne demandaient qu'à s'exprimer.

C'est véritablement à ce moment-là que Pierre II dut abandonner son lourd manteau impérial - qu'il ne portait d'ailleurs que pour le discours du Trône, à l'occasion des rentrées parlementaires - et revêtir la tenue de « mécanicien chargé de mettre de l'huile afin que la machine ne grippe pas », pour reprendre la belle image utilisée plus tard lors de ses entretiens avec le baron Von Hübner. Mais, en dépit de son soutien au cabinet, les bonnes intentions du gouvernement Carneiro Leão se fracassèrent sur les ambitions de son propre parti et la volonté hégémonique de ses amis. Le président du Conseil, assuré de la confiance impériale, persista néanmoins et fit front contre son propre camp. Situation moralement cruelle et parfois même insoutenable. En septembre 1856, l'expérience transpartisane - qu'on appela « Période de Conciliation » - fut grandement fragilisée, non par un coup de force parlementaire mais par la mort du président du Conseil, épuisé après trois ans de luttes intestines.

L'échec du projet de recomposition politique se profilait. L'empereur, soupesant le rapport de force, confia une mission de bons offices à trois conseillers d'Etat : Joaquim Rodrigues Torres, vicomte de Itaboraí, Paulino Soares de Sousa, vicomte d'Uruguai et Eusébio de Queirós, hommes d'expérience et de bonne volonté qui avaient déjà exercé des fonctions ministérielles. Hélas, les oppositions furent si vives et si tranchées que la conciliation échoua. De fait, après les divisions du Parti Conservateur entre la droite dure et la droite modérée - cette dernière étant favorable à l'esprit d'ouverture du défunt Carneiro Leão -, le Parti Libéral, à son tour, croyant que les conservateurs étaient condamnés, raidit sa position et revint à ses fondamentaux. C'était le blocage politique. Pierre reprit la main et confia le gouvernement à des hommes de confiance qui furent d'abord le général Luís Alvez de Lima, marquis de Caxias, puis, en 1857, Pedro de Araújo Lima, marquis de Olinda, suivi en 1858 par Antonio Paulino Limpo de Abreu, enfin, en 1859, par Ângelo Moniz da Silva Ferraz. En 1860, l'empereur, toujours à la recherche d'une majorité de consensus, se résolut à dissoudre la Chambre et à convoquer les citoyens aux urnes.

Les libéraux progressèrent électoralement et renforcèrent leur représentation parlementaire mais cela était encore insuffisant pour accéder au pouvoir. Le gouvernement conservateur se maintint donc avec, à sa tête, à nouveau, le fidèle général marquis de Caxias, ami personnel de l'empereur. Ce cabinet dut cependant démissionner deux ans plus tard, en 1862, parce que des conservateurs dissidents avaient rejoint des libéraux qui ne l'étaient pas moins pour former un nouveau parti politique : la Ligue Progressiste.

Au final, c'est un progressiste issu du Parti Libéral, Zacarias de Góis e Vasconcelos, qui devint président du Conseil avec une majorité à peu près stable. Objectivement, l'arrivée des progressistes au pouvoir fut un succès personnel pour Pierre II puisque ces hommes étaient issus des deux partis traditionnels mais entendaient travailler ensemble pour le bien du pays. Certes, cette expérience fut éphémère puisqu'elle s'acheva en 1864, lorsque le Parti libéral revint aux affaires, mais l'esprit progressiste demeura car, à tour de rôle, chefs de gouvernement libéraux et conservateurs se succédèrent à la présidence du Conseil sous l'étiquette « libérale » jusqu'au retour des conservateurs traditionnels en 1868.

Sans doute, ces péripéties constitutionnelles ont elles des allures de vaudeville avec des portes qui claquent et des acteurs qui entrent par une porte et sortent par une autre, mais elles montrent que l'empereur ne renonçait pas à son projet transpartisan et continuait patiemment à travailler à l'éclatement des vieilles structures. De l'huile dans les rouages, encore et toujours…

Cette période de l'histoire politique du Brésil est très caractéristique de l'habileté de Pierre II et très instructive sur les méthodes utilisées pour parvenir au but recherché : la rénovation du système politique par la suppression des barrières idéologiques divisant les partis en blocs antagonistes. De ce point de vue, il remporta durablement la bataille des esprits puisque les grandes lois sur l'humanisation de l'esclavage jusqu'à son abolition, ainsi que celles concernant la démocratisation du mode de scrutin et la transparence des élections furent votées par des majorités d'idées, au-delà des sensibilités partisanes. Cela correspondait très précisément à sa pensée politique rénovatrice ainsi qu'à sa philosophie personnelle qui l'entraînait à jeter des ponts plutôt qu'à dresser des murs entre les hommes de bonne volonté. La même philosophie se retrouve d'ailleurs chez lui dans un autre domaine que celui de la politique, à savoir les relations entre catholicisme et franc-maçonnerie qu'il chercha toujours, lui, le catholique pratiquant, à apaiser et à rapprocher en dépit des admonestations de Rome.

Ce qui est assez frappant dans l'épisode de la « Période de Conciliation », c'est que Pierre ne travaillait pas, comme l'auraient fait la plupart des dirigeants placés à la tête d'un Etat ou d'un gouvernement, pour renforcer son pouvoir personnel puisqu'on sait qu'il trouvait son véritable bonheur ailleurs que dans la politique. Non, il travaillait comme un scientifique dans son laboratoire pour initier une nouvelle démocratie où, sous la tutelle bienveillante du monarque, le pays serait gouverné par les idées plus que par les partis. Ce qui, ne l'oublions pas, était aussi une façon de lutter contre le clientélisme et la corruption, plaies du Brésil impérial, comme d'ailleurs de nombreuses démocraties parlementaires de l'époque, notamment dans les pays latins. Dès lors, on peut dire que, dans le domaine politique, il fut en total déphasage avec son temps, ou, en tout cas, avec les mœurs politiques de son temps ce qui, au fond, est le lot de tous les visionnaires.

A ce stade, on peut se demander si cet empereur héréditaire ne travaillait pas en réalité pour un Brésil composé de citoyens libres et responsables qui, un jour, plus tard, seraient aptes à se gouverner eux-mêmes, et en bonne intelligence, ne gardant alors de lui que le souvenir un peu nostalgique du professeur indulgent, généreux et paternaliste qu'il avait été. Le fait que Pierre ait toujours refusé qu'on lui donne le titre de « souverain » est de ce point de vue assez éclairant. Monarque, empereur ou chef d'Etat oui, mais souverain, non, car, à ses yeux, le détenteur de la véritable souveraineté restait le peuple brésilien[86].

[86] De la même façon, Pierre II préférait l'appellation « Sire » à celle de « Majesté », cette dernière étant réservée aux seuls documents officiels.

IX.
La guerre du Paraguay ou de la Triple Alliance

« Faire porter à Rio la responsabilité exclusive de l'hécatombe, et surtout lui attribuer une volonté délibérée d'exterminer le peuple voisin est sans fondement. Les responsabilités sont à partager entre les belligérants. »

Marc Bergère et Luc Capdevila[87]

Le Rio de la Plata : un enjeu stratégique

Depuis l'indépendance de l'Uruguay en 1828, l'Empire du Brésil était en paix avec ses voisins, même s'il ne perdait pas de vue la région géostratégique du Rio de la Plata.

A voir de loin, on ne comprend pas trop les enjeux pour lui dans cette partie du continent. En réalité, les choses sont simples et la géographie explique tout. De fait, en l'absence à l'époque de liaisons ferroviaires et de routes praticables, la façon la plus simple et la plus commode de rejoindre les provinces brésiliennes méridionales du Mato Grosso et de Paraná était la voie maritime et fluviale. Les navires brésiliens entraient dans le Rio de la Plata, au fond duquel se trouvait l'embouchure du fleuve Paraná, puis remontaient vers le nord cette importante voie navigable en longeant les provinces argentines de l'Entre Rios, de Corrientes et de Misiones. Le Paraná, après avoir reçu les eaux de son affluent le Paraguay qui, lui-même, était une voie d'accès vers le Mato Grosso, suivait alors la frontière du Paraguay à

[87] « Genre et événement. Du masculin et du féminin en histoire des crises et des conflits ».

l'est. Le Mato Grosso et le Paraná étaient pour le Brésil des provinces économiquement stratégiques puisque la première était riche en minerais (pierres précieuses, fer, or, argent) et en ressources agricoles tropicales (vanille, quinquina, cacao, indigo, manioc), tandis que la seconde était une terre d'élevage et de culture de café et de coton.

Sur le plan politique maintenant, la situation était plus complexe puisque l'Uruguay, sur la rive gauche du Rio de la Plata, était pratiquement en guerre civile depuis vingt ans. Les conservateurs, dits « Blancos », et les libéraux, dits « Colorados », se faisaient concurrence, les armes à la main. Cette situation avait aiguisé les ambitions du dictateur argentin Rosas qui voulait annexer le pays avec la collaboration des Blancos et de leur chef Oribe. De son côté, le Brésil soutenait l'indépendance de l'Uruguay car de nombreux ressortissants brésiliens y résidaient. De fait, Brésil et Uruguay n'étaient séparés au sud-est que par le fleuve Uruguay qui longeait la province brésilienne du Rio Grande do Sul avant de se jeter dans le Rio de la Plata. On se souvient que l'indépendance uruguayenne avait été reconnue par le Brésil en 1828, après un conflit armé que Pierre Ier n'avait pas été en mesure de résoudre. Au début des années 1860, rien n'était réglé, même si Rosas et Oribe, son allié uruguayen, avaient quitté la scène politique. L'Uruguay sombrait dans le chaos et, comme toujours dans ces cas-là, les étrangers y étaient pris pour cible. Ce fut le cas, notamment, des Brésiliens dont le gouvernement soutenait officiellement les libéraux uruguayens et qui furent agressés physiquement tandis que leurs propriétés et leurs biens étaient saccagés.

En octobre 1864, le Brésil impérial décida de réagir pour protéger ses ressortissants. En décembre, l'armée brésilienne pénétra donc en Uruguay afin de mener une opération de pacification et conforter dans la foulée la position des libéraux uruguayens. Il s'agissait aussi, et surtout, d'éviter que l'Argentine, appâtée par le chaos uruguayen, ne s'empare du pays et ne se retrouve face à face avec le Brésil sur la frontière sud-est de l'Empire. Cette intervention fut condamnée par l'Angleterre qui, elle-même, pratiquant allègrement la politique de la canonnière dans son Empire, s'offusquait de l'initiative brésilienne au prétexte qu'elle allait perturber ses échanges commerciaux avec les pays de la zone.

L'intervention brésilienne devait être de courte durée mais, soudain, un étrange personnage entra en scène et les choses dégénérèrent en conflit généralisé.

L'humaniste et le dictateur

Le personnage en question était Francisco Solano López, dit « El Supremo », ce qui est déjà tout un programme. Solano López était dictateur du Paraguay, et même dictateur héréditaire puisqu'il avait succédé à son père Carlos Antonio López, lui-même successeur de son oncle Gaspar de Francia. C'était un patriote mégalomane, rêvant de désenclaver le Paraguay pour en faire un vaste ensemble territorial englobant les provinces argentines de Corrientes, Entre Rios et Misiones, l'Uruguay et la province brésilienne du Rio Grande do Sul. Cette entité nouvelle s'ouvrant ainsi largement sur l'Atlantique Sud qui était le but final à atteindre. Fasciné par le modèle prussien qu'il était allé étudier en Europe, il avait mis sur pied une armée puissante qui devait lui permettre de satisfaire ses ambitions.

Idéologiquement parlant, Solano López, en qui le géographe libertaire français Elisée Reclus a vu un « héros républicain », victime d'un « empereur brésilien esclavagiste[88] », n'était ni républicain ni même démocrate, encore moins libéral. Sur ce point, Emile Daireaux a rappelé la réalité des choses : « La vérité est que le système républicain n'a jamais existé au Paraguay que de nom, il n'y avait là ni citoyens, ni constitution, ni institutions républicaines, ni lois votées et respectées, toutes ces garanties des peuples libres étaient remplacées par la volonté capricieuse et déréglée d'un homme exerçant une puissance invraisemblable sur un peuple préparé de longue main pour cet abaissement politique et moral[89]. »

El Supremo, qui préparait sa formidable armée depuis longtemps, sauta sur l'occasion inespérée que représentait pour lui l'intervention brésilienne en Uruguay pour déclencher les hostilités. Il s'agissait d'un prétexte puisque le Paraguay n'était menacé par personne et que la frontière entre le Brésil et l'Uruguay était fort éloignée

---

[88] « La guerre du Paraguay », Revue des Deux Mondes.

[89] « Les conflits de la république argentine avec le Brésil et le Chili », Revue des Deux Mondes.

géographiquement de son territoire. Toutefois, le dictateur, pour justifier sa décision vis-à-vis de son peuple et de la communauté internationale, prétendit que le Brésil voulait purement et simplement annexer l'Uruguay. C'était une affirmation gratuite car les Brésiliens, depuis 1828, avaient compris que la création d'un Etat tampon entre eux et les Argentins était une garantie de paix entre les deux nations. Par ailleurs, pour fanatiser un peu plus les patriotes paraguayens, Solano López affirma, tout aussi gratuitement et tout aussi péremptoirement, que le Brésil, considérant que le Paraguay était le prolongement naturel du Mato Grosso, avait des vues annexionnistes sur leur pays.

Le premier acte d'agression paraguayen fut l'arraisonnement sur le fleuve Paraguay - qui longeait au nord la province brésilienne du Mato Grosso - d'un navire de commerce brésilien à vapeur, le *Marquês de Olinda*. Pour aggraver encore la situation, le gouverneur brésilien du Mato Grosso, qui se trouvait à bord du navire, fut emprisonné. Dans la foulée, et profitant de l'effet de surprise, les Paraguayens envahirent le Mato Grosso puis les provinces argentines de Corrientes et de Misiones. A partir de là, ils poursuivirent sur leur lancée et pénétrèrent au Rio Grande do Sul.

Bien entendu, tout cela était fait « à titre préventif » puisque ni l'Argentine ni le Brésil n'avaient déclaré la guerre au Paraguay. Cette agression foudroyante et d'une terrible efficacité, que le terme allemand « blitzkrieg » traduit parfaitement, ne peut s'expliquer que par une stratégie depuis longtemps élaborée en amont. L'objectif était assez clairement déterminé : constituer un Grand Paraguay dominant toute la région de la Plata et menaçant directement la partie méridionale du Brésil, avec, sans doute aussi, des vues sur la province de Santa Catarina qui, on le sait, avait jadis fait sécession avec celle du Rio Grande do Sul. Maître de tous ces territoires et détenant la clé des trois grands fleuves Paraguay, Paraná et Uruguay[90], Solano López devenait le maître absolu et incontournable de la région.

Pierre II, Défenseur Perpétuel du Brésil et commandant suprême des forces armées, signa sans état d'âme le décret de mobilisation générale préparé par son gouvernement avec l'accord des Chambres

[90] Cette zone, traversée par trois grands fleuves navigables et fertilisants, était appelé jadis « la Mésopotamie de l'Amérique du Sud ».

pour laver l'affront et courir sus à l'envahisseur. Le monarque souhaitait se rendre lui-même sur le front pour superviser les opérations militaires mais le gouvernement et le parlement s'y opposèrent formellement pour préserver le régime et empêcher le chaos si, par malheur, le monarque devait y perdre la vie. Devant ce refus, Pierre menaça d'abdiquer. On le laissa donc finalement partir et il y gagna le sobriquet de « Premier Volontaire de l'Empire ». Il se rendit en bateau puis en train et enfin à cheval dans la ville brésilienne d'Uruguaiana, à l'ouest du Rio Grande do Sul, aux confins de l'Uruguay et de l'Argentine, qui avait été investie par les Paraguayens. L'armée impériale fit le siège de la ville occupée et les soldats ennemis, après un temps de résistance, acceptèrent de l'évacuer quand ils apprirent que l'empereur du Brésil était présent en personne et qu'il leur offrait la vie sauve s'ils se retiraient en bon ordre et sans armes.

L'empereur n'aimait pas la guerre et considérait que l'arbitrage et les accords diplomatiques étaient une façon civilisée de résoudre les litiges territoriaux ou économiques opposant les États. Certes, la méthode n'était pas infaillible et il se souvenait avec aigreur de l'échec de sa tentative de clore amiablement en 1855 la querelle frontalière entre la Guyane française et le Brésil. Napoléon III avait rejeté cette main tendue avec hauteur[91], ce qui n'avait pas facilité les relations ultérieures des deux empereurs que le sort tragique de Maximilien du Mexique, cousin germain de Pierre II, exacerba encore en 1867. Mais, tout de même, sous son règne, le nombre des transactions amiables avec les États voisins de l'Empire fut impressionnant. Ainsi, et de façon pacifique, les frontières du Brésil avaient été stabilisées avec l'Uruguay et le Pérou en 1851, avec la Colombie en 1853, avec le Venezuela en 1859. Elles le seront également avec la Bolivie en 1867. Néanmoins, et en dépit de ses profondes aspirations à la paix, Pierre fit la guerre au Paraguay avec sérieux et persévérance - certains l'accuseront même d'avoir été jusqu'au-boutiste - parce que l'humaniste était devenu soldat, métamorphose assez commune dans l'histoire lorsque l'enjeu est civilisationnel. Et il l'était, de fait.

[91] Stéphane Granger, « Le Contesté franco-brésilien : enjeux et conséquences d'un conflit entre la France et le Brésil ». Il faut se souvenir que pendant l'occupation napoléonienne du Portugal, le prince régent, futur Jean VI, réfugié au Brésil, fit occuper une partie de la Guyane française par mesure de rétorsion.

Solano López représentait tout ce que l'empereur du Brésil abhorrait et condamnait : le nationalisme outrancier et agressif, l'exploitation de la fibre identitaire - exaltation de la grandeur du peuple Guarani -, la dictature, la confiscation des libertés publiques, la répression systématique et physique des opposants. Les prisons d'Asunción, capitale du Paraguay, regorgeaient de malheureux qui n'en sortaient que pour être fusillés, alors qu'au Brésil la grâce impériale était devenue un moyen humanitaire de gouvernement et de réconciliation nationale. Et puis, il y avait surtout cette opposition suprême, paroxysmique, presque caricaturale entre deux régimes représentant d'un côté un type avancé de démocratie sous la forme d'une monarchie constitutionnelle et parlementaire et, de l'autre, une dictature se transmettant héréditairement et sans interruption depuis l'indépendance du Paraguay en 1811 au sein de la même famille : celle du dictateur José Gaspar Rodriguez de Francia, dit « El Perpetuo ».

Alors, quelle solution adopter en la circonstance ? L'arbitrage ? Mais il était trop tard puisque les frontières méridionales du Brésil et septentrionales de l'Argentine avaient déjà été violées. Et puis, quelle chance de parvenir à un accord avec un homme qui préparait ses armées à la guerre d'agression depuis longtemps ? Si Napoléon III avait refusé l'arbitrage, plutôt favorable à la France d'ailleurs, sur les frontières guyano-brésiliennes, qui pouvait imaginer - certainement pas l'empereur du Brésil en tout cas - qu'El Supremo y consentirait alors qu'il avait le regard obstinément fixé sur la ligne bleue de l'Atlantique Sud ?

Guerre à outrance[92]

En mai 1865, voyant le danger que le dictateur paraguayen faisait courir à la région, le Brésil, l'Argentine, dont le territoire avait été également violé, et l'Uruguay signèrent un pacte d'assistance militaire qu'on appela la Triple Alliance. Solano López en fut surpris car il avait parié sur les querelles qui avaient jadis opposé ces trois pays, mais il persista. Mieux encore, pour prouver qu'il restait le combattant

[92] Sur la guerre du Paraguay et les opérations militaires, cf. Marie-Danielle Demelas, « Guerres et alliances en Amérique du Sud ».

résolu des premières heures du conflit, il se fit attribuer par un congrès à sa botte le titre de maréchal.

Contrairement à ce que l'on pourrait croire, les Alliés étaient militairement moins solidement préparés que le Paraguay. En effet, le Brésil ne pouvait aligner que 18 000 hommes, l'Argentine 8000 et l'Uruguay 1000. En face, le Paraguay, militarisé depuis des années, disposait d'une armée de 64 000 hommes, avec une réserve de 28 000 hommes. Cette armée était dotée d'un matériel moderne d'origine européenne, et se trouvait sous le commandement d'officiers formés à la prussienne[93]. Par ailleurs, dans une alliance du type de celle signée en 1865, des difficultés pratiques pouvaient survenir car les opérations étaient coordonnées, autant que faire se peut, par un triumvirat militaire composé des généraux Mitre (Argentine), Florès (Uruguay) et Polydoro (Brésil). Du côté brésilien, sur les théâtres d'opération navals et terrestres, la personnalité dominante fut cependant l'amiral Joachim Marques Lisboa, vicomte de Tamandaré.

Du coup, au fur et mesure que la guerre se prolongeait - les Paraguayens étaient de farouches soldats solidement entraînés -, le Brésil et ses alliés, mais le Brésil surtout, durent accroître leurs effectifs. L'armée brésilienne atteignit bientôt 150 000 hommes. L'armée de métier ne suffisant pas, il fallut faire appel à la Garde nationale puis aux volontaires. On fit même appel aux esclaves qui s'engagèrent contre promesse de libération, promesse qui sera d'ailleurs tenue car l'empereur y veillait. Bien entendu, les Paraguayens, qui croyaient pouvoir donner des leçons de morale aux autres, accusèrent les Brésiliens d'utiliser les esclaves noirs comme chair à canon, argument souvent repris par les révisionnistes paraguayens du XXe siècle, cherchant par tout moyen à discréditer l'Empire du Brésil. Ce qui est certain, en tout cas, c'est que le rôle joué par les esclaves pendant la guerre fit évoluer positivement les mentalités au Brésil et que cela renforça le courant abolitionniste. L'Argentine, quant à elle, passa, de 8000 hommes à 50 000. Ajoutons, du côté des Alliés, une Légion

---

[93] Guy Fargette, op.cit. Le « prussianisme » ou la germanophilie des dictateurs paraguayens explique sans doute que le Paraguay, après l'effondrement du IIIe Reich en 1945, devint l'asile favori des derniers nazis allemands. Un chasseur de nazis, le journaliste Abel Basti, a même assuré qu'Adolf Hitler aurait été enterré dans un bunker au Paraguay. (cf : https://vireesudamericaine.wordpress.com). Cela ne doit cependant pas faire oublier que l'Argentine et le Brésil reçurent également leur lot de « réfugiés » nazis.

paraguayenne composée d'adversaires ou de victimes du régime d'Asunción et qui était commandée par le colonel Juan Decoud.

Comme toujours, la guerre favorisa le développement de la technologie. Le Brésil, faible en effectifs terrestres, disposait en revanche d'une belle flotte de guerre dont les unités pouvaient remonter les fleuves Paraguay et Paraná et bombarder ainsi le Paraguay avec une artillerie de marine performante. C'est durant cette guerre que l'ingénieur militaire brésilien André Rebouças inventa un nouveau modèle de torpilles particulièrement efficaces contre les navires ennemis. Pour favoriser l'observation des mouvements de troupes sur le terrain, on vit aussi apparaître des ballons dirigeables qui donnèrent aux Brésiliens un avantage déterminant. De leur côté, les Paraguayens construisirent des barrages et des fortins équipés d'artillerie pour tenter de bloquer la pénétration des cuirassés, torpilleurs et canonnières de la flotte impériale.

Au cours de l'été 1865, les Alliés réussirent à bloquer l'expansionnisme paraguayen. En effet, le 11 juin, à Riachuelo, sur le fleuve Paraguay, dans la province argentine de Corrientes, les Paraguayens furent écrasés par les flottes de l'alliance au cours d'une bataille navale devenue légendaire. Du côté brésilien, c'est l'amiral vicomte de Tamandaré qui fut à la manœuvre et qui lança le cuirassé impérial *Amazonas* contre la flotte paraguayenne. Doté d'un redoutable éperon d'acier, ce monstrueux navire éventra trois unités paraguayennes et les envoya par le fond.

La guerre n'était pourtant pas terminée. Le maréchal Solano López persista dans sa fuite en avant en dépit de tous les échecs qu'il subissait. Après la défaite navale de Riachuelo, ses troupes furent battues en 1866 à Tuyuti puis à Curuzú par le général argentin Mitre et le général brésilien Manuel Marques de Sousa, vicomte de Porto Alegre. C'est au cours de la bataille de Curuzú que le cuirassé brésilien *Rio-de-Janeiro* fut coulé par les batteries côtières paraguayennes. Ces batailles furent meurtrières et coûtèrent la vie à des milliers d'hommes.

En novembre 1866, Pierre II nomma commandant en chef des armées avec le titre de maréchal son fidèle ami Luís Alvez de Lima, général marquis de Caxias, qui avait été aussi son président du Conseil. L'intéressé avait déjà prouvé son courage, son efficacité et sa loyauté à l'Empire lors de l'insurrection de Bahia en 1831 puis lors de la guerre de sécession du Rio Grande do Sul dont il était également sorti vainqueur en 1845. Sur le front du Paraguay, cet homme de 63 ans confirma sans attendre ses talents militaires en remportant en 1867 la bataille d'Humaitá puis, en 1868, celles d'Itoró, d'Avaí, de Lomas Valentinas et d'Angostura.

L'année 1867 fut cependant une relative période d'accalmie. Les belligérants devaient refaire leurs forces tant en raison des milliers de morts et de blessés depuis le début du conflit que du choléra et du paludisme qui frappèrent les malheureux combattants dans ces régions particulièrement marécageuses et malsaines. De plus, le général argentin Mitre dut se retirer momentanément du front pour aller combattre des soulèvements séparatistes au sein même de son pays. En aparté, il faut ici rappeler que si le Brésil eut dans la guerre de la Triple Alliance un rôle dominant, ce fut sans aucun doute en raison de la puissance de son armée et de sa marine mais aussi du fait que c'était le seul pays de l'Alliance qui eût un leader incontesté en la personne de Pierre II, alors que l'Uruguay et l'Argentine étaient politiquement très divisés.

C'est à l'automne 1867 que furent initiées des tractations de paix dont on parle peu mais qui ont leur importance parce qu'elles relativisent « l'acharnement » des Alliés contre leur ennemi dont les révisionnistes paraguayens ont fait leur miel. Des offres de cessez-le-feu furent faites au gouvernement paraguayen sur une base raisonnable : reconnaissance de l'indépendance du Paraguay, point crucial car Solano López avait hystérisé son peuple en assurant que la Triple Alliance voulait dépecer le pays pour s'en partager les morceaux ; intégrité des frontières du Paraguay ; évacuation des territoires occupés de part et d'autre ; libération des prisonniers de guerre ; renoncement de la part du Brésil à toute indemnité de guerre. Ces propositions étaient raisonnables mais une ultime condition fut posée par le Brésil sur les conseils de l'empereur : le retrait politique de Solano López et son exil en Europe.

A cause de cette exigence dont a parlé Élysée Reclus pour la condamner : « Ce n'est point de l'étranger qu'un peuple invaincu doit recevoir des ordres pour élire ou renvoyer ses magistrats[94] », les

[94] Elisée Reclus, op.cit. L'auteur, libertaire, socialiste et anarchiste, a pris position en faveur du régime de Solano López dont personne ne peut contester que ce fut une

partisans de Solano López commenceront à stigmatiser le « jusqu'au-boutisme » de Pierre II.

En réalité, l'empereur ne fit qu'appliquer à la lettre et dans l'esprit le traité de la Triple Alliance du 1er mai 1865. De fait, en préambule de ce texte, les Alliés se disaient « persuadés que la paix, la sécurité et le bien-être de leurs nations respectives sont impossibles tant qu'existera le gouvernement actuel du Paraguay. » L'article 6 précisait en outre que « les armes ne pouvaient être déposées avant d'avoir renversé le gouvernement actuel du Paraguay. » Enfin, l'article 7, pour rendre les choses encore plus claires, affirmait solennellement que « la guerre n'est pas dirigée contre le peuple du Paraguay mais contre son gouvernement[95]. »

Pierre II était intimement convaincu que la source de tout le mal, et donc de la déstabilisation de la région de la Plata, venait des doctrines nationalistes, militaristes et autoritaristes de Solano López, surnommé le « Néron américain » du fait de la persécution du clergé paraguayen et de l'exécution pour « complot » de l'évêque d'Asunción, Mgr Manuel Antonio Palacio[96]. Pierre II pensait - comme le feront plus tard Clemenceau avec Guillaume II, Churchill avec Hitler, George Bush avec Saddam Hussein, Barack Obama avec Ben Laden ou Nicolas Sarkozy avec le colonel Kadhafi - que, si ce dictateur imprévisible et paranoïaque se maintenait au pouvoir, la paix ne serait jamais assurée et le Paraguay resterait privé d'un véritable régime démocratique. Observons que Pierre II ne demandait pas que le maréchal Solano López soit jugé et fusillé par les Paraguayens libérés de sa dictature ou par les Alliés eux-mêmes, sort dont certains, au XXe siècle, rêveront pour le Kaiser ou pour le Führer, mais simplement qu'il s'exile en Europe où il pourrait jouir encore longtemps de la fortune que sa famille, au pouvoir depuis cinquante ans, avait dû soigneusement accumuler et mettre à l'abri.

---

dictature foulant aux pieds les droits démocratiques fondamentaux. Peut-être, dans son esprit, ce soutien était-il destiné au peuple paraguayen défendant ses libertés contre « l'impérialisme brésilien ». Reclus serait donc tombé dans le même piège que Garibaldi au moment de la guerre de sécession du Rio Grande. Ce soutien passionné l'a conduit à faire des erreurs grossières, notamment lorsqu'il évoque un « peuple invaincu », alors que le Paraguay venait de perdre deux batailles successives.

[95] John Le Long, « L'alliance du Brésil et des Républiques de la Plata contre le gouvernement du Paraguay ».

[96] Luc Capdevilla, « Une guerre totale : Paraguay 1864-1870 ».

Solano López rejeta avec hauteur ces prétentions et décida de poursuivre la guerre coûte que coûte. C'est bien lui qui prit cette décision folle sans que la représentation nationale, totalement neutralisée politiquement, et l'opposition, étroitement surveillée par ses milices, eussent leur mot à dire. C'est à cette époque encore que le dictateur épura sa propre famille qui lui suggérait de passer la main à son frère cadet Benigno pour que celui-ci négocie un armistice sans condition avec les Alliés. Ce crime de « lèse-majesté » fut suivi de l'exécution immédiate de tous les frères et beaux-frères du maréchal qui n'épargna que sa mère - elle aussi pourtant favorable à son retrait - et que ses sœurs qui, de toute façon, n'avaient pas leur mot à dire. Il se trouve néanmoins encore des partisans d'El Supremo pour minimiser ces monstruosités proprement « néroniennes ». Ainsi peut-on lire chez un auteur qui, apparemment, ne conteste pas les faits commis, cette étonnante opinion : « De là est née la légende du monstre, du tyran sanguinaire, du Caïn d'Amérique. Légende qui, pendant plus d'un siècle, allait être alimentée par la propagande des gouvernements libéraux qui lui succédèrent à la tête du pays[97] ».

A Rio, les choses avaient bougé. Alors que la guerre devait être la première des priorités, conservateurs et libéraux s'accusèrent mutuellement de trahir les intérêts du pays ou, en tout cas, de ne pas les défendre assez. Cette crise, en pleine guerre, contraignit Pierre II à dissoudre la Chambre après avoir observé que le gouvernement centro-libéral de Zacarias de Góis e Vasconcelos - qui avait quitté jadis le Parti Conservateur pour travailler avec les libéraux dans le Parti Progressiste - n'avait plus de soutiens suffisants. Les élections amenèrent au pouvoir les conservateurs et, en juillet 1868, Joaquim Rodrigues Torres, vicomte de Itaboraí, fut nommé président du Conseil. Avec une feuille de route bien précise : en finir au plus vite et victorieusement avec la guerre du Paraguay.

Le maréchal marquis de Caxias, sans trop se préoccuper des états d'âme des politiciens de Rio, prit acte de la volonté des Paraguayens de poursuivre la guerre et se montra en retour d'une redoutable efficacité. Après ses victoires de 1867-1868, il marcha sur Asunción que Solano López avait évacuée après avoir fait fusiller tous les « traîtres ». Les prisons regorgeant de détenus politiques, les exécutions en furent facilitées. Enfin, en janvier 1869, la capitale

---

[97] Carlos Sampayo, « Paraguay : chronique d'une extermination ».

paraguayenne fut investie par l'armée brésilienne. Cette nouvelle et grande victoire valut à Caxias le titre de duc que lui octroya l'empereur. C'était le moins car la chute d'Asunción fut le tournant de la guerre dans la mesure où les Alliés, et particulièrement les Brésiliens, étaient désormais assurés de la victoire finale.

El Supremo, loin de s'avouer vaincu, commença alors une redoutable guerre de partisans qui, finalement, s'acheva par sa mort au combat le 1er mars 1870. Ce jour-là, le général brésilien Correia da Câmara, qui l'avait acculé à Cerro Cora, en territoire paraguayen, lui ordonna de se rendre et de lui remettre ses armes. Cabochard jusqu'au bout, Solano López refusa et fut tué par les soldats auxquels il résistait vigoureusement. Cette mort, objectivement assez héroïque, explique que le maréchal, aujourd'hui encore, est considéré comme un héros national par des Paraguayens qui passent par pertes et profits les années noires de sa dictature et oublient les milliers de leurs compatriotes qui, à l'époque, avaient osé contester son autorité suprême.

La mort de Solano López fut incontestablement une victoire personnelle pour Pierre II et la confirmation de l'opinion qu'il avait sur l'intéressé, principal responsable à ses yeux de la déstabilisation de la région de la Plata comme du danger permanent qu'il représentait pour les frontières méridionales du Brésil. De fait, après 1870, il n'y eut plus aucun conflit entre l'Empire et le Paraguay.

Mais Pierre, vainqueur, ne se montra pas triomphaliste. D'abord parce que les dizaines de milliers de morts de la guerre ne le justifiaient pas, ensuite par crainte que la propagande des amis sincères ou intéressés du Paraguay n'alarme les autres nations d'Amérique du Sud sur la volonté impérialiste du Brésil de dominer le sous-continent. Ainsi, lorsque le président de la République du Pérou, le colonel José Balta y Montero, lui exprima, peut-être avec un peu d'inquiétude, son souhait « de renforcer les relations d'amitié existantes entre les deux pays », il l'assura de sa ferme intention « de réunir toutes nos forces pour contribuer à maintenir les bonnes relations actuelles entre le Brésil et le Pérou qui sont nécessaires dans l'intérêt mutuel de nos pays respectifs[98]. »

[98] Lettre du 10 septembre 1869, sur le site : « www.glorias.com/br/documento-raro/dom-pedroii/ »

X.
L'impact de la guerre sur l'Empire

« Le Brésil a définitivement neutralisé la menace paraguayenne, mais la guerre, la plus importante jamais menée par le pays, a affaibli le régime impérial. »

Marie-Danielle Demelas[99]

Critiques partisanes de la gouvernance impériale

Le Brésil avait triomphé mais cette victoire fut acquise au prix, selon les sources, de 25 à 50 000 hommes morts au combat et d'un nombre comparable de victimes du fait des conditions sanitaires, des maladies, des épidémies ou de la corruption de l'eau. De ce point de vue, la guerre du Paraguay ressemble, climat aidant, à la guerre de Crimée de 1853-1856 et aux campagnes de l'armée d'Orient dans les Balkans en 1914-1918. Cette catastrophe humanitaire eut pourtant une conséquence positive pour le Brésil : le développement des hôpitaux de campagne, l'émergence d'une véritable médecine militaire et d'un corps d'infirmiers compétents et dévoués.

Cette victoire fut acquise aussi, et chèrement, sur le plan financier. Même si le pays était en pleine expansion économique depuis vingt ans, la guerre du Paraguay lui coûta une somme astronomique représentant onze fois son budget annuel. Sans doute cet argent eût-il été mieux employé pour poursuivre le développement du pays, mais à quoi aurait pu servir ce développement si Solano López avait triomphé et annexé tous les territoires brésiliens du Mato Grosso au Rio Grande do Sul ? La nation brésilienne n'aurait pas survécu à cette amputation.

---

[99] Op. cit.

Politiquement, les conséquences furent importantes au sein même de l'Empire. Pierre II, premier grand vainqueur de la guerre, fut critiqué pour son « obstination » par certains libéraux qui lui reprochaient d'avoir été trop influencé par les conservateurs, partisans d'une conduite plus ferme des opérations sur le terrain. Ils lui en voulaient aussi de ne pas avoir tenu compte de leurs conseils de modération. Modération envers qui ? Modération dans quel but ? Pour ménager Solano López ? Certainement pas. Alors ? Tout cela est très flou et relève en vérité de la plus pure politique politicienne et de querelles d'ego. Ce qui est certain, c'est que les libéraux gardaient rancune au monarque d'avoir dissous la chambre en 1868, ce qui avait entraîné le retour au pouvoir des conservateurs. La seule question qui vaille est de savoir si le gouvernement de Zacarias de Góis e Vasconcellos, dirigé par un éminent professeur de droit libéral mais en réalité plus centriste que libéral, pouvait, dans le contexte où l'on se trouvait alors, c'est-à-dire la poursuite de la guerre jusqu'à l'élimination du dictateur paraguayen, se maintenir jusqu'à la fin du conflit. Et cela, seul l'empereur et chef des armées pouvait l'apprécier en observateur attentif des dissensions de la classe politique, dissensions qui, du reste, en pleine guerre, auraient pu avoir un effet ravageur sur le moral des combattants. Par ailleurs, pour ce qui relève de la dissolution parlementaire de 1868, il faut observer que l'empereur, avant d'exercer ce droit qui lui était reconnu constitutionnellement, agissait en concertation avec le chef du gouvernement en fonction et toujours après avoir saisi le Conseil d'État dont il suivait les avis majoritaires.

Il n'est toutefois pas inintéressant d'observer que, pour ce qui concerne la conduite des opérations militaires et la part trop personnelle, selon certains, qu'y avait prise Pierre II, Georges Clemenceau en France, en 1917-1918, se trouvera confronté aux mêmes critiques et y répondra superbement par ces mots devenus historiques : « Je fais la guerre ! Je fais la guerre ! Je fais la guerre ! » Il est vrai qu'au Brésil pendant la guerre de la Triple Alliance comme en France pendant la Première Guerre mondiale, on était en plein conflit armé avec un ennemi extérieur et que cet état particulier, exceptionnel, dérogatoire au droit commun, impose que l'on prenne des décisions immédiates, en urgence, avec des concertations limitées et sans que les débats politiques s'enlisent interminablement alors que des hommes meurent quotidiennement sur le front. Ceci étant, le rôle

« opérationnel » de l'empereur doit être relativisé par le fait qu'il était représenté sur le terrain par des officiers généraux comme l'amiral vicomte de Tamandaré, le maréchal duc de Caxias ou le général vicomte de Porto Alegre qui étaient, eux, de grands professionnels de la guerre.

Émergence de l'opposition républicaine

Pourtant, si la classe politique conventionnelle oublia assez rapidement ses critiques dans l'exaltation de la victoire, à l'aile gauche du Parti Libéral des radicaux commencèrent à se dire ouvertement « républicains ». Le 3 décembre 1870, au lendemain de l'anniversaire de l'empereur, le mouvement républicain naissant fit publier dans le journal *A Republica* un manifeste où la monarchie était contestée en tant que système de gouvernement. Armelle Enders a parfaitement résumé la pensée des contestataires : « La monarchie est un régime archaïque et européen, alors que la République est le régime du continent américain par excellence[100].» Belle pétition de principe mais dont le fond manque de consistance. En effet, qu'aurait pu apporter le système républicain au Brésil indépendant du XIXe siècle, sinon ce qu'il avait déjà apporté aux États latino-américains issus de l'ancien empire espagnol : les guerres civiles, l'éclatement territorial, l'échec dramatique de Bolivar, les pronunciamientos militaires ou, pire encore, la dictature héréditaire des caudillos du Paraguay ?

Ceci étant, il n'y avait rien là de suffisamment dramatique encore pour inquiéter Pierre II ou menacer le système impérial, soutenu à l'époque très majoritairement par les grands partis de gouvernement et par l'opinion publique. Pourtant, le président du Conseil conservateur, José Antonio Pimenta Bueno, marquis de São Vicente, s'émut. Il demanda à l'empereur d'interdire le mouvement républicain, ce qui lui fut refusé car, répondit le monarque : « Ce serait donner raison à ceux qui ont tort[101].» Le président du Conseil, un peu froissé, revint à la charge et fit observer que l'empereur lui-même, lors de son couronnement, avait prêté serment à la constitution. Or, la monarchie

[100] « Histoire du Brésil », op. cit.
[101] Site « imperiobrazil.blogspot.fr », op.cit.

était un dogme constitutionnel inscrit dans le marbre... Il suggéra donc, cette fois, que les républicains « déclarés » soient exclus de la fonction publique. Là encore, rejet de cette proposition parce que Pierre II, fidèle à sa ligne de conduite, considérait que pour un serviteur de l'État le seul critère de recrutement ou de maintien dans ses fonctions était la compétence.

Pierre avait certes raison, mais son honorable contradicteur n'avait pas tout à fait tort non plus. En effet, dans une monarchie comme dans une république, les fonctionnaires ont toujours été astreints à un devoir de loyauté à l'égard de l'État, devoir de loyauté que nous préférons aujourd'hui appeler « devoir de neutralité » ou « devoir de réserve ». Toutefois, on doit constater que ce beau principe a des limites puisque, en s'appuyant sur la presse, un fonctionnaire peut fronder ouvertement le gouvernement en place sans grand risque pour lui. Or, la presse au Brésil était libre, l'empereur ayant totalement abandonné l'immunité protectrice de sa personne et de la famille impériale. Ce débat sur la neutralité politique des fonctionnaires est toujours d'actualité dans les États démocratiques.

Malaise dynastique

En dehors de l'apparition d'un mouvement républicain dans le paysage politique brésilien, on assiste à cette époque à l'émergence, sinon d'une crise dynastique, du moins d'un malaise diffus mais pernicieux atteignant la famille impériale. Cette affaire tenait à la personnalité contestée du prince Gaston d'Orléans, comte d'Eu, petit-fils de Louis-Philippe, et époux depuis 1864 de la princesse impériale Isabelle, fille aînée de Pierre II. Du fait de la disparition prématurée des deux fils de l'empereur et de l'impératrice, Isabelle, on le sait, se trouvait être l'héritière présomptive de la couronne du Brésil.

Le prince Gaston - « Gastão » en portugais - avait demandé à servir au Paraguay où il fut affecté comme général commandant l'artillerie. Après le retrait en 1869 du maréchal duc de Caxias pour cause de maladie - et non, comme on le répète souvent, de divergences de vue avec l'empereur sur la conduite de la guerre puisque celle-ci était pratiquement achevée -, il l'avait remplacé sur le front, où, dit-on, il aurait été d'une grande suffisance à l'égard de ses officiers et de ses soldats et, surtout, d'une grande cruauté avec l'ennemi. Il y aurait donc eu au Brésil une opposition à ce prince et, en arrière-plan, à la famille d'Orléans.

La thèse est douteuse. Elle rappelle trop les préventions dynastiques des Anglais contre les Saxe-Cobourg-Gotha ou des Français contre les Orléans, les princes de ces deux dynasties étant décriés par leurs contempteurs pour être des ambitieux et des aventuriers assoiffés de pouvoir et d'argent. Le comte d'Eu étant un Orléans et son beau-frère, le prince Auguste, époux de la princesse Léopoldine, seconde fille de l'empereur, étant un Saxe-Cobourg-Kohary - il participa lui aussi comme amiral à la guerre de la Triple alliance -, nous avons ici un magnifique condensé des préventions politico-mondaines de l'époque. Mais ces querelles dynastiques étaient purement européennes et on peut douter que les Brésiliens, peuple neuf, les aient partagées. Quand on sait que les Américains n'ont découvert les monarchies européennes qu'à l'occasion du mariage de Grace Kelly avec Rainier III en 1956[102], on peut imaginer ce que devait être en 1870 la connaissance du Gotha royal par le Brésilien moyen.

En revanche, il est très possible que les Brésiliens, ou les plus machistes d'entre eux, aient pensé que le comte d'Eu, le jour où sa femme Isabelle accéderait au trône, serait le véritable maître du pays. De là, sans doute, ce tir de barrage à propos de la suffisance du prince et des atrocités qu'il aurait commises ou laissé commettre par son armée au Paraguay. A ce propos, il faut quand même rappeler que lorsque le prince prit son commandement, la guerre, du fait de Solano López, n'était plus une guerre classique mais une guerre de partisans. Or, dans ce type de guerre, si les guérilleros ne respectent pas les règles conventionnelles, les troupes régulières, hélas, ne le font pas non plus pour être, en quelque sorte, sur le même pied que leurs adversaires. Cela s'est vu du côté français lors de la guerre d'Espagne de 1808, comme cela se verra à nouveau, du côté américain, lors de la guerre du Vietnam au XXe siècle. Ajoutons qu'au Paraguay, où les nationalistes révisionnistes évoquent souvent la guerre de 1864-1870

[102] A l'exception notable, toutefois, du président Franklin D. Roosevelt qui avait un faible pour les monarchies et fut très proche de la reine Wilhelmine des Pays-Bas et de la grande-duchesse Charlotte de Luxembourg, sans oublier naturellement son grand allié : le roi George VI d'Angleterre.

comme une guerre « d'extermination », voire une guerre « génocidaire », les hostilités se prolongèrent par la volonté du dictateur, contesté lui-même au sein de sa famille pour sa stratégie suicidaire. On oublie trop souvent de rappeler, par exemple, que, dans sa folie, Solano López, précédant ainsi d'autres dictateurs odieux du XXe siècle, n'hésita pas à incorporer de jeunes garçons à peine adolescents pour combler les rangs de ses combattants.

Quoi qu'il en soit, Pierre II, prenant en considération les préventions dont était victime son gendre, s'abstint, pour calmer les choses, de donner au prince Gaston le titre de « prince impérial du Brésil[103] ». Cette décision ne signifiait pas qu'il soupçonnait son gendre d'ambition personnelle ou de faute grave dans son commandement, mais qu'il lui fallait absolument mettre un terme à des campagnes d'insinuations qui pouvaient présenter un danger pour l'avenir de la dynastie.

Amertume de l'armée

Un autre danger apparut après la guerre, et autrement plus sérieux que celui que les républicains faisaient courir au régime impérial ou les commérages des salons mondains de Rio sur la personnalité du gendre de l'empereur. Ce danger était la montée en puissance de l'armée brésilienne.

C'était une armée victorieuse mais qui avait beaucoup souffert dans sa chair en raison des terribles sacrifices consentis avec abnégation pendant six ans dans des conditions matérielles et sanitaires épouvantables, aggravées encore par les chaleurs torrides de la « Mésopotamie sud-américaine ». Sur le plan moral, la victoire complète du Brésil n'effaça pas le souvenir des horreurs vécues par les combattants, de la même façon que la victoire de 1918 ne fit pas oublier aux vainqueurs les atrocités de la Grande Guerre.

L'armée ayant vu ses effectifs constamment revus à la hausse depuis les débuts du conflit, elle représentait en 1870 un corps

[103] Cette affaire n'est pas sans rappeler la querelle que la classe politique anglaise fit à la reine Victoria lorsqu'elle exigea que son mari Albert de Saxe-Cobourg-Gotha reçoive le titre de « Prince Consort ».

puissant, sociologiquement très typé, avec ses règles, ses codes, ses exigences. Bien entendu, comme dans toutes les armées du monde après une guerre cruelle et interminable, des rancœurs s'étaient accumulées. Non pas spécialement contre l'empereur, mais contre la classe politique qui ne se souciait pas suffisamment de récompenser les services rendus. C'est une vieille antienne mais qui fonctionne toujours car les militaires, en général, n'aiment pas beaucoup le parlementarisme et les parlementaires. Héritage sans doute de Napoléon Bonaparte qui n'aimait que les parlementaires couchés ou expulsés à la pointe des baïonnettes. Plus grave, ce sentiment était largement répandu dans les classes de jeunes officiers brésiliens sur lesquels reposait l'avenir de l'Empire et de la dynastie.

Ces jeunes hommes se demandaient avec angoisse quel avenir ils auraient désormais dans un pays où le monarque était philosophiquement pacifiste et où une génération d'aînés avait engrangé les titres, les honneurs et les décorations. Que resterait-il donc pour eux, sinon le désœuvrement et le sentiment mortifère d'inutilité ?

Ils commencèrent alors à envier leurs camarades hispano-américains qui, eux, ne s'ennuyaient jamais grâce à des pronunciamientos à répétition permettant de se dégourdir les jambes et de profiter aussi du système au prétexte de défendre le peuple mieux que ne le faisaient les oligarchies dominantes.

XI.

L'esclavage, plaie suppurante du Brésil impérial

« Au moment où une lutte terrible amenée par la servitude des Noirs bouleverse les États-Unis, on ne peut s'empêcher de reporter sa pensée avec une véritable anxiété sur tous les pays d'Amérique où l'esclavage existe encore, et principalement cet empire du Brésil qui forme un pendant si remarquable à la grande république américaine. »

Élysée Reclus[104]

Des monarques abolitionnistes

Pierre II, dans la droite ligne de son père Pierre Ier, était un abolitionniste convaincu. Il estimait que l'esclavage était une monstruosité humaine et entendait l'éradiquer définitivement durant son règne. Cependant, il voyait bien que la société brésilienne n'était pas prête encore à cette révolution car les immenses champs de coton ou de café, qui faisaient la richesse du Brésil, avaient besoin de cette main-d'œuvre nombreuse et peu coûteuse pour les propriétaires qui se contentaient de payer en nature leurs esclaves par le gîte et le couvert.

Pour parvenir à ses fins, l'empereur ne pouvait compter que sur l'exemple qu'il donnait lui-même en affranchissant les esclaves des domaines impériaux, ou sur la réalisation de son rêve de toujours : l'émergence au parlement d'une majorité transcendant les partis

[104] « Le Brésil et la colonisation », Revue des Deux Mondes.

puisque la ligne de fracture entre esclavagistes et abolitionnistes les traversait.

Il n'est pas douteux que le sanglant conflit de la guerre de Sécession qui embrasa les États-Unis de 1861 à 1865 - et dont la question de l'esclavage fut le détonateur - freina les velléités de Pierre de forcer les choses. Si la grande et puissante fédération américaine avait été au bord de l'implosion à cause de ce problème, qu'en serait-il du Brésil qui, depuis l'indépendance, avait été parcouru de courants séparatistes contre lesquels le gouvernement central avait dû lutter avec vigueur pour éviter la dislocation du pays ?

Il fallait donc avancer pas à pas et profiter des opportunités. La querelle qu'avait cherchée - à juste titre, mais de façon impérialiste - l'Angleterre au Brésil à propos de la traite avait permis d'avancer beaucoup sur la résolution du problème car, sans la traite, la source de l'esclavage ne pouvait que se tarir progressivement. En aparté, signalons que la fin de la traite eut aussi des effets bénéfiques pour l'Empire dans la mesure où elle contraignit les négriers brésiliens à réinvestir plus sainement leurs capitaux dans l'économie du pays.

L'histoire avance souvent par soubresauts, en fonction des guerres ou des révolutions. Ainsi, la longue et cruelle guerre de la Triple Alliance contre le Paraguay permit-elle de progresser encore sur la question de l'esclavage. En effet, des milliers d'esclaves avaient été émancipés pour rejoindre l'armée brésilienne et se battre sur les frontières menacées. Dès lors, si le Brésil devait également sa victoire à des esclaves libres, le regard de la société, par le miracle du creuset social que représente l'armée, ne pouvait que changer sur ces soldats que l'on considérait jusqu'alors comme inférieurs mais qui s'étaient battus courageusement et avaient partagé les souffrances de tous les autres conscrits brésiliens. Pierre II, fin politique, saisit cette opportunité historique et l'exprima solennellement, alors même que le conflit n'était pas terminé, par un message sans ambiguïté : « Dès que les épreuves actuelles cesseront, le gouvernement devra examiner la question de l'esclavage et y travaillera dans un esprit chrétien pour que le Brésil puisse rejoindre les nations civilisées[105]. »

[105] Site « imperiobrazil.blogspot.fr/2010/07/dom-pedroii.html ». Discours du trône de 1867.

L'empereur savait que la condition des esclaves travaillant sur les grandes propriétés était généralement plus humaine qu'on ne pouvait l'imaginer, mais il n'ignorait pas non plus, et sa détermination en fut renforcée, que les récalcitrants ou les fuyards encourraient les foudres de leurs maîtres et subissaient des violences inacceptables avant d'être jetés à la rue. Les écrivains brésiliens comme Luís Nicolau Fagundes Varela, dans *L'esclave* (1864), et Antonio de Castro Alves, dans *Antithèse* (1868), avaient déjà alerté les consciences sur ce drame. Nul, désormais, ne pouvait ignorer le sort de ces malheureux « sans défense, sans pleurs, sans prières, sans cierges et sans sépulture », comme l'écrivait Varela, et abandonnés à leur destin tragique qui, pourtant, serait un jour ferment de salut, comme le croyait Alves :

« Car le cadavre sans sépulture,

Sur les places abandonné,

Est verbe de lumière, est futur,

Cri annonçant la liberté[106]. »

Après un voyage au Brésil en 1860 où il visita des fazendas, c'est-à-dire de grandes propriétés agricoles, Adolphe d'Assier, chroniqueur de la Revue des Deux Mondes, rapporta ce témoignage sur les sanctions frappant les esclaves insoumis : « Les corrections peuvent se diviser en trois classes : les fautes légères sont expiées par quelques coups de palmatorium[107] sur la paume de la main ; une dizaine de coups est le minimum. Ce genre de punition est surtout appliqué aux femmes et aux enfants. On se sert du chicote (fouet) pour les fautes graves et les hommes robustes. Le patient est solidement attaché à un poteau et entouré de ses camarades, qui assistent à l'exécution afin d'ajouter à la solennité du supplice et de recevoir eux-mêmes des impressions salutaires pour l'avenir. Un grand nègre ou mulâtre remplit les fonctions de bourreau. A chaque coup, il s'arrête pour reprendre haleine et laisser pousser au patient un cri aigu suivi d'un gémissement prolongé. On ne donne guère plus de cent coups à la fois ; si la punition est trop forte, on remet l'excédent au lendemain ou aux jours suivants. Quand le nombre de coups a été considérable et la

---

[106] Sébastien Rozeaux, « La genèse d'un « grand monument national » : littérature et milieu littéraire au Brésil à l'époque impériale (1822-c1880 ».

[107] Le mot latin palmatorium désigne une baguette de palmier.

main de l'exécuteur vigoureuse, on est obligé de porter le pauvre diable à l'infirmerie et d'y panser ses plaies[108]. » L'auteur évoque également la peine dite du « carcere duro », destinée aux fautes les plus lourdes, où l'esclave est enfermé dans une cellule, pieds et poings liés à des poteaux, et consciencieusement fouetté matin et soir.

On imagine ce que l'empereur devait penser de ces usages, remontant au colonialisme des premiers âges ou au servage le plus brutal, lorsqu'il lisait la presse internationale et particulièrement la presse française. Seul le mot « honte » pouvait exprimer les sentiments du fidèle abonné de la Revue des Deux Mondes qu'il était.

L'empereur avance, le gouvernement freine, la cause progresse

Pierre estima qu'il fallait profiter de l'euphorie de la victoire de 1870 pour aller de l'avant. Lui, qui avait dû si souvent modérer sa plume et sa parole sur un sujet qui divisait ses gouvernements ; lui, qui avait été contraint, en taisant sa colère, de sacrifier aux compromis parlementaires, crut qu'il pouvait faire un pas de plus en faveur de l'abolition. Il se trompa. Au printemps de 1870, le cabinet, présidé par le vicomte de Itaboraí, lui imposa, avec déférence, mais lui imposa tout de même, de ne pas évoquer à nouveau ce sujet lors du discours du Trône[109]. Pas de référence explicite, donc, à l'esclavage.

Mais l'empereur était coriace et n'entendait pas renoncer.

S'il avait accepté les recommandations du gouvernement pour ne pas nuire au climat d'union nationale de l'après-guerre - déjà perturbé par l'émergence du mouvement républicain et les états d'âme de l'armée -, il cherchait comment remettre sur la table le dossier de l'abolition car il était absolument convaincu que le Brésil ne pourrait prendre sa véritable place dans le concert des grandes nations démocratiques qu'après avoir résolu cette question.

---

[108] « Le Brésil et la société brésilienne ».

[109] Cet épisode prouve combien la monarchie brésilienne était constitutionnelle. L'empereur, dont le discours du Trône était destiné à faire connaître à la nation les priorités de la Couronne, s'entretenait au préalable avec le chef du gouvernement afin de ne pas compliquer, par des déclarations intempestives, l'action de l'exécutif.

Pour qu'on se rende bien compte des obstacles qui se dressaient sur son chemin et de la complexité du dossier, il faut rappeler que non seulement les grands partis de gouvernement étaient divisés sur l'abolition, mais que les républicains, nouveaux venus sur la scène politique brésilienne, gardaient pudiquement le silence sur le sujet. Pourtant, le vrai courage « républicain » eût été pour eux de placer l'émancipation des esclaves en tête de leurs priorités. Eh bien, non ! L'urgence était apparemment de gloser sur l'archaïsme d'une monarchie qui, au fond, était bien plus moderne et démocratique qu'ils ne l'affirmaient. Le plus grave est que cette attitude n'était pas de circonstance mais qu'elle persista. Ainsi, lorsqu'en 1873 se constitua un mouvement républicain autonome dans la province de São Paulo avec la fondation du Parti Républicain Pauliste, on évita encore d'évoquer le sujet. La raison fut purement électoraliste : il y avait dans cette province des caféiculteurs qui employaient nombre d'esclaves sur leurs terres et qui avaient les moyens de financer le nouveau parti. Il était donc vital de ne pas froisser les « empereurs du café ».

Pierre II avançait néanmoins. Fidèle aux engagements de son discours du Trône de 1867, et reprenant la main après la « censure » gouvernementale de 1870, il nomma président du Conseil en mars 1871 le conservateur José Maria da Silva Paranhos, vicomte de Rio Branco, et lui donna pour feuille de route une priorité : faire voter au plus vite une loi, non pas d'abolition de l'esclavage car il fallait y aller en douceur pour ne pas braquer les grands propriétaires dont le rôle économique était incontournable dans un pays exportateur comme le Brésil, mais d'émancipation de tous les enfants nés de femmes esclaves. C'est ce qu'on a appelé la « loi du Ventre libre. » Après la fin de la traite, cette loi devait tarir naturellement et définitivement l'esclavage.

Ce projet de loi d'inspiration chrétienne et humaniste aurait dû faire consensus car il s'adressait au cœur. Pourtant, il fut débattu à la Chambre dans les cris et la fureur. Le vicomte de Rio Branco le défendit néanmoins avec une fermeté inébranlable, assuré qu'il était du soutien inconditionnel du monarque.

La loi finit par être adoptée en septembre 1871[110], après quatre mois de débats et des concessions du gouvernement sur l'indemnisation des propriétaires. Le chemin de croix du président du

---

[110] Avec 65 voix pour et 45 voix contre à la Chambre, 33 voix pour et 7 contre au Sénat.

Conseil s'acheva mais le résultat politique immédiat du vote de la loi du Ventre libre fut la fracture du Parti Conservateur qui se scinda en une aile droite et une aile gauche, comme le Parti Libéral l'avait fait auparavant mais pour des motifs différents.

Au final, cette crise et sa résolution, outre le grand bond en avant sur le plan humanitaire que fit le Brésil et le succès diplomatique qu'il en retira auprès des démocraties, aboutirent à renforcer le pouvoir modérateur de l'empereur. De fait, devant l'émiettement des partis traditionnels, sa marge de manœuvre constitutionnelle se renforça. Les conservateurs les plus farouches reconnurent que le monarque avait triomphé sur toute la ligne mais furent aussi contraints d'admettre qu'il était indispensable à la stabilité du Brésil et à la permanence de l'État.

Le plus étonnant dans toute cette affaire ne fut pas que chacun reconnût le sens politique de l'empereur mais que, lors du vote de la loi, il n'était pas à Rio, ni même au Brésil mais… en Égypte, où il découvrait le sphinx de Gizeh et les pyramides ! C'est donc la princesse héritière Isabelle, sa fille aînée, qui promulgua la nouvelle loi. Cela peut paraître invraisemblable et suscite des interrogations. Mais il existe deux explications plausibles. La première est que Pierre, investi dans cette affaire par des prises de position qui étaient connues de tous, s'est retiré momentanément de la scène pour laisser les parlementaires brésiliens face à leur conscience et libres de leur choix au moment du vote. Cela correspond tout à fait à cette idée qu'il avait de l'avenir de la démocratie brésilienne qui, un jour, en l'absence du « Père », c'est-à-dire de lui, serait capable d'assumer seule son destin de nation émancipée. La seconde raison tient au fait que la princesse héritière, abolitionniste convaincue, était tout à fait capable de tenir la barre du navire impérial et que ce test politique auquel la soumettait son géniteur était une façon d'accoutumer la classe politique brésilienne au gouvernement d'une future impératrice, comme de faire taire les médisances au sujet de son mari, le prince Gaston d'Orléans, lui aussi fervent abolitionniste[111].

---

[111] C'était une tradition chez les Orléans puisque le Comte de Paris et le Duc de Chartres, cousins germains du prince Gaston du Brésil, s'étaient engagés dans les rangs nordistes lors de la guerre de Sécession. Ils furent accompagnés de leur oncle, le Prince de Joinville, lui-même beau-frère de Pierre II.

Si la loi du Ventre libre n'était pas encore l'abolition de l'esclavage, elle représenta cependant une avancée considérable dans la société brésilienne car, dans ce pays où la liberté de la presse était respectée, l'opinion put suivre les débats parlementaires et se forger ses propres convictions. Les esprits mûrirent, les consciences s'ouvrirent, les mentalités commencèrent à changer à tel point que cette grande réforme, qui fut aussi la grande pensée du règne, allait devenir inéluctable.

XII.
Le monarque globe-trotter

« Pierre Second était un homme qui aimait voyager, non seulement en son pays, mais aussi à l'étranger, à tel point qu'il a été connu comme « Sa Majesté itinérante. »

Divaldo Gaspar de Freitas[112]

L'empereur casanier à la découverte de l'Ancien Monde

Pierre II ne se contentait pas d'abattre un travail colossal dans son cabinet, il voulait aussi connaître son pays à fond et y faisait de nombreux déplacements à un rythme effréné. Invité à le suivre dans le Minas Gerais en 1869, Gobineau, ministre de France, fit les frais de cet appétit de découvertes, et nous rapporte son calvaire : « J'ai pris mon service ordinaire auprès de sa personne, c'est-à-dire à 5h, visitant toutes les collections, académies, palais, tours, châteaux, souterrains, ruines, observatoires, savants, etc. Dans les intervalles (généralement de deux minutes), je devais écrire des lettres pour Sa Majesté, sans compter le théâtre jusqu'à minuit[113]. »

Pourtant, aussi étrange que cela puisse paraître, l'empereur ne quitta jamais son pays depuis sa naissance en 1825 jusqu'aux années 1870. Il voyageait beaucoup, mais en esprit, et sa connaissance du monde extérieur au Brésil était purement livresque. Toutefois, en mai 1871, la guerre de la Triple Alliance étant achevée, les blessures en

---

112 « Les voyages de l'empereur Pierre Second (D. Pedro II) en France », communication faite à la Société française d'histoire de la médecine lors de la séance du 3 juin 1978.
113 Georges Raeders, « Le Comte de Gobineau au Brésil », op.cit.

voie de cicatrisations et la loi du Ventre libre débattue au parlement, l'opportunité lui fut donnée de prendre du large et de s'aérer un peu.

Triste opportunité, du reste, puisque l'impératrice Thérèse-Christine, de complexion fragile, était en dépression à la suite de la mort à Vienne, en février, de sa fille cadette Léopoldine, victime à vingt-quatre ans de la fièvre typhoïde. La jeune princesse laissait un veuf, le prince Auguste de Saxe-Cobourg-Kohary, et quatre enfants en bas âge. De quoi, en effet, accabler la malheureuse impératrice. D'autant que son gendre, le prince Auguste, avait décidé de confier ses deux fils aînés, Pierre et Auguste de Saxe-Cobourg-Kohary, à leurs grands-parents brésiliens puisque, la princesse héritière Isabelle et le comte d'Eu n'ayant pas encore d'enfants, ces garçons représentaient l'avenir de la couronne brésilienne. Tout cela avait de quoi perturber la bonne Thérèse-Christine qui s'inquiétait de savoir si elle serait à la hauteur pour élever ses petits-fils, situation douloureuse et cas de figure compliqué pour n'importe quelle famille confrontée à un drame de cette nature.

L'empereur, monarque constitutionnel, ne pouvait sortir du Brésil qu'après avoir obtenu l'autorisation du gouvernement et du parlement. Il l'obtint, naturellement, au vu des circonstances familiales, mais on voit que les formes comptaient beaucoup à l'époque, ce qui, à nos yeux d'hommes du XXIe siècle, peut paraître une contrainte intolérable. Pourtant, le fonctionnement d'une démocratie véritable nécessite des règles que tout un chacun doit respecter, du haut en bas de l'échelle sociale. L'empereur s'y plia parce qu'il était bien élevé et que la démocratie n'était pas pour lui un principe avec lequel on pouvait transiger. Ceci étant, il y eut quelques voix au Brésil pour s'élever contre ce voyage. Certains parlementaires déclarèrent que « dans les circonstances actuelles, le grand prestige et la grande expérience de l'empereur ne pouvaient être délégués » ; d'autres, que la motivation réelle du monarque relevait de la pure vanité, l'intéressé « allant recueillir en Europe des louanges pour sa politique abolitionniste[114]. » Si la seconde critique était polémique et ne pouvait émaner que d'esclavagistes forcenés, la première, en revanche, était beaucoup plus grave puisqu'elle sous-entendait que Pierre II était irremplaçable et que sa fille, la princesse héritière Isabelle, ne pouvait assumer correctement les fonctions de régente. Derrière l'hommage à

[114] Paulo Cavalcanti, « Eça de Queirós. Sparks brazilian unrest ».

l'empereur, c'était donc, clairement, la remise en cause de la dévolution héréditaire de la couronne et, surtout, du droit des femmes à gouverner l'Empire.

L'empereur et l'impératrice quittèrent Rio sur le paquebot *Douro* le 25 mai 1871 et parvinrent à Lisbonne le 12 juin. Ils s'installèrent à l'hôtel Braganza car l'empereur ne voulait pas loger dans des palais officiels durant son voyage afin d'éviter les contraintes protocolaires. Pierre ne connaissait pas le pays d'origine de sa famille et n'y avait jamais mis les pieds depuis sa naissance.

Le temps avait passé. Sa sœur aînée, Marie II, dont il n'avait gardé aucun souvenir puisqu'elle était montée sur le trône du Portugal alors qu'il n'avait que quelques mois, était morte en 1853 ; son jeune neveu Pierre V était mort également en 1861 ; son second neveu Louis Ier régnait désormais à Lisbonne et y régnait en monarque constitutionnel, dans l'esprit de son oncle brésilien, avec le respect des libertés publiques.

Ce pèlerinage familial fut marqué par une visite au panthéon des Bragance à Saint-Vincent-hors-les-Murs (São Vicente da Fora) où se trouvaient inhumés les membres de la dynastie, et particulièrement Jean VI de Portugal et Pierre IV du Portugal dont le corps n'avait pas encore été rapatrié dans le pays qu'il avait conduit à l'indépendance sous le nom de Pierre Ier du Brésil[115]. Pierre II rencontra aussi pour la première fois, et avec l'émotion qu'on imagine, l'impératrice Amélie de Leuchtenberg, seconde épouse et veuve de Pierre Ier, celle-là même qui avait écrit à son intention la lettre déchirante au petit empereur de cinq ans abandonné au Brésil en 1831, cet « illustre et malheureux orphelin qui reste privé de tous les soins maternels[116]. » Il y avait quarante ans de cela, et le bambin avait grandi en taille, en force et en sagesse.

Après le Portugal, dont il visita les grands sites historiques illustrant les heures de gloire de sa famille et où il rencontra le grand écrivain et historien Alexandre Herculano, Pierre s'embarqua à Lisbonne pour Douvres et l'Angleterre. Un gros morceau, cette fois-ci.

---

[115] Ce sera chose faite en 1972. Cf. supra p.56.

[116] Jean-Baptiste Debret, op.cit.

Les Anglais avaient créé beaucoup de souci aux Brésiliens depuis l'indépendance qu'ils avaient pourtant soutenue à l'origine, mais ils représentaient alors la première puissance du monde. L'empereur ne pouvait donc échapper à cette visite, d'autant que la reine Victoria était désormais la doyenne des souverains d'Europe. Toutefois, Pierre II entendait voyager selon son bon plaisir, c'est-à-dire découvrir le plus de choses possibles et rencontrer des intellectuels, des savants et des politiques. Connaissant le goût des Anglais pour la pompe, il fit savoir d'emblée qu'il n'en voulait pas plus à Londres qu'à Rio. Cela contraria la reine Victoria qui, non seulement dut le recevoir au petit matin parce que Sa Majesté brésilienne se levait aux aurores, mais fut contrainte, pour lui remettre les insignes de chevalier de l'Ordre de la Jarretière, de se déplacer à l'hôtel Claridge où résidait le couple impérial. Bien entendu, il fallut prévoir également une dispense officielle de cérémonie publique d'intronisation dans cet ordre prestigieux qui était le premier du royaume[117]. Cette dispense évitait à Pierre de revêtir la somptueuse tenue de l'ordre car il préférait porter sa redingote noire, un peu lustrée par l'usage. C'est, du reste, ce qui choqua le plus la reine qui, pourtant, ne portait elle-même que des vêtements de deuil depuis la mort de son cher Albert en 1861.

C'est au cours de ce voyage que les Anglais purent observer l'étonnante ressemblance morale de l'empereur du Brésil avec l'ancien prince consort, tout aussi boulimique que lui de connaissances, de découvertes, de rencontres éclectiques et enrichissantes. Pierre II s'entretint avec les Premiers ministres Disraeli et Gladstone, les incontournables frères ennemis de l'Angleterre du XIXe siècle, visita Oxford, Cambridge, leurs riches bibliothèques - l'empereur possédait lui-même une bibliothèque de 20 000 volumes qui, à la fin du règne, atteignit 60 000 volumes -, échangea sans façon avec les professeurs et les étudiants. Il fit de même avec les ingénieurs du télégraphe à Gateshead et les gestionnaires des entrepôts maritimes de Birkenhead. Tout l'intéressait, rien n'était oublié, pas même le grand poète Coleridge sur la tombe duquel il alla se recueillir à Highgate et y déposer des fleurs car la poésie était l'un de ses jardins secrets.

---

[117] WM.A. Shaw et Burtchael G.D., "The Knights of England".

A Westminster, l'empereur du Brésil, se déplaçant « incognito » sous le nom de « Pierre d'Alcantara[118] », fut reçu à la Chambre des Lords avec un protocole réduit au strict minimum selon sa volonté. Assis sur les bancs du public, il écouta consciencieusement les débats sur le recrutement militaire, l'administration de la marine, la gestion des tramways et la formation des jurys criminels irlandais. En revanche, lorsque Lord Shaftesbury fit une intervention sur les questions coloniales, il s'éclipsa discrètement. Peut-être préféra-t-il se retirer plutôt que de perdre son sang-froid et répliquer à l'honorable intervenant qu'en matière de colonialisme l'Angleterre n'était peut-être pas une référence si l'on se souvenait de la morgue avec laquelle elle agissait en Amérique latine.

Événement extraordinaire quand même pour l'époque, l'empereur alla visiter la synagogue centrale de Londres où il procéda à la lecture en hébreu d'un passage de la Torah. De fait, il étudiait la langue hébraïque depuis 1860 et pouvait la déchiffrer et la parler correctement. Il est vrai qu'avec sa longue barbe blonde, prématurément blanchie, il pouvait passer dans une synagogue pour un véritable rabbin. S'il n'est pas douteux que les Anglais étaient au XIXe siècle moins antisémites que les Français - c'est eux qui portèrent au pouvoir, et pour la première fois en Occident, un Premier ministre juif, Benjamin Disraeli, fondateur du second empire colonial britannique -, on peut imaginer que le geste dut néanmoins surprendre beaucoup de monde, en particulier la reine. Tout énamourée qu'elle fût en effet de son cher « Dizzy » - petit nom affectueux qu'elle donnait à son Premier ministre préféré -, Victoria voyait d'un mauvais œil son fils aîné Albert, futur Edouard VII, fréquenter un peu trop à son goût les milieux « cosmopolites », comme on disait alors. La question juive était aussi, avec la question raciale en général, l'un des points d'achoppement entre Pierre II et son ami, le comte de Gobineau. Interrogé par celui-ci sur sa sympathie pour les Juifs et le statut protecteur dont ils bénéficiaient au Brésil, l'empereur lui avait répondu un jour : « Pourquoi devrions-nous stigmatiser la race d'où est issu notre Dieu ?[119] »

---

118 « Alcantara » n'est pas lié à un titre nobiliaire. Il s'agit simplement d'une référence au saint patron du monarque : saint Pierre d'Alcantara.
119 Site "imperiobrazil. blogspot.fr", op.cit.

Le Times, avec l'impertinence de la presse britannique qui n'épargne personne, tira un bilan du séjour de l'empereur qui s'acheva en juillet 1871. Il évoqua dans ses colonnes l'impression que laissa le monarque : « Les gens disent que c'est un personnage assez admirable, un nouveau modèle de souverain, un grand géographe, un homme ayant d'innombrables connaissances, mais, pour toutes ces raisons, il est à craindre qu'il ait été bien ennuyeux.[120] » C'est exactement la même critique que les journaux britanniques faisaient jadis au prince consort Albert.

Le couple impérial poursuivit son périple européen qui le mena successivement en Belgique, en Allemagne, en Autriche, en Italie, en Grèce, en Suisse puis en France. Périple européen interrompu par une escapade en Égypte entre le séjour en Italie et la visite en Grèce car l'empereur voulait voir les vestiges de l'Égypte pharaonique et le canal de Suez de Ferdinand de Lesseps qui avait été inauguré deux ans plus tôt, en 1869, par le khédive Ismaïl Pacha et l'impératrice Eugénie. A l'occasion de la visite des sites archéologiques, son guide fut l'illustre égyptologue français Auguste Mariette que l'on voit dans la collection impériale de photographies aux côtés de Pierre et de Thérèse-Christine. L'empereur, photographe compulsif, mitrailla lui-même consciencieusement toutes les vieilles pierres et tous les êtres vivants qu'il pouvait rencontrer.

Dans chaque pays traversé au cours de ce premier grand voyage à l'étranger, l'empereur fit exactement ce qu'il avait fait en Angleterre afin de voir tout ce qui pouvait l'intéresser à titre personnel mais aussi pour le développement de son pays. Ses entretiens en tête-à-tête se multiplièrent avec les personnalités qu'il admirait, comme l'écrivain, poète et dramaturge Alessandro Manzoni en Italie ou le compositeur Richard Wagner en Allemagne. Rencontres aussi, mais protocolairement inévitables - et donc toujours volontairement abrégées de son chef - avec des monarques de premier plan comme François-Joseph Ier à Vienne ou Guillaume Ier d'Allemagne à Berlin.

Le voyage étant privé, on ne sait rien de ce que Pierre II, ami sincère de notre pays, a pu dire à Guillaume Ier, chef d'une puissance qui avait vaincu la France et l'occupait encore[121]. Toutefois, il n'est

[120] Guy Burton, « Brazil's Emperor Tourist ».
[121] L'occupation dura jusqu'en 1873.

pas interdit de penser qu'il intervint pour lui demander d'adoucir les exigences de Bismarck. C'était, peut-on dire, dans la nature des choses, d'autant que le Kaiser Guillaume était infiniment moins rigide que son chancelier ou que ne le sera plus tard son petit-fils Guillaume II.

Avec François-Joseph, l'entretien fut peu cordial, les deux hommes étant par trop différents de tempérament et, plus encore, sur le plan intellectuel. Bien que cousins germains, ils n'avaient aucun point commun sauf le dévouement à leurs pays respectifs mais sans imagination pour l'Autrichien et constamment en recherche de nouveauté et de modernité pour le Brésilien. Dans le domaine politique, peu d'affinités entre eux non plus, hormis, et ce n'est pas rien, le rejet de l'antisémitisme. Pierre II admirait culturellement le peuple juif et était devenu un hébraïsant distingué ; François-Joseph avait sorti les Juifs des ghettos pour les intégrer à la société autrichienne, « crime » qu'un artiste-peintre autrichien du nom d'Adolf Hitler ne lui pardonnera jamais.

L'empereur d'Autriche et roi de Hongrie trouva que le refus par son cousin de tout protocole et de toute cérémonie officielle était excessif, choquant même, indigne en tout cas d'un monarque régnant. Il est vrai que Pierre II ne mit pas toujours les formes et que, lassé des converșations de François-Joseph qui devaient ressembler à des rapports d'officier d'intendance plus qu'à des échanges entre lettrés, il prétexta des visites touristiques à faire en urgence pour abréger leurs entretiens et s'éclipser. Pour l'Autrichien, conformiste en diable, ce comportement était celui d'un original n'ayant pas le sens des convenances. Si le comportement de son cousin a pu le blesser, c'est que François-Joseph ignorait que Pierre II, depuis son arrivée au Portugal, avait tenu absolument à décliner les corvées protocolaires qu'on voulait lui imposer. Dès le 12 juin, il écrivait de Lisbonne, avec une certaine jubilation : « Cela m'a coûté de me débarrasser des cérémonies, mais tout s'est bien passé[122]. »

---

[122] Site : http://www.raulmendessilva.com.br/brasilarte/

La France vaincue, la France occupée, mais la France quand même

Pierre II avait décidé de boucler son périple par la France où il arriva à l'automne 1871. Pourquoi la France à ce moment-là et non pas dès le mois de juin ? Simplement pour permettre à la situation politique du pays de se stabiliser après l'effondrement de la Commune en mai, la répression qui s'en était suivie puis l'installation d'Adolphe Thiers à l'Elysée en août. En dépit de ce calendrier contraint, cette étape était sans nul doute la plus importante.

De fait, l'empereur était français de cœur, élevé dans le respect des principes de 1789, et d'esprit parce que la France, pour lui, était non seulement la patrie des Droits de l'Homme mais aussi celle des Arts, des Lettres et des Sciences. Et puis, la France de 1871, qui avait traversé la guerre franco-prussienne, subi les humiliations de la défaite, supporté l'affront de la proclamation du IIe Reich allemand à Versailles, vaincu la Commune dont le patriotisme des premiers jours avait sombré dans les querelles fratricides et sanglantes de l'extrême gauche, s'était relevée. Dans la douleur, certes, mais relevée quand même. Pierre, attentif à tout, s'intéressait à ce miracle. Homme de sciences, c'est donc aussi une sorte de laboratoire politique qu'il allait visiter. D'autant, on le sait, que la République était fragile puisque la majorité de la Chambre était alors monarchiste et que beaucoup attendaient la restauration d'Henri V, petit-fils de Charles X. Celui-ci, on le sait, allait bientôt ruiner les espérances royalistes pour sauver un drapeau blanc qui, comble d'ironie, n'avait jamais été celui de la monarchie capétienne puisque l'oriflamme de Saint Denis était rouge et que c'est avec elle que Philippe Auguste avait fondé la nation française à Bouvines[123].

Mais l'empereur, par respect pour la France, n'entendait pas, ouvertement au moins, donner à son voyage un sens politique qui

[123] Le drapeau blanc était, sous l'Ancien Régime, le pavillon de la marine royale. Il n'y avait pas, à proprement parler, de drapeau national, chaque régiment ayant son propre drapeau, la plupart du temps comportant les couleurs bleu et rouge avec, au centre, une croix blanche. En revanche, le drapeau blanc fut adopté par les royalistes pendant les guerres de Vendée puis par Louis XVIII à la Restauration. Ce fut la grande erreur d'un roi pourtant éclairé mais qui, par ce geste, semblait insulter la mémoire des 1 300 000 jeunes Français qui, de 1792 à 1814, étaient morts sur tous les champs de bataille d'Europe pour la gloire de la France.

serait apparu comme une immixtion dans les affaires intérieures d'un pays ami et aimé. Bien sûr, il fut reçu à diner en privé à l'Élysée par le président Adolphe Thiers, évoqua sans doute avec lui ses échanges avec l'empereur d'Allemagne, et rencontra François Guizot. Ces entretiens avec deux hommes qui avaient été présidents du Conseil du roi Louis-Philippe lui permirent surtout de comprendre un peu mieux l'évolution constitutionnelle chaotique de la France depuis 1830 et, peut-être, de se dire qu'après tout il avait lui-même mieux réussi à réaliser au Brésil la synthèse du principe monarchique et de la souveraineté nationale que ses amis français.

A Paris, il retrouva le comte Arthur de Gobineau qui avait été ministre de France à Rio à la fin du règne de Napoléon III. Gobineau lui servit de guide et l'introduisit dans tous les cercles et institutions qu'il voulait connaître. L'empereur accorda beaucoup de temps à l'Institut de France, à l'Académie des Sciences, à la Sorbonne. Il assista aux séances de l'Institut et de l'Académie, s'entretint avec les plus illustres professeurs d'université, n'hésitant pas même à échanger avec les étudiants, ce qu'il faisait communément dans son pays. Tous ses interlocuteurs manifestèrent un grand respect et beaucoup de sympathie pour ce monarque qui, avec sa barbe, ses connaissances encyclopédiques et sa vieille redingote aurait pu passer pour un de leurs collègues.

Au laboratoire de l'École Normale, il rencontra Louis Pasteur qu'il admirait pour ses travaux sur les maladies contagieuses. Venant d'un pays où les épidémies étaient fréquentes en raison des fièvres tropicales, cette rencontre fut riche en échanges. L'empereur invita Pasteur à venir au Brésil pour entreprendre une campagne de vaccination contre la fièvre jaune qui frappait alors les grandes villes du littoral brésilien. Il évoqua également avec lui un projet de formation de jeunes chercheurs brésiliens par les enseignants des sections scientifiques de l'École Normale Supérieure[124]. Le grand chercheur fut subjugué par les connaissances que Pierre avait de ses travaux - ils correspondaient depuis plusieurs années déjà avant le voyage de Paris - et, de cette rencontre, naquit une amitié solide. Leurs rapports, qui se poursuivirent épistolairement après 1871, furent même, parfois, cocasses. Ainsi, dans une lettre du 22 septembre 1884,

---

[124] Luiz Cláudio Cardoso et Guy Martinière, « France-Brésil : vingt ans de coopération (Science et technologie) ».

Pasteur, pour faire avancer ses travaux sur la rage, suggéra à son impérial ami de proposer aux condamnés à mort brésiliens d'accepter une inoculation préventive de la rage plutôt qu'une mort imminente. Pierre II lui répondit finement : « Vous devez savoir que, depuis quelques années dans mon pays, la peine de mort est modérée par le souverain et que son exécution est suspendue indéfiniment. Si le vaccin contre la rage n'est pas d'un effet incontestable, qui préférera une mort probable à celle presque irréalisable ?[125] »

Gobineau, écrivain très en vogue à l'époque et parfait connaisseur du Tout-Paris, organisa des rencontres avec Ernest Renan, Alexandre Dumas fils, Hippolyte Taine et Théophile Gautier pour échanger sur l'histoire, la littérature et la philosophie. Bien entendu, les savants ne furent pas oubliés et le physiologiste Claude Bernard comme le chimiste Marcellin Berthelot reçurent bientôt la visite du monarque. De la même façon, à Londres, quelques semaines auparavant, Pierre avait rencontré Charles Darwin dont la théorie sur l'origine des espèces le passionnait, bien qu'elle fût contestée par un autre de ses proches amis, le naturaliste suisse Louis Agassiz qui, lui, était créationniste. Ce qui l'avait marqué surtout c'est que Darwin, lors d'un voyage au Brésil en 1832, avait été subjugué par la prolifération et la diversité des espèces animales et végétales, révélation qui avait impacté ses recherches.

Le séjour parisien de l'empereur dura près de deux mois et se poursuivit en province. Il découvrit bientôt la Provence, de Cannes à Marseille, où il rencontra Frédéric Mistral dont il admirait l'œuvre et dont il partageait le goût pour la langue provençale qui, disait-il, était sa préférée[126]. Il prit ensuite le train pour Montpellier afin d'y visiter la faculté de médecine, celle-là même où Rabelais avait fait ses études et qui était la plus ancienne de France, ainsi que la faculté des sciences où il s'intéressa à la collection minéralogique qui y était rassemblée. Il quitta Montpellier pour Toulouse et Bayonne. De là, il passa la frontière espagnole pour rallier le Portugal d'où il devait s'embarquer pour rentrer enfin au Brésil.

---

[125] Auguste Mayor, « Visite de l'Empereur du Brésil à Neuchâtel en 1877 »., op.cit. Bien que maintenue dans le code pénal, la peine de mort n'était plus appliquée au Brésil depuis 1856.

[126] Isabelle Phillips : « Dom Pedro II, l'Empereur du Brésil Félibre ».

Pierre fut pleinement satisfait de son voyage. Il avait rencontré toutes les personnalités qu'il admirait, à l'exception notable, cependant, de George Sand. En effet, à cette époque, George s'était retirée à Nohant avec sa famille et évitait soigneusement Paris de peur de voir ses amis les plus chers se déchirer pour des motifs politiques après les drames de la Commune et de la répression versaillaise. Elle répondit à Gobineau, qui l'avait informée du souhait de l'empereur de faire sa connaissance, qu'elle ne pouvait se rendre dans la capitale mais que l'illustre visiteur serait le bienvenu à Nohant : « Je ne crois pas que Don Pedro prenne la peine de venir si loin pour une vieille bonne femme comme moi mais, dans le cas où, comme le calife Haroun-al-Rashid[127], il voudrait parcourir la France en simple particulier, il trouverait chez nous la cordiale et respectueuse hospitalité du paysan[128]. » Hélas, en janvier 1872, il était apparemment trop tard pour envisager ce déplacement dans le Berry car l'empereur s'apprêtait à partir pour le Midi.

Le séjour en France de Pierre II fut le plus long de ce premier voyage hors du Brésil. C'était à l'évidence une forte marque d'amitié mais aussi un soutien moral sur le plan international car il s'agissait de saluer le redressement d'un pays qui avait traversé tant d'épreuves depuis 1870 et qui était toujours sous la botte des Prussiens et de leurs alliés.

La visite, toute privée qu'elle fût, dont « Monsieur Pierre d'Alcantara, citoyen brésilien », honora Paris et les provinces méridionales en 1871-1872 rompit pour la première fois depuis la défaite de Sedan notre isolement diplomatique.

La France et la République n'oublièrent jamais ce geste de fraternité.

---

[127] Pierre II du Brésil a souvent été comparé pour son savoir encyclopédique au calife de Bagdad Hâroun Al-Rachîd qui, aux VIIIe et IXe siècles, favorisa l'émergence d'une brillante civilisation arabe grâce au développement des arts et des techniques. Ce calife est aussi celui des *Mille et une Nuits*.

[128] Lettre du 3 janvier 1872 à Charles Edmond, complétée par cette note du même jour dans l'agenda personnel : « Don Pedro est venu en France en grande partie pour me voir et viendra peut-être à Nohant. C'est faire bien du chemin pour causer avec une personne qui ne sait rien dire ». George écrit « Don Pedro » à l'espagnole alors qu'en portugais l'orthographe exacte est « Dom Pedro ».

XIII.
L'Empereur et le Pape

« L'Eglise brésilienne était dans un état matériel et moral pitoyable. Dom Pedro II fit tout pour la relever. »

Frédéric Mauro[129]

Une méfiance réciproque

Lors de son voyage en Italie en 1871, Pierre II s'était rendu à Rome pour saluer le roi Victor-Emmanuel II puis, au Vatican, le pape Pie IX qui, depuis l'annexion de la ville par l'armée italienne en 1870, se considérait prisonnier de la maison de Savoie.

Pie IX est certainement le pontife qui, dans la longue histoire de l'Église, eut l'un des règnes les plus douloureux, évoquant d'une certaine façon cette période terrible du Moyen Age où la Papauté fut menacée constamment par les prétentions des empereurs germaniques. Mais, au XIXe, un autre danger était apparu, celui du mouvement d'unité italienne, le Risorgimento, qui, rejetant assez vite l'idée de transformer l'Italie morcelée en une confédération d'États libres, opta pour la création d'un État unifié sous le sceptre des rois de Piémont-Sardaigne. Ce choix était incompatible avec la survie des États pontificaux dont le territoire immense s'était constitué à partir du VIIIe siècle autour de Rome grâce aux rois carolingiens, Pépin le Bref et son fils Charlemagne, continuateurs de la politique généreuse à l'égard de la Papauté, initiée au IVe siècle par l'empereur Constantin.

Pie IX fut donc, littéralement, un pape menacé, assiégé et finalement dépouillé par la nouvelle monarchie italienne dont le bras

[129] « Histoire du Brésil ».

armé était le général Garibaldi. Ce sentiment d'encerclement et de mort annoncée entraîna ce pape, pourtant libéral lors de son accession au trône pontifical, à durcir le ton et à adopter une politique défensive réactionnaire dans le domaine temporel comme dans le domaine spirituel. Par l'encyclique Quanta Cura de 1864 et le Syllabus Errorum (liste d'erreurs qui y était jointe), Pie IX condamna en bloc le panthéisme, le naturalisme, le rationalisme, le socialisme, le communisme, le positivisme, le matérialisme, le déterminisme, le darwinisme et… les sociétés secrètes, ce qui visait surtout la franc-maçonnerie. Bien entendu, tout cela s'accompagnait d'une volonté de recentralisation de l'Église autour de la Papauté et de défense acharnée de ses prérogatives. Volonté de centralisation solennellement confirmée par la proclamation en 1870 du dogme de l'infaillibilité pontificale.

A l'énoncé de ces condamnations, le monde entier comprit que l'Église rejetait le modernisme, le progrès, la science et la démocratie. Le journal français *Le Siècle* parla même de « suprême défi jeté au monde moderne par la papauté expirante[130]. » Sans aller jusque-là, le raisonnable Pierre II du Brésil dut se dire malgré tout qu'avec ses propres idées sur le progrès et la démocratie, il n'était pas en odeur de sainteté à Rome. Il semble, du reste, que son entrevue au Vatican avec le Saint-Père fut assez brève et peu fructueuse.

Cela augurait mal des relations entre le Saint-Siège et l'Empire du Brésil. De fait, elles furent très tendues car si Pierre, contrairement à son père, était catholique pratiquant, il était aussi chef d'État et n'entendait pas que l'Église catholique, reconnue comme religion d'État par la Charte de 1824, s'immisce dans les affaires intérieures de l'Empire et contrecarre les projets de modernisation et de développement qu'il avait pour son pays. De son côté, l'Église brésilienne, tout en étant un acteur essentiel dans la monarchie, se méfiait un peu de ce monarque trop tolérant qui envisageait même, en s'appuyant sur les avis du Conseil d'État, d'introduire au Brésil le mariage civil[131].

---

[130] Gaston Castella, « Histoire des Papes ».

[131] Le mariage civil pour tous fut introduit au Brésil en 1890, après la proclamation de la République.

Cela ne signifiait pas que, nouvel Henri VIII d'Angleterre, Pierre II voulût être le « chef de l'Église du Brésil », comme cela a pu être dit. Non, car, contrairement au despote anglais, il n'entendait pas s'immiscer dans les questions dogmatiques et ne prétendait pas être plus catholique que le pape. Toute son action vis-à-vis du catholicisme visait exclusivement à la séparation des autorités religieuses et laïques, tout en conservant le vieux privilège portugais du Padroado qui permettait aux rois de Portugal, en échange de la protection du clergé et des églises, d'avoir un droit de regard sur les nominations épiscopales. Par ailleurs, le fait que le catholicisme fût religion d'État entraînait au Brésil - comme ce fut le cas en France sous le concordat de Bonaparte[132]- un contrôle sur le fonctionnement de l'Église, ce qui était assez logique puisque c'est l'État qui payait alors le salaire des prêtres et finançait les séminaires et les institutions catholiques.

Mais, là encore, Pie IX n'était pas d'accord. Pour une fois moderniste, il considérait que le « patronage » des rois était d'un autre temps et que la Papauté, qui avait perdu son pouvoir temporel en Italie, devait renforcer son propre pouvoir de contrôle sur tous les clergés locaux. Sur le fond, il n'avait pas tort.

Cependant, sur un point, celui de la discipline et de la moralité du clergé brésilien, il n'y eut pas de divergences de fond entre le pape et l'empereur. Ce clergé, souvent inculte et indiscipliné, s'était considérablement relâché dans le domaine des mœurs et, moiteur tropicale aidant, avait des rapports entre les prêtres et les femmes des vues absolument divergentes de celles de l'empereur Constantin qui, au Concile de Nicée de 325[133], avait formellement prohibé toute cohabitation sexuelle. Beaucoup de prêtres brésiliens vivaient donc en concubinage notoire et avaient même de nombreux enfants.

L'empereur, qui n'était pas très attiré par le sexe - à moins qu'il n'ait soigneusement caché son jeu dans ce domaine pour éviter que l'impératrice, qu'il respectait, ne soit publiquement bafouée -, estimait

[132] Le catholicisme n'était pas religion d'Etat en France sous Bonaparte mais religion principale comme sous Constantin Ier, au début du IVe siècle, avant que Théodose Ier ne le proclame religion officielle et unique de l'Empire romain à la fin du même siècle.

[133] Le Concile de Nicée est l'acte fondateur du catholicisme avec l'adoption du « Credo de Nicée » qui proclame la double nature du Christ et condamne l'arianisme.

que cette conduite était inacceptable, même si, comme tout honnête homme, il s'interrogeait sur la solitude des prêtres dans les régions excentrées ou encore complètement sauvages de l'Empire. Il soutint donc résolument le combat de Rome pour mettre fin à ces dérives[134]. Là-dessus, pas de débat. Sauf que, l'enfer étant pavé de bonnes intentions, Pierre II pensa aussi encourager l'amélioration du niveau culturel du clergé brésilien en favorisant le départ des jeunes prêtres vers l'Europe afin qu'ils améliorent leurs connaissances dans les instituts catholiques. Hélas, si, en effet, le niveau culturel se rehaussa ainsi que la discipline, celui du loyalisme envers l'État diminua car Pie IX avait décidé de contrôler plus étroitement la formation des nouvelles générations de prêtres catholiques. Dès lors, les jeunes prêtres brésiliens revinrent mieux formés, plus cultivés, plus vertueux mais aussi plus ultramontains. Ils pensaient comme le pape avait dit qu'il fallait penser et qui n'était pas tout à fait en accord avec les idées de progrès et de démocratie de l'empereur.

Depuis le Syllabus, Pierre II et Pie IX, toute révérence gardée et tout respect mutuel sauvegardé, étaient dans deux camps opposés. D'un côté, l'empereur, catholique sincère mais admirateur de Darwin, de Renan et protecteur des francs-maçons ; de l'autre, un pontife assiégé et spolié qui fulminait contre toutes les idées nouvelles. Notamment, celle d'une cohabitation fraternelle entre catholiques et francs-maçons, ce que, pourtant, les Anglais avaient réussi chez eux où les loges maçonniques et l'Église anglicane cohabitaient harmonieusement depuis le début du XVIIIe siècle.

Sur ce sujet comme sur le plan politique, Pierre II estimait que les hommes de bonne volonté, quelles que fussent leurs croyances, devaient travailler ensemble pour le bien-être de l'homme et l'amélioration de l'humanité. Pour cette raison, en 1864, il se trouva du côté - pour reprendre la belle expression de Charles Seignobos - « de ceux qui accueillirent avec ennui le Syllabus[135]. » De fait, il

---

[134] En dépit du schisme qu'il avait provoqué avec Rome, il faut rappeler qu'Henri VIII, très attiré, lui, par le sexe, était absolument opposé au mariage des prêtres anglicans par respect de la règle constantinienne. Les choses dégénérèrent par la suite et sa fille Elisabeth Ire, opposée également au mariage des prêtres, fut contrainte de céder car il aurait fallu alors chasser des centaines de prêtres de l'Eglise anglicane, sans compter la difficulté juridique de considérer comme illégitimes leurs épouses et bâtarde leur progéniture.

[135] Gaston Castella, op. cit.

s'opposa à la publication au Brésil de tout ce qui pouvait heurter la franc-maçonnerie car il craignait de stigmatiser inutilement les francs-maçons dont on sait que, depuis Pierre Ier, ils étaient très nombreux dans la classe politique comme dans l'armée ou les milieux intellectuels et avaient joué un rôle décisif lors de l'indépendance du pays et de la proclamation de l'Empire[136].

Cette décision fut peut-être aussi un hommage subliminal à son père, ancien grand-maître de la franc-maçonnerie brésilienne, et à tous les francs-maçons qui l'avaient accompagné pour faciliter le passage en douceur du colonialisme à l'indépendance. Il faut malheureusement reconnaître que, de son côté, Pie IX ne se montra pas particulièrement conciliant avec la franc-maçonnerie puisqu'il la condamna à nouveau par l'allocution consistoriale Multiplices Inter de 1865 et la constitution Apostolicae Sedis de 1869, textes qui furent également interdits de publication par l'empereur.

Cet acharnement pontifical, qui ne visait évidemment pas la seule franc-maçonnerie brésilienne, commença à creuser un fossé entre l'Église et les loges maçonniques du Brésil auxquelles appartenaient à l'époque de nombreux catholiques, et même des catholiques pratiquants qui étaient membres de confréries religieuses.

L'affrontement

Il suffisait donc d'une étincelle pour tout faire sauter. Et cela sauta, peu de temps après le retour de l'empereur au Brésil.

En 1872, l'évêque de Rio, Dom Pedro Maria de Lacerda, suspendit un prêtre franc-maçon qui venait de présider une cérémonie maçonnique en hommage au chef de cabinet de l'empereur, le vicomte de Rio Branco, celui-là même qui avait défendu courageusement la loi du Ventre libre devant les Chambres. C'était une attaque directe, presque personnelle, contre le monarque qui avait assisté à cette cérémonie. Quelque temps après, l'évêque ultramontain d'Olinda, Dom Vital Maria Gonçalves de Oliveira, suivi bientôt par son

[136] Napoléon III et Victor-Emmanuel II d'Italie, eux aussi souverains de nations très majoritairement catholiques, interdirent aux évêques de lire ces textes en chaire. Pourtant, comme Pierre II, ni l'un ni l'autre n'étaient francs-maçons.

collègue l'évêque de Pará, emboîta le pas à l'évêque de Rio en décidant d'exclure les francs-maçons des confréries catholiques de Recife.

La franc-maçonnerie brésilienne ne se laissa pas faire et, pour répondre à ces agressions, réagit vigoureusement. Lors d'une assemblée générale du « Peuple maçonnique » de Rio, tenue en avril 1872, une déclaration de guerre fut votée. Les termes en étaient directs et sans nuance : « La Maçonnerie devient l'ennemie irréconciliable du jésuitisme ultramontain[137].»

La réaction des maçons brésiliens fut aussi une réponse aux attaques violentes du juriste et politicien ultramontain, Carlos Mendes de Almeida, qui était l'avocat, très virulent, de l'évêque Dom Vital Maria Gonçalves de Oliveira. Il utilisa la crise de 1872 pour attaquer le gouvernement impérial et la subordination de l'Église à l'État qui, selon lui, était la conséquence du statut de religion d'État qu'avait l'Église dans la constitution brésilienne. Autrement dit, ce redoutable bretteur remettait en cause les fondements de l'Empire et le texte qui, pour Pierre II, était « intouchable » car il garantissait un équilibre harmonieux des pouvoirs et des forces politiques du pays.

Mendes de Almeida avait ouvert le feu dès 1866 en prononçant un réquisitoire contre l'Empire : « Si notre Église peut être libre, nous serons à l'avenir une grande nation, un puissant et légitime instrument de progrès, et notre influence morale embrassera un vaste horizon. L'Église libre, répandant la moralité dans les populations par des exemples de vertu et de solide instruction, fortifiera toutes nos libertés en contenant ce dangereux levier qu'on appelle Monarchie. Une Église, asservie telle que la nôtre, devient la risée du siècle, un instrument inutile pour le bien et, par conséquent, pour la société[138]. »

Ce texte est, à proprement parler, insurrectionnel, et son auteur a certainement eu beaucoup de chance de vivre alors dans un Empire libéral où la parole était libre. Pierre II y est représenté comme une sorte d'empereur germanique du Moyen Age, bafouant les droits de l'Église, ou, « pire encore », comme un monarque philosophe du siècle des Lumières, tels ses ancêtres Joseph II d'Autriche ou Charles

---

[137] Mariejo Ferreira et Denis Rolland, « Brésil : une séparation à « l'amiable » entre l'Eglise et l'Etat ».

[138] F. Badaro, « L'Église au Brésil pendant l'Empire et pendant la République ».

III d'Espagne… Il est vrai que les rapports d'amitié entretenus par l'empereur avec Charles Darwin et Ernest Renan - ce dernier avait été élevé, après le retour de Pierre II au Brésil, au grade de commandeur de l'ordre impérial de la Rose - avaient de quoi alarmer les catholiques les plus sectaires.

Plus sérieusement et plus gravement, les propos de Mendes de Almeida libérèrent la parole de fanatiques ultramontains qui n'hésitèrent plus à employer des termes d'une violence inouïe contre les francs-maçons « profanant » les confréries religieuses par leur présence ou encore contre « la secte qui dominait dans les Chambres[139]. » Le monarque lui-même était insidieusement mis en cause. On lui reprochait, mezza voce, de soutenir les francs-maçons au pouvoir en feignant d'oublier qu'il était catholique pratiquant et, surtout, de ne pas utiliser son pouvoir modérateur pour protéger l'Église contre ses détracteurs. Les calomniateurs insinuèrent aussi qu'il était en réalité voltairien et que sa tolérance camouflait une volonté sournoise de saper l'autorité religieuse, voire d'encourager les rationalistes. En réalité, nous savons qu'il s'agit là de pures calomnies et que si Pierre II « voyait les dogmes de l'Église avec l'esprit de son siècle, fait de curiosité scientifique et du souci d'étudier les religions comme phénomènes historiques, il restait bon chrétien, pratiquait toutes les vertus chrétiennes avec une foi sincère[140]. » Ajoutons que ce respect des religions, y compris de l'animisme des Indiens d'Amazonie, s'étendait à toutes et que le judaïsme, en particulier, fut un sujet d'intérêt constant pour lui.

Pour un homme attaché à préserver l'unité et l'équilibre du pays dans la paix civile, cette querelle était injuste. Elle visait en réalité à saper sa politique de conciliation, alors même qu'il n'avait jamais remis en cause le dogme romain et qu'il manifestait une grande déférence à l'égard du clergé. Les fanatiques brésiliens ultramontains, jouant sur les ambiguïtés, se plaisaient à rappeler que Pierre Ier avait été grand-maître de la franc-maçonnerie et que son fils ne pouvait qu'avoir les mêmes penchants pour la « secte occulte. » C'était oublier l'histoire du Brésil indépendant et les usages de la monarchie impériale, particulièrement le rituel des deux couronnements de 1822

---

139 Ibid.

140 Carlos Magalhães de Azeredo, « Dom Pedro II. Traças da sua physionomia moral ».

et 1841 lorsque, oints par l'évêque de Rio, les monarques avaient reçu de lui l'épée, la couronne et le sceptre et prêté serment de respecter les droits de l'Église.

Dans ce contexte conflictuel qui, en réalité, cachait les aspirations clairement antimonarchistes d'une minorité de catholiques exaltés, le gouvernement impérial intervint pour demander aux deux évêques d'Olinda et de Pará - l'évêque de Rio fut ménagé parce que sa décision portait sur un cas d'espèce particulier relevant du pouvoir disciplinaire - de revenir sur leur décision. Ils refusèrent d'obtempérer. L'empereur saisit alors le Conseil d'État de cette affaire pour qu'il statue en droit et, si possible, dans un esprit de conciliation et de modération. Les conseillers d'État, nommés selon la constitution par le monarque parmi des personnalités qualifiées, et qui, en l'espèce, étaient pratiquement tous de confession catholique même si certains appartenaient aussi à la maçonnerie, rendirent un avis défavorable aux évêques récalcitrants. En effet, il ne s'agissait pas ici d'une querelle dogmatique comme celle de la transsubstantiation qui avait empoisonné les premières années de l'anglicanisme mais d'une question beaucoup plus simple : le respect de la constitution et la préservation de l'autorité de l'État, garanties suprêmes de la paix civile dans une société apaisée. La décision des sages conforta la position de Pierre II, qui, comme l'écrit Jean-Yves Mérian : « était profondément convaincu de la nécessité d'une prééminence du pouvoir de l'État, de son pouvoir, sur celui de l'Église. Il n'entendait pas accepter une quelconque ingérence de celle-ci dans les domaines qu'il considérait comme relevant de son autorité[141]. » Cette remarque est parfaitement exacte pour autant qu'on comprenne bien que le monarque n'agissait pas par vindicte personnelle, comme un tyran offensé, mais comme le représentant suprême d'un État soucieux de la cohésion nationale.

Les deux évêques, cabochards en diable, résistèrent et furent traduits en conséquence devant la Cour Supérieure de Justice qui les condamna à quatre ans de prison.

La popularité de Pierre II, héros de la démocratie contre l'obscurantisme, s'en accrut d'autant, même si ce schéma était un peu

[141] « L'influence d'Ernest Renan dans le débat entre l'Eglise et l'Etat dans le Brésil du XIXe siècle ».

réducteur puisque, rappelons-le encore, Sa Majesté Impériale allait à la messe et qu'elle avait adopté pour voyager incognito le nom de son saint patron…

Pie IX faillit excommunier Pierre II. Il y songea, dit-on. Mais il réfléchit. Le Brésil, dans le monde catholique, ce n'était pas rien. D'autant que les Brésiliens, dans leur immense majorité, étaient de confession catholique et que même les immigrants allemands - ne parlons même pas des Italiens -, originaires surtout de Rhénanie ou de l'Allemagne du Sud, l'étaient également. Par ailleurs, en raison de la stabilité politique du régime impérial et de son immensité territoriale, le Brésil catholique, sur le continent américain, faisait contrepoids aux États-Unis protestants. Les enjeux géopolitiques ne sont pas négligeables pour une religion issue de Palestine, ayant essaimé dans l'ensemble du monde méditerranéen puis sur tous les continents grâce à la colonisation européenne.

Chacun y mettant du sien, le pape invitant les évêques récalcitrants à modérer leur ardeur et l'empereur acceptant de les gracier et de ne pas les expulser du Brésil s'ils cessaient de troubler l'ordre public, les choses s'apaisèrent en 1875 et tout rentra dans l'ordre.

Pierre II avait évité de justesse l'excommunication et Pie IX, peut-être, un nouveau schisme qui eût été une catastrophe pour l'Église catholique à un moment où, pour la première fois depuis le XVIe siècle, elle renforçait son influence en Angleterre et relevait la tête face à l'anglicanisme.

Néanmoins, ce conflit, même résolu diplomatiquement, perturba durablement les relations entre l'Église et l'Empire car une méfiance réciproque persista. L'Église, qui entendait conserver ses privilèges de religion d'État tout en rejetant le contrôle de ce même État, pouvait difficilement s'accorder avec un monarque, sincèrement catholique, mais qui, pour préserver l'unité du peuple brésilien, refuserait toujours de voir des évêques jeter l'anathème sur quelque catégorie de citoyens que ce soit.

XIV.
Le second voyage à l'étranger du « petit-fils de Marc-Aurèle »

« - Pierre II à Victor Hugo : « Je viendrai un de ces jours vous demander à dîner »

- Victor Hugo à Pierre II : « Le jour qui vous plaira, Sire. Vous serez le bienvenu. »

Victor Hugo[142]

Un pays calme et prospère

Les années 1870 confirmèrent que le Brésil était devenu une grande puissance sur le continent américain et même « la seconde des grandes puissances du Nouveau Monde[143]. » Pacifié à l'intérieur, n'ayant plus de conflit extérieur, le pays était prospère sur le plan économique. Ses exportations de café, de sucre, de cuirs et peaux, de coton, de cacao et de caoutchouc explosaient, son taux de croissance était au plus haut, ses infrastructures ne cessaient de se développer pour atteindre les régions les plus déshéritées, ses entrepreneurs ingénieux et dynamiques, souvent anoblis par l'empereur, étaient les premiers artisans de la prospérité nationale, le fer de lance de l'économie. Si les inégalités sociales restaient fortes, le progrès technique facilitait la vie des populations qui, parmi les premières en Amérique latine, virent apparaître l'électricité, le gaz, l'eau courante, le télégraphe électrique enfin, remarquable outil de communication permettant de relier

[142] « Choses vues ».
[143] Gaston Dodu, « Les Autres Patries », op.cit.

rapidement la capitale au reste du pays et les grandes métropoles provinciales entre elles.

Le pays était immense et ses 8 millions et demi de kilomètres carrés - c'est-à-dire toute l'Europe actuelle jusqu'aux frontières occidentales de la Russie - renfermaient une population que le premier recensement officiel de 1872 établit à près de 10 millions d'habitants (9. 930 478 exactement), alors que le Brésil, au moment de son indépendance, n'en comptait que 4 millions approximativement. Bien sûr, la plaie du Brésil, comme de toutes les nations émergentes, était la grande disparité sociale et un partage inégal des richesses. Mais il est vrai que les grandes nations occidentales elles-mêmes ne commencèrent à régler cette question que sous le règne de Victoria en Angleterre et sous celui de Napoléon III en France.

Ce qui faisait la richesse de l'Empire mais aussi sa faiblesse étaient les nombreux groupes ethniques qui composaient la nation brésilienne et ne marchaient pas tous, tant s'en faut, du même pas. Pour l'Institut Historique et Géographique Brésilien (IHGB), patronné par Pierre II qui assistait à ses réunions, il existait trois races dans le pays : Les Portugais blancs, les Indiens et les Noirs. Le recensement de 1872 retint de nouvelles catégories : les Métis (Pardos ou Mestiços) qui représentaient 38, 3% de la population, suivis de près par les Blancs avec 38, 1%, puis les Noirs avec 19, 7%, enfin les Indiens, les plus défavorisés parce que vivant dans des régions encore éloignées de la civilisation, avec 3,9%. Les Blancs et les Métis dominaient la société, tandis que les Noirs et les Indiens portaient encore le poids du servage ou de l'isolement.

L'empereur travailla sur ces disparités sociales et y porta toute l'attention d'un anthropologue humaniste, convaincu que le Brésil possédait une richesse inouïe dans cette diversité. On le sait peu, mais si le sort des Noirs fut chez lui une préoccupation constante, il s'intéressa aussi beaucoup à la civilisation indienne qui était la première et la plus ancienne du continent américain. Les Indiens furent valorisés sous son règne en tant que représentants d'une civilisation constitutive de l'identité originelle du Brésil. Sous l'Empire, de nombreuses expéditions furent menées pour localiser le mythique Eldorado, berceau de la civilisation indienne que les Brésiliens revendiquaient tout autant que leurs voisins issus de l'ancienne Amérique espagnole. Malheureusement, les savants et explorateurs de l'IHGB revinrent bredouilles et fort dépités de leurs expéditions en Amazonie. C'est à cet esprit indianisant que l'on doit cette propension de l'empereur à attribuer des titres de noblesse très exotiques. On ne comptait plus dans l'Empire du Brésil le nombre de barons ou de vicomtes portant des noms indiens tels que : Arantanha, Batoni, Bujuru, Cascalho, Coruripe, Ingai, Itaipé, Itaporoca, Jurua, Jurimirin, Parangaba, Piaçabuçu, Saramenha, Sincora, Sirinhaém, Solinoés, Subaé, Tacaruna, Tracunhaém, Urarai ou Uruçui[144]. De la même façon, cet indianisme triompha dans la littérature brésilienne de l'époque, notamment avec des écrivains comme Alusío de Azevedo ou José de Alencar.

En aparté, nous ne savons pas précisément si Pierre II et son ami Arthur de Gobineau échangeaient avec franchise leurs opinions respectives sur cet étrange creuset ethnique qu'était le Brésil, mais on reste confondu par le jugement sévère et méprisant de Gobineau sur les Brésiliens : « Il faut l'avouer, la plus grande partie de ce qu'on appelle « Brésiliens » est composée de sang-mêlé, mulâtres quarterons, Cabocles de degrés différents. On en trouve dans toutes les situations sociales. M. le baron de Cotegipe, ministre actuel des Affaires étrangères, est un mulâtre, et il y a au Sénat des hommes de couleur. Sans entrer dans l'appréciation des qualités physiques ou morales de ces variétés, il est impossible de méconnaître qu'elles ne sont ni laborieuses ni fécondes[145]. » Sans doute, Gobineau s'exprimait-il ici dans une correspondance diplomatique que l'empereur du Brésil n'avait pas à connaître, mais il est difficile d'imaginer que le sujet n'ait pas été évoqué entre eux. Pas en ces termes, bien sûr, mais d'une façon plus enrobée car Gobineau était un brillant causeur et un homme du monde. On imagine des échanges surréalistes sur la question car ce que confiait Gobineau au Quai d'Orsay était non seulement contraire aux sentiments profonds de Pierre II, mais ses conclusions étaient erronées puisque de nombreux « mulâtres » furent, aux côtés du monarque, et même dans son entourage immédiat, des collaborateurs féconds, laborieux et efficaces comme le prouve l'étonnant essor du Brésil impérial. Mais il est vrai aussi que si les hommes du XIXe siècle avaient des idées tranchées, le

---

[144] Sergio da Costa, « Brésil, les silences de l'histoire ».

[145] Jean-François de Raymond, "Arthur de Gobineau et le Brésil. Correspondance diplomatique du ministre de France à Rio de Janeiro 1869-1870 », lettre du 22 septembre 1869.

goût de la controverse intellectuelle était très répandu sans que cela entraîne nécessairement des ruptures personnelles.

Un monarque respecté

Si le Brésil devenait une grande puissance et une puissance unanimement considérée, c'était aussi grâce à la personnalité et à la popularité de son souverain. Au milieu de tous ces dictateurs sud-américains, il était incontestablement le sage, le philosophe, le monarque éclairé au sens où Frédéric II de Prusse ou Joseph II d'Autriche l'avaient été en Europe à la fin du XVIIIe siècle.

Cette réputation fera de Pierre II un référent très apprécié en 1871-1872 dans les contentieux opposant les États européens aux États-Unis à propos des dégradations de biens ou des confiscations subies à l'occasion de la guerre de Sécession. Ce sont des arbitres brésiliens, choisis par l'empereur pour leurs compétences juridiques et leur neutralité, qui se penchèrent à Genève sur des dossiers aussi délicats que celui - le plus fameux de tous - du navire britannique *Alabama*, saisi par les Nordistes parce qu'il transportait clandestinement des armes pour les Confédérés. C'est peut-être dans ces circonstances que l'empereur rencontra et se lia d'amitié avec l'avocat, journaliste et poète américain William Cullen Bryant, soutien inconditionnel de l'ancien président Abraham Lincoln. Bryant rendit au monarque un hommage vibrant : « Votre Majesté est l'un des rares hommes de pouvoir qui prête une attention généreuse aux libertés de son peuple et soit animé d'un désir philanthropique de bonheur pour le plus grand nombre[146]. »

Le périple américain

Dans ces conditions et dans ce climat, l'empereur décida donc, en 1876, avec l'accord des Chambres et du gouvernement, de repartir en voyage en confiant une nouvelle fois la régence à sa fille aînée, la princesse héritière Isabelle. Celle-ci avait donné naissance en 1875 à son premier garçon - et donc futur héritier du trône - ce qui avait singulièrement renforcé sa position dynastique. L'enfant avait été

[146] William Cullen Bryant II et Thomas G. Voss, « The Letters of William Cullen Bryant ».

prénommé Pierre, comme son grand-père, qui lui décerna le titre de « prince de Grão-Pará », nom d'une ancienne capitainerie portugaise dont la capitale était Belem et qui recouvrait toute la région amazonienne. Encore un hommage, donc, au passé indien du Brésil puisque ce nom signifie « grande rivière » en langue tupi-guarani. Respect aussi d'un précédent dynastique car le titre de « princesse de Grão-Pará » avait été donné par Pierre Ier à sa fille aînée Marie, qui ne le porta que brièvement avant de s'en aller au Portugal pour y régner sous le nom de Marie II.

A la différence du premier voyage international de 1871-1872 qui était justifié par des motifs familiaux, celui de 1876-1877 eut un prétexte politique ou, plus exactement, historique. En effet, les États-Unis, pour célébrer le centenaire de la proclamation d'indépendance de 1776, organisaient une grande exposition à Philadelphie, dite « Exposition Internationale des Arts, des Manufactures et des Produits du Sol et des Mines. » Pierre II, passionné par les nouvelles technologies dont ce type d'événement permettait la découverte, programma donc son second voyage en commençant par la grande puissance nord-américaine.

Les États-Unis étaient alors présidés par le général Ulysses S. Grant, vainqueur de la guerre de Sécession en 1865, et locataire de la Maison Blanche depuis 1869. Tout se passa pour le mieux entre les autorités américaines et brésiliennes et l'empereur débarqua à New York le 15 avril 1876. Pourquoi cette date alors que l'inauguration de l'exposition de Philadelphie avait lieu un mois plus tard ? Simplement parce que, fidèle à lui-même, Pierre entendait voir du pays avant et après les inévitables corvées officielles. Ce voyage aux États-Unis fut donc l'occasion pour lui de découvrir la Californie en train puis le Mississipi et la Louisiane sur un bateau à aube. Remontant vers le nord, il parcourut ensuite la Nouvelle-Angleterre. De là, il ne put s'empêcher d'aller admirer les chutes du Niagara afin de les comparer aux grandioses chutes d'Iguaçu, entre le Brésil et l'Argentine.

En mai, après un périple de trois semaines, il se rendit enfin à Washington où il fut reçu à la Maison Blanche par le président Grant. L'empereur du Brésil était le premier chef d'État étranger à fouler le sol des États-Unis et cette visite apparut comme un geste d'amitié entre deux nations qu'aucun contentieux grave n'opposait mais qui, comme l'a rappelé fort justement Fernando Henrique Cardoso, étaient néanmoins rivales : « Aussi incroyable que cela puisse paraître rétrospectivement, le Brésil et les États-Unis étaient en concurrence dans un monde dominé encore par les monarchies européennes. Et le Brésil, avec un empereur issu d'une lignée royale, avait un avantage supérieur à celui des États-Unis[147]. » L'entretien entre les deux hommes fut cordial et ils ne manquèrent pas de sujets de conversation, étant, l'un et l'autre, des admirateurs d'Abraham Lincoln dont Grant avait été le généralissime. Ils ne purent sans doute pas éviter d'évoquer la guerre de Sécession ou la guerre du Paraguay et leurs conséquences, deux conflits récents où Grant comme Pierre II avaient adopté la même fermeté pour faire triompher l'idée qu'ils avaient de la justice.

Plus tard, Pierre confiera que son interlocuteur lui était apparu un peu « bourru », mais cette perception, qui correspond tout à fait à la physionomie du président et à l'image classique du militaire de carrière qu'il était, tient au fait que le 18e président des États-Unis, tout soldat glorieux qu'il fût, était assez introverti, renfermé et préférait les chevaux aux hommes. Même, et surtout, si l'homme était un monarque régnant, considération qui, sans provoquer de rejet, pouvait cependant mettre mal à l'aise le fils d'un tanneur de l'Ohio. Par ailleurs, et cela devait nécessairement créer une certaine gêne entre eux, le président n'ignorait pas que l'empereur du Brésil était le cousin germain de l'empereur Maximilien du Mexique que les États-Unis avaient désigné comme ennemi à abattre et dont le sort tragique était encore dans toutes les mémoires.

C'est l'occasion ici de rappeler que, dans l'affaire du Mexique comme dans la guerre de Sécession, le Brésil conserva sa neutralité. Si Pierre II avait de la sympathie à titre personnel pour Maximilien qui, officier dans la marine impériale autrichienne, était venu jadis le saluer au Brésil, il était méfiant à l'égard de la politique de Napoléon III et n'entendait surtout pas se brouiller avec le président Lincoln dont les troupes combattaient alors les Confédérés, eux-mêmes soutenus par la France et l'Angleterre. Par ailleurs, et pour ce qui concerne spécifiquement la guerre de Sécession, si l'empereur était abolitionniste comme le président Lincoln, la classe politique brésilienne était divisée sur la question de l'esclavage, cause originelle de la guerre civile américaine. En effet, de nombreux politiciens, liés aux grands propriétaires terriens, avaient fort peu de sympathie pour les Nordistes.

---

[147] Fernando Henrique Cardoso, "The accidental President of Brazil. A Memoir".

Très opportunément, donc, la guerre du Paraguay qui éclata en 1864, avait offert un bon prétexte aux Brésiliens pour se tenir à distance des conflits ayant divisé les États-Unis et le Mexique de 1861 à 1867.

L'inauguration de l'exposition du centenaire eut lieu à Philadelphie le 10 mai 1876. A cette occasion, le président et l'empereur actionnèrent un moteur à vapeur Corliss - The Corliss Steam Engine - qui devait alimenter en énergie toutes les machines exposées dans le hall de l'industrie. Cet engin monstrueux effectuait avec ses bielles cent révolutions par minute. Pierre II, dont les mots d'esprit en public étaient assez rares, s'exclama : « Cela bat même nos républiques sud-américaines ![148]» Petite pointe contre tous les États hispano-américains dont l'instabilité chronique dépassait, et de loin, celle des Balkans à la même époque. Il faut croire que le climat des États-Unis eut un effet dopant sur l'humour de Pierre qui releva aussi, lors de ce voyage, et plus discrètement, que « les Américains sont très actifs lorsqu'il s'agit de gagner de l'argent, mais sont moins allants par ailleurs[149]. »

Au cours de la visite des stands qui fut interminable car l'empereur voulait tout voir et tout comprendre, il rencontra Thomas Edison puis Alexander Graham Bell. Edison venait d'inventer l'ampoule électrique et Pierre lui demanda de travailler pour son pays en imaginant un procédé permettant de fournir de l'électricité à grande échelle. Le challenge sera remporté en 1879, lorsque la station du chemin de fer Dom Pedro II à Rio sera entièrement illuminée, événement qui impulsera le développement de l'industrie électrique au Brésil. Quant à Graham Bell, il présentait sa nouvelle invention : le téléphone, qui ne s'appelait encore que le « vibraphone ». Il proposa à l'illustre visiteur de faire un essai avec son appareil. Lui mettant en main un combiné, il se retira dans une pièce voisine. De là, il prononça la fameuse réplique d'Hamlet : « To be or not to be », que Pierre entendit distinctement à l'autre bout du fil. Fasciné et enthousiasmé comme un enfant par ce miracle, il s'écria : « Mon Dieu, cet engin parle ! » Convaincu du progrès extraordinaire que représentait cette innovation pour l'humanité, il dit à l'inventeur : « Dès que ce sera commercialisable, il faudra venir l'installer au Brésil. » De fait, quelque temps plus tard, le premier

[148] Site web « History's Headlines », article intitulé: "The Emperor pays a call: Dom Pedro II, ruler of Brazil, dazzled Lehigh Valley with a visit", 2013.
[149] Fernando Henrique Cardoso, op. cit.

téléphone brésilien fonctionnera au palais de Petrópolis puis au palais de Saint-Christophe et l'empereur deviendra actionnaire de la Bell Telephone Company, non pour s'enrichir car ce n'était pas un homme d'argent mais pour manifester la confiance qu'il avait dans cette invention[150]. Bientôt, après le télégraphe électrique des années 1850, le téléphone s'implantera à son tour dans le Brésil des années 1880.

Au sortir de l'exposition, jamais rassasié, Pierre partit visiter les aciéries de Lehigh Valley où, sans façon, il serra la main des ouvriers avec cette bonhomie et cette simplicité qui le feront surnommer par les journalistes : « Our Yankee Emperor », « Notre Empereur yankee[151]. » Pourtant, quelques Américains, des parvenus, sans doute, et plus bégueules que d'autres, voulurent le saluer en pensant rencontrer l'empereur de Golconde ou le roi Salomon. Les préventions ignorant les barrières sociales, ils furent tout aussi déçus par sa mise modeste et sa simplicité que l'avaient été en 1871 la reine Victoria et l'empereur François-Joseph.

Pierre ne pouvait quitter les États-Unis sans rendre visite à son grand ami le poète, enseignant et abolitionniste Henry Wadsworth Longfellow avec lequel il entretenait une correspondance suivie[152]. Les proches de Longfellow le taquinant à propos de cette relation avec un monarque régnant, l'intéressé avait répondu : « C'est à l'homme que j'écris plutôt qu'à l'empereur. » Le 10 juin 1876, Longfellow invita Pierre chez lui, à Cambridge, dans le Massachussetts, pour un

---

[150] Contrairement à lui, son cousin autrichien François-Joseph ne voulut jamais faire installer le téléphone dans son bureau de la Hofburg.

[151] Pierre II avait effectivement de la sympathie pour les Nordistes mais, après la fin de la guerre de Sécession, il accueillit, avec l'accord du gouvernement américain, des planteurs de coton confédérés dans son pays, sans qu'on sache précisément s'il s'agissait de les exfiltrer pour leur éviter un sort néfaste, ou pour débarrasser les vainqueurs d'éventuels revanchards. Ces « réfugiés politiques » furent très appréciés par leurs collègues, les planteurs de coton brésiliens. La plupart d'entre eux rentrèrent ensuite aux Etats-Unis.

[152] L'empereur aimait les œuvres de Longfellow et avait lui-même traduit en portugais « The Story of King Robert of Sicily », travail que l'auteur estimait être la meilleure traduction de son poème. Il fit de même avec plusieurs œuvres d'Alessandro Manzoni qu'il admirait, avec lequel il correspondait et qu'il rencontra lors de son voyage en Europe en 1871, notamment, l'ode intitulée : « Il Cinque Maggio », écrit en 1821 en hommage à Napoléon Ier qui venait de mourir à Sainte-Hélène. Après son exil, Pierre poursuivit ses traductions. Ainsi, en août 1890, il entreprit celle de « La Cloche » de Schiller.

dîner privé où ils pourraient évoquer ensemble le souvenir du naturaliste suisse Louis Agassiz que tous deux avaient bien connu. Il avait convié également quelques écrivains américains de la Nouvelle-Angleterre comme Ralph Waldo Emerson, Thomas Gold Appleton et Oliver Wendell Holmes. Ce fut une soirée intime comme les aimait l'empereur qui s'ennuyait mortellement dans les dîners officiels que lui offraient ses « collègues monarques. » Ce fut sans aucun doute une réussite car Longfellow écrivit à l'empereur, après qu'il ait quitté le pays afin de poursuivre son voyage vers l'Europe : « Je tiens à vous dire quel merveilleux souvenir vous avez laissé ici[153]. »

L'Empereur, l'Anneau des Nibelungen et la Momie

La tournée européenne de Pierre II ressembla à celle de 1871-1872 avec, tout de même, quelques importantes nouveautés.

Il se rendit à Bayreuth en août 1876 pour l'inauguration du festival auquel l'avait invité Richard Wagner dont il était l'un des mécènes. Pour la circonstance, il fit un effort protocolaire et dut suivre la représentation de *L'Anneau des Nibelungen* dans une loge aux côtés de Guillaume Ier d'Allemagne, de Charles Ier de Wurtemberg et de Louis II de Bavière. Il put supporter cette corvée grâce à la musique tonitruante qui interdisait toute conversation. Néanmoins, il profita des trois jours de représentation pour aller bavarder sans façon - et avec le bonheur qu'on imagine - avec Friedrich Nietzsche, Léon Tolstoï, Anton Bruckner, Pior Tchaïkovski et Camille Saint-Saëns, tous présents pour l'événement.

Il y eut ensuite une visite en Grèce - où il se rendit sur le site des fouilles de Mycènes que menait alors Heinrich Schliemann -, de l'Empire Ottoman et de la Terre sainte qui en dépendait alors. Pierre, en bon chrétien, visita les Lieux Saints et s'attarda à Jérusalem, carrefour des trois grandes religions monothéistes. Cela lui permit non seulement d'utiliser la langue hébraïque qu'il maîtrisait parfaitement mais également la langue arabe à laquelle il s'était initié depuis un certain nombre d'années. Il retourna aussi en Égypte car Mariette lui avait inoculé en 1871 le virus de l'égyptologie, ce qui en fit désormais un égyptologue amateur mais néanmoins très distingué.

[153] Ivan Jaksic, «The Hispanic World and American Intellectual Life (1820-1880)".

Ce voyage fut notamment l'occasion pour le monarque de se faire photographier sur un dromadaire en tenue locale. Le résultat est saisissant car, avec sa barbe, il avait en effet toute l'allure d'un calife des *Mille et une Nuits* ou d'un prince d'Arabie. N'est-ce pas d'ailleurs George Sand qui le comparait au calife Hâroun Al-Rachîd ? Le côté puéril du personnage peut paraître ridicule, mais il est émouvant de constater que chez cet homme de cinquante et un ans la faculté d'émerveillement était toujours intacte.

Le khédive Ismaïl Pacha lui offrit un présent original : le sarcophage contenant la momie de Sha-Amun-Em-Su, chanteuse sacrée du temple d'Amon à Karnak au VIIIe siècle avant Jésus-Christ. Enthousiasmé, Pierre accepta ce présent encombrant mais singulier qu'il fit bientôt transporter par bateau au Brésil. Sha-Amun-Em-Su fut installée quelques mois plus tard, debout, près d'une fenêtre, dans son cabinet de travail au palais impérial. Un soir de tempête tropicale, la fenêtre s'ouvrit violemment et un battant vint frapper le sarcophage sacré, l'endommageant sur l'un des côtés. Pierre n'était pas superstitieux, mais les amateurs de sortilèges et de malédictions pharaoniques interprétèrent certainement cet incident comme un signe funeste pour la monarchie brésilienne.

Aujourd'hui au Musée National de Rio, le sarcophage, jamais ouvert, a été scanné. La momie s'y trouve toujours, parfaitement enrubannée et dans un état de conservation remarquable. Quant à la partie abimée par la mystérieuse tempête, elle a été restaurée.

La rencontre des deux « Majestés »

La France, naturellement, ne fut pas oubliée. Comment pouvait-elle l'être d'ailleurs puisque Pierre avait noté dans son carnet, lors de sa visite au temple de Karnak : « M'apprêtant à retourner dans mes deux patries, le Brésil et la France, celle de mon cœur et celle de mon intelligence, j'adore du haut de ce pylône le Dieu créateur de toutes ces beautés[154]. »

---

[154] « Orientalismo crioulo : Dom Pedro II e o Brasil do Segundo Imperio », article d'Adriano Mafra et de Christiane Stallaert, Revue Iberoamericana, XVI, 63, 2016, sur le site https://journals.iai.spk-berlin.de/index.php/iberoamericana/article.

L'empereur arriva dans la capitale le 19 avril 1877, soit près d'un an après avoir quitté le Brésil.

Le Tout-Paris scientifique et littéraire l'accueillit chaleureusement, d'autant que le climat avait complètement changé en France depuis que le pays était totalement libéré de l'occupation prussienne et que les pouvoirs publics effaçaient peu à peu les cicatrices des destructions commises dans la capitale par les Communards en 1871[155]. Pierre reprit sa redingote et ses vieilles habitudes et courut les musées et les expositions. Il assista avec assiduité aux séances de l'Institut et du Collège de France ainsi qu'aux cours de la Sorbonne, ne ratant aucune conférence susceptible d'enrichir encore ses connaissances déjà encyclopédiques.

Il se tint sagement en dehors de la politique car il avait dû tact, sentant bien que la France libérée n'avait toujours pas tranché sa situation constitutionnelle. De fait, la République était alors dirigée par un président monarchiste, le maréchal de Mac-Mahon, la droite conservatrice majoritaire et la gauche républicaine minoritaire s'affrontaient violemment à la Chambre, et le Comte de Chambord, dans son lointain exil, continuait à rêvasser sur son drapeau blanc dont il avait fait le linceul de la vieille monarchie.

Pierre eut raison de se tenir à distance car, un mois après son arrivée à Paris, le maréchal-président prit l'initiative d'un coup d'Etat pour freiner la montée croissante des républicains dont l'obstination suicidaire du prétendant au trône faisait les affaires. L'empereur du Brésil, cette fois, et dans cette atmosphère pesante, ne fut pas accueilli à l'Elysée mais le maréchal et son épouse lui firent une visite de courtoisie dans l'hôtel où il était descendu. Le 4 juillet 1877, Mac-Mahon, sur la proposition de nombreux académiciens, signa un décret nommant Pierre II membre associé étranger de l'Institut de France.

Deux événements particulièrement symboliques marquèrent le deuxième séjour de l'empereur du Brésil en France.

Ce fut d'abord la rencontre à Paris avec Victor Hugo dont Pierre admirait les œuvres et qu'il voulait connaître personnellement. Après Alexandre Dumas Fils ou Théophile Gautier, Hugo fut le premier

[155] Pierre II a acquis pour sa collection personnelle une impressionnante série de photographies de Paris pendant la Commune.

« grand » de la littérature française à avoir un contact direct avec le monarque, mais pas le premier à entretenir des relations avec lui. En effet, il avait été précédé par Alphonse de Lamartine qui, en avril 1848, avait signé le décret d'abolition de l'esclavage dans les colonies françaises. Décédé en 1869, Lamartine avait correspondu jadis avec le jeune Pierre II, le félicitant d'être « le prince qui a éteint dans le Nouveau Monde, par ses caractères et ses vertus, cette éternelle dispute entre les natures de gouvernement, républicain ou monarchique : la liberté des républiques sans leur instabilité, la perpétuité des monarchies sans le despotisme. » Ces quelques mots sont un admirable condensé des luttes politiques du XIXe siècle qui ont opposé les Français et auxquelles Lamartine, lui-même ancien ministre du gouvernement provisoire de la IIe République, avait été confronté. Le poète avait aussi comparé l'empereur du Brésil à Voltaire, tout en considérant que le premier était au-dessus du second : « Le prince philosophe dépasse le poète couronné de Postdam[156]. » L'idée étant, sans doute, que Voltaire avait beaucoup écrit et ricané mais que Pierre avait mis en pratique, très concrètement, la philosophie des Lumières.

Après cela, il était difficile à Hugo de faire plus et mieux. Et pourtant...

Le 22 mai 1877, les deux hommes se retrouvèrent au domicile de l'écrivain, rue de Clichy. Notons qu'ici c'est l'empereur qui se déplace pour saluer l'homme de lettres. Coup de foudre immédiat et réciproque dans une ambiance familiale surprenante pour des gens qui ne s'étaient jamais vus auparavant. Pierre, après de longs échanges avec son hôte, demanda à voir les petits-enfants auxquels Hugo attachait tant de prix. Le grand-père présenta donc Jeanne et Georges et dit, en désignant le garçon : « Sire, je présente mon petit-fils à Votre Majesté. » Réponse de l'empereur s'adressant à Georges : « Mon enfant, il n'y a qu'une Majesté ici, c'est Victor Hugo. » Pierre, comme il le faisait dans les écoles brésiliennes, posa mille questions aux gamins intimidés. Hugo, ému, offrit à son invité *L'art d'être grand-père* qu'il venait de publier. Le petit Georges, toutefois, gardera un souvenir mitigé de cette rencontre car il fut assez dépité « de voir un

[156] Lettre de Lamartine du 24 septembre 1861, citée dans l'ouvrage de Benjamin Mossé : « Dom Pedro II, Empereur du Brésil », mais qui se trouvait déjà dans l'une des premières biographies de l'empereur par Mgr Pinto de Campos.

empereur habillé comme tout le monde », alors qu'il s'attendait « à une entrée triomphale, dans l'or, les casques et les cuirasses, d'une cohue de seigneurs empanachés. » Bien entendu, la vision « d'un haut vieillard tout blanc qui arrivait tout seul et saluait bonnement son grand-père », lui ôta ses illusions sur la pompe qui, pour un petit garçon de huit ans, devait nécessairement entourer un puissant monarque[157].

L'entrevue de la rue de Clichy marquera les esprits et deviendra légendaire. La presse, en rajoutant toujours un peu, assura même plus tard que « l'attitude de l'empereur à l'égard du poète fut infiniment plus simple que celle de Charles-Quint ramassant le pinceau du Titien[158]. » De la même façon, l'allusion de Victor Hugo à l'empereur philosophe Marc-Aurèle fera le tour de Paris puis du monde, Hugo voulant certainement surpasser dans l'éloge Lamartine pour lequel il avait lui-même une grande admiration. C'est à ce moment-là aussi que Pierre II manifesta son humilité face à son hôte, déclarant que « l'empire de Victor Hugo, c'est l'univers ! » et l'assurant même que sa propre autorité était moindre : « Je n'ai pas de droits, je n'ai qu'un pouvoir dû au hasard. Je dois l'employer pour le bien, le progrès et la liberté[159]. »

L'empereur ayant souhaité avoir une photographie de Hugo entouré de ses petits-enfants, l'écrivain l'apporta le lendemain au Grand-Hôtel et la déposa à la réception dans une enveloppe sur laquelle il avait écrit : « A celui qui a pour ancêtre Marc-Aurèle. » Cette formule fut reprise plus tard par Ernest Renan qui, auteur lui-même d'une biographie de cet empereur romain[160], dédicaça son ouvrage à Pierre II avec ces mots : « Au Marc-Aurèle du Brésil[161]. » C'est ainsi que naquit l'expression populaire faisant désormais de Pierre II « le petit-fils de Marc-Aurèle. »

Les deux hommes se retrouvèrent pour un dîner intime, le 29 mai. A cette occasion, répondant à Hugo qui s'inquiétait de sa longue

---

[157] Henri Pigaillem, « Les Hugo ».

[158] Le Petit Journal, supplément du 26 décembre 1891 consacré aux funérailles de Pierre II à Paris.

[159] Victor Hugo, « Choses vues », 22 mai 1877.

[160] « Marc-Aurèle et la fin du monde antique », Calmann-Lévy, Paris, 1882 ».

[161] Docteur Georges Raeders, « Dom Pedro II, ami et protecteur des savants et écrivains français ».

absence du Brésil - cela faisait tout de même treize mois que Pierre avait quitté Rio de Janeiro -, l'empereur le rassura : « Non, les affaires sont bien faites en mon absence ; chez moi, il y a beaucoup de gens qui valent autant ou plus que moi[162]. » Cette réponse ne marquait pas un désintérêt pour la chose publique mais la conviction que son règne - de trente-sept ans déjà - avait consolidé la démocratie et favorisé l'émergence d'une classe politique capable de prendre le relai après sa disparition.

Au cours du repas, Hugo, enjoué, lança à son hôte sur le ton de la plaisanterie : « Tous les jours, après le déjeuner, je me promène un peu et je fais une chose que vous-même, Sire, ne pourriez pas faire : je monte en haut de l'omnibus. » Réponse du tac au tac de l'empereur : « Pourquoi ne pourrais-je pas le faire ? Après tout, cela me conviendrait parfaitement puisqu'il s'agit d'un omnibus à impériale[163]. »

Le second événement marquant de ce deuxième voyage en France ne concernait ni les lettres ni la politique mais la poursuite de l'industrialisation du Brésil et de la modernisation de ses infrastructures. A l'invitation de la direction de l'entreprise lilloise Fives qui construisait des locomotives, et qui venait d'achever une machine destinée au Brésil, l'empereur se déplaça dans le département du Nord pour visiter les ateliers. Cette visite eut des retombées importantes sur le plan commercial puisque l'Etat brésilien procéda à de nombreuses commandes qui permirent à l'usine Fives-Lille d'élargir ses exportations à l'Amérique du Sud et, surtout, de fournir en matériel ferroviaire la région de Recife jusqu'en 1881[164]. Coup de pouce, donc, à l'industrie française qui, au Brésil, se trouvait en concurrence féroce dans ce domaine avec les Anglais et les Américains.

[162] Divaldo Gaspar de Freitas, op. cit.

[163] Georges Raeders, « Dom Pedro II, ami et protecteur des savants et écrivains français », op.cit.

[164] Joseph Dubois, « L'usine de Fives-Lille et la construction ferroviaire française au XIXe siècle ».

L'Empereur et le Hochblaubachhorn

En août 1877, Pierre II se rendit pour la seconde fois en Suisse avec l'impératrice et une suite restreinte où figuraient naturellement son médecin personnel, le docteur Fontès, et la comtesse de Barral, vieille aristocrate française, ancienne gouvernante des enfants du couple impérial. Les conversations de la comtesse, plus que celles de sa femme, distrayaient le monarque car cette « Madame du Châtelet » des tropiques était intelligente et vive[165].

Ce voyage helvétique était motivé par un pèlerinage que voulait faire l'empereur en mémoire de son ami Louis Agassiz, originaire de Neuchâtel, qui était mort en 1873 mais qu'il connaissait depuis 1865, époque où l'illustre naturaliste effectuait un voyage scientifique au Brésil. A Grindelwald, dans les Alpes bernoises, Pierre rencontra Auguste Mayor, neveu du célèbre savant, qui se proposa de lui servir de guide. Mauvaise pioche car l'empereur accepta avec enthousiasme. Mayor, par déférence, voulut faire pavoiser l'hôtel où Sa Majesté Impériale devait résider ce qui créa un embarras car personne ne savait à quoi ressemblait le drapeau brésilien. Si l'obligeant cicérone avait connu les habitudes de l'auguste visiteur, il se serait abstenu parce que pavoiser un hôtel en l'honneur d'un monarque soucieux de préserver son incognito afin d'échapper aux cérémonies officielles n'était pas la plus lumineuse des idées. Pas plus, du reste, que de servir de guide à un homme qui, comme un enfant ou un adolescent attardé, ne cessait de poser des questions, manifestant ainsi cette sorte de « curiosité morbide » dont a parlé avec humour Carlos Magalhães de Azevedo[166].

Nous devons à Mayor une assez bonne description de Pierre II à cette époque : « C'est un grand et bel homme, d'un port majestueux ; sa barbe et ses cheveux sont entièrement blancs[167] ; son expression est à la fois digne et affable ; ses manières très simples s'allient à un air

---

[165] Madame du Châlelet entretint une liaison avec Voltaire. On prétend qu'il en fut de même de Madame de Barral avec Pierre II. A toute cette agitation sur le sujet, préférons cette belle formule du professeur Sergio Romanelli : « La Comtesse de Barral fut l'âme jumelle intellectuelle de Dom Pedro II ». (Cf. « Dom Pedro II: un tradutor imperial »).

[166] « Dom Pedro II. Traços da sua physionomia moral ».

[167] Pierre II n'avait alors que cinquante-et-un an mais devait fêter ses cinquante-deux ans en décembre 1877.

de grandeur. De même que l'impératrice, il parle très joliment le français, avec peu d'accent. J'ajouterai en passant que la toilette de l'empereur me parut un peu négligée, du moins quant à sa redingote et à ses pantalons noirs, par trop râpés pour ceux d'un puissant souverain comme lui. »

Ce qui est notable dans ce voyage, c'est surtout la confirmation de la soif de connaissance d'un homme qui voulait tout savoir sur tout. Bien que le Suisse connût parfaitement son pays, il ne pouvait néanmoins répondre à des questions imprévues. Aussi, fut-il contraint, avec ce touriste exigeant, de ruser. Laissons-le parler : « L'empereur, qui désirait être mis au courant de tout, me demandait à chaque instant le nom des montagnes qu'on apercevait de tous côtés. Heureusement que, connaissant bien le lac de Thoune, je pouvais lui répondre sans hésitation, chose très essentielle en pareil cas. Une seule fois, je me trouvais dans l'embarras ; il s'agissait de lui nommer une petite montagne bleuâtre, à forme assez étrange, dans le fond du Simmenthal. Impossible de trouver ce malheureux nom, que je n'avais même peut-être jamais connu ! Que faire pour ne pas compromettre ma réputation d'excellent guide, acquise jusqu'ici avec tant d'habileté ? Une innocente invention pouvait seule me tirer d'affaire, et n'ayant plus le temps de résister à la tentation, je répliquai hardiment : « Sire, c'est le Hochblaubachhorn ! », tout en rendant ce mot aussi difficile à comprendre qu'à répéter. Heureusement que l'empereur ne prenait pas de notes et qu'il se contenta d'entendre une seule fois ce nom barbare, dont il ne fut plus question. » Mayor confirme aussi qu'en dépit de son programme si précieusement minuté, Pierre II s'arrêtait souvent pour s'entretenir avec les uns et les autres, et particulièrement, « avec la plus grande bonhomie et plus longuement que je m'y serais attendu, vu le peu de temps dont il disposait », avec un ouvrier brésilien émigré dans la région.

Cette anecdote prouve en tout cas que l'infatigable globe-trotter savait faire une pause par respect pour les plus humbles sans lesquels rien ne serait possible[168].

---

[168] Auguste Mayor, « Visite de l'Empereur du Brésil à Neuchâtel », op.cit.

XV.
Retour au pays
et premières interrogations sur l'avenir

« La position d'un monarque est délicate en cette période de transition. Peu de nations sont préparées à ce qui est en train de se passer et je serais sans doute plus tranquille et plus heureux comme président d'une république. Mais, sans me faire d'illusions sur moi-même, je ne veux pas me défausser et je poursuivrai ma tâche de monarque constitutionnel comme je l'ai toujours fait jusqu'ici. »

Pierre II[169]

Spleen impérial

Le 26 septembre 1877, après quinze mois d'absence, l'empereur était de retour à Rio.

Observons d'emblée que cette absence, étonnamment longue, n'était pas une vacance du trône puisque la princesse héritière Isabelle exerçait impeccablement ses fonctions de régente sous la tutelle bienveillante et quasi paternelle du vieux maréchal duc de Caxias, président du Conseil des ministres depuis 1875. Néanmoins, cette situation posait de nombreuses interrogations dont Victor Hugo, sans avoir de liens particuliers avec la classe politique brésilienne, s'était fait l'écho. Quels motifs pouvaient la justifier ? Pierre II prenait-il un risque constitutionnel en s'éloignant de son Empire au moment où des forces de division commençaient à émerger ? Y avait-il chez lui la

[169] Roderick J. Barmann, op. cit.

volonté d'habituer les Brésiliens à l'idée de devoir un jour se passer de sa présence ?

Ces questions méritent que l'on avance quelques hypothèses.

La première relève de l'état de santé. Pierre II était épuisé par le travail considérable accompli depuis la proclamation de sa majorité en 1840 et par les activités incessantes qu'il déployait depuis près de quarante ans, après une enfance et une adolescence déjà anormalement laborieuses.

Au soutien de cette hypothèse, il faut noter, dans les deux longs voyages de 1871-1872 et 1876-1877, la présence constante auprès de lui d'éminents spécialistes de la médecine brésilienne. En 1871, il était accompagné et suivi par le professeur Cândido Borges Monteiro, docteur en médecine de la faculté de Rio et chirurgien renommé. En 1876, c'est le professeur José Ribeiro de Sousa Fontes, titulaire de la chaire d'anatomie près de la même faculté, qui le suivra partout, y compris lors de ses excursions dans les montagnes suisses, comme nous le confirme Auguste Mayor. Certes, personne ne note de fatigue excessive, encore moins d'effondrement physique ou psychique - de burn-out comme on dirait aujourd'hui -, mais le finaud accompagnateur helvète a noté tout de même que « l'empereur regardait souvent sa montre et voyait le temps s'écouler rapidement[170]. » Pourquoi donc était-il si pressé ? Avait-il le pressentiment que ses jours étaient comptés alors qu'il avait encore tant de choses à réaliser ?

La deuxième hypothèse relève de la psychologie : Pierre travaillait comme un forcené et voyageait à un rythme soutenu pour tenter de cicatriser ses blessures intimes.

Son comportement pourrait traduire une sorte de fuite en avant permanente pour oublier l'enfant doublement orphelin par la mort de sa mère et l'abandon de son père, le jeune marié et amant déçu, le chef d'État en décalage avec un peuple qu'il aime assurément mais qui lui paraît avancer trop lentement au milieu de préjugés d'un autre âge. Pierre II travaillait pour un Brésil du XXe siècle alors qu'il régnait sur une nation émergente du XIXe siècle. La prise de conscience de cette contradiction, de ce déphasage, aurait pu

---

[170]« Visite de l'Empereur du Brésil à Neuchâtel », op.cit.

renforcer chez lui ce sentiment de mélancolie que les Portugais appellent « saudade » et que l'empereur Marc-Aurèle, encore lui, a si bien défini : « Oh ! Que toutes choses s'évanouissent en peu de temps, les corps au sein du monde, leur souvenir au sein des âges ! » Mais Marc-Aurèle avait aussi proposé l'antidote à ce sentiment mortifère d'inutilité et de fugacité : « Qu'il te suffise d'améliorer quelque peu les choses, et ne regarde pas ce résultat comme un succès sans importance[171]. »

Il faut noter, et ce n'est pas un élément anodin lorsqu'on évoque la personnalité de Pierre II, qu'un écrivain de la fin du XIXe siècle, complètement oublié aujourd'hui, Pierre de Sélènes, a, dans un roman intitulé : *Un monde inconnu : deux ans sur la Lune,* dépeint l'empereur du Brésil sous les traits de Lord Douglas Rodilan, riche mécène qui finance généreusement le projet de voyage sur la Lune de deux étudiants désargentés. Le portrait qu'il en trace, au physique comme au moral, est saisissant : « Son visage régulier était empreint d'une grande noblesse. Sa barbe, qu'il portait tout entière, était blonde et striée de quelques fils d'argent. Ses yeux, d'un bleu changeant, semblaient recéler une rare fermeté d'âme, et, cependant, on y distinguait comme une expression de lassitude et d'ennui. De tous ses traits, du reste légèrement fatigués, se dégageait la même impression : le spleen était passé par là[172]. »

La troisième hypothèse, enfin, relève du calcul politique : l'empereur voulait signifier, là encore d'une manière subliminale, qu'il n'était pas indispensable et qu'il faudrait bien qu'un jour le Brésil poursuive son chemin sans qu'il soit là pour guider ses pas.

Cette hypothèse est confortée par les propos qu'il a tenus à Victor Hugo sur la relativité de son action personnelle, la conscience de n'être empereur que par les hasards de la nature et de l'histoire, le sentiment que d'autres hommes « valent autant, et même plus que lui. »

---

171 « Pensées ».
172 Cf. bibliographie in fine.

Le refus du renoncement

L'une ou l'autre de ces hypothèses - voire même la combinaison des trois - aurait dû logiquement conduire Pierre II à l'abdication. Il aurait pu l'envisager. Après tout, son père avait déjà abdiqué, et dans des circonstances tragiques. Pourquoi donc, lui, homme de progrès, ne concevrait-il pas un passage du flambeau en douceur, dans la paix civile et le respect de la constitution ? Symboliquement, 1880, quarantième anniversaire de sa majorité constitutionnelle ; 1881, cinquantenaire de son couronnement ; ou encore 1882, soixantième anniversaire de l'indépendance du pays, auraient été des repères historiques faciles à mémoriser pour les Brésiliens des générations futures.

Alors, pourquoi ne l'a-t-il pas fait ?

Sens du devoir d'abord. Pierre entendait aller jusqu'au bout de sa tâche. Non parce qu'il se croyait de droit divin par l'onction du sacre à laquelle l'évêque de Rio avait procédé sur lui en 1841, mais parce que son père, justement, avait abdiqué prématurément et que lui, qui n'était pas un homme impulsif mais un homme de réflexion, voulait achever son « grand-œuvre ». Il fallait faire triompher la cause qui lui tenait le plus à cœur et qui, on le sait, fut le vœu le plus cher de Pierre Ier sur son lit de mort : l'abolition de l'esclavage. La loi du Ventre libre avait été une avancée considérable, il fallait maintenant mettre un terme définitif à cette monstruosité sociale et humaine. Ne doutons pas que, dans ses entretiens intimes avec Hugo, ce sujet fut longuement évoqué. Du reste, lorsqu'en 1884 les provinces de Ceara et d'Amazonas donnèrent l'exemple en affranchissant leurs esclaves, Hugo, dans une lettre fameuse, exprima son enthousiasme : « Le Brésil a porté à l'esclavage un coup décisif. Le Brésil a un empereur ; cet empereur est plus qu'un empereur, il est un homme. Qu'il continue. Nous le félicitons et nous l'honorons[173]. » Pierre II combla ses vœux puisque l'année suivante allait être celle du vote d'une nouvelle loi d'émancipation en faveur, cette fois, des esclaves âgés. Ce sera la loi dite des Sexagénaires ou loi Saraiva-Cotegipe, du nom de ses rédacteurs.

---

[173] Lettre du 25 mars 1884 sur l'abolition de l'esclavage dans les provinces de Ceara et Amazonas. Cette décision était fortement symbolique même si ces provinces n'étaient pas les plus concernées.

Flair politique ensuite. L'empereur voyait bien que cette question prioritaire de l'abolition totale de l'esclavage, comme l'émergence du républicanisme ou le changement de mentalité des nouvelles générations de jeunes d'officiers allaient faire tanguer le navire fortement. Il fallait donc rester sur la passerelle et faire front car seul un capitaine expérimenté comme lui pouvait éviter le naufrage.

Les nouveaux défis politiques

A la fin des années 1870, le Brésil se trouvait dans une situation économique florissante et poursuivait sa marche vers le progrès, la recherche et la science. En 1876, fut créée l'École des Mines d'Ouro Preto, dans le Minas Gerais, dirigée par le Français Claude-Henri Gorceix que l'empereur avait convaincu de venir dans son pays enseigner la géologie et la minéralogie. Dans le même temps, Pierre II réforma le vieil Observatoire impérial de Rio, fondé sous Pierre Ier en 1827 mais conçu par Jean VI. Il le démilitarisa et le consacra à la météorologie, à l'astronomie, à la géophysique et à la mesure du temps. Il en confia la direction à un autre Français : l'astronome, botaniste et explorateur Emmanuel Liais.

Malheureusement, le pays allait connaître aussi une période de forte instabilité politique. En dix ans et demi, de 1878 - date du retrait du maréchal duc de Caxias - à 1889 - date de la nomination d'Afonso Celso de Assis Figueiredo -, dix gouvernements allaient ainsi se succéder au pouvoir, conservateurs et libéraux alternativement. Mais la situation était très fragile au sein même des partis puisque le Parti Libéral, aux commandes de 1878 à 1885, devait, en sept ans, user six présidents du conseil différents.

Il est clair que, dans une telle situation, nul ne pouvait se passer du grand machiniste impérial, rompu au compromis, adepte des majorités d'idées et des alliances de circonstance. La presse satirique releva ce regain d'implication politique du monarque et le journal *O Mequetrefe*[174] ne se priva pas de le caricaturer avec des dessins aux sous-titres évocateurs: « L'Empereur s'amuse ou le Carrousel des Partis » - sur lequel on voit Pierre en maître de manège forain où

174 « *Le Roquet* ».

figurent, montés sur des chevaux de bois, les chefs du Parti Conservateur et du Parti Libéral - ou encore : « L'Idole impériale », brocardant un système politique ne reposant que sur la personne de l'empereur, devenu une sorte de divinité primitive trop excessivement vénérée.

Mais si la crise gouvernementale était sérieuse et légitimait l'intervention du monarque pour tenter de la résoudre, la question successorale, jamais officiellement posée mais toujours présente aux esprits, fut pour lui un autre souci.

Toutefois, pas d'ambiguïté sur ce point : la princesse héritière Isabelle, deux fois régentes de l'Empire et unanimement louée pour son sérieux et ses qualités d'administratrice, était le successeur légitime de Pierre II en vertu de la constitution. L'empereur, tout en essayant d'assouplir le caractère un peu rigide de sa fille aînée, avait du respect pour cette jeune femme sans grâce mais généreuse et intelligente qui, de plus, partageait ses convictions humanistes.

Mais Pierre était lucide et, dans son for intérieur, ne pouvait s'empêcher de s'interroger sur le degré d'acceptation par le Brésil d'une succession féminine. Il était convaincu que les choses n'iraient pas d'elles-mêmes. A une époque, pourtant, où la reine Victoria régnait sur un empire d'une puissance et d'une étendue inégalées depuis Rome, le gouvernement des femmes restait mal vu, les élites partageant sur cette question les mêmes préventions que les classes populaires. Sans même parler politique, songeons que jamais un industriel progressiste du XIXe siècle n'aurait songé à mettre sa fille à la tête de son entreprise. Pas plus qu'un financier à la tête de sa banque, un notaire ou un avocat à celle de son étude. Non. C'était « naturellement » le fils qui était destiné à prendre les commandes - s'il n'était pas trop bête - ou, à défaut, le gendre. La société fonctionnait encore sur un modèle monarchique patriarcal, y compris dans les démocraties de type républicain où les femmes étaient exclues du suffrage universel. C'est une réalité sociologique qui dépasse largement les clichés sur le machisme primaire et qui fait que, même dans les pays les plus évolués comme l'Angleterre, une personne aussi éminente que Victoria ait pu être farouchement opposée au droit de vote des femmes et au militantisme féministe. Donc, la question ne tenait pas uniquement au Brésil ou au tempérament latino-américain mais bien à un état d'esprit très largement répandu.

A la réflexion, et pour ce qui concerne le Brésil, il n'est pas interdit de penser, comme cela a déjà été évoqué, que les longs voyages de Pierre II furent destinés aussi à l'éducation civique des Brésiliens - et au premier rang des oligarchies politiques et économiques - afin de les accoutumer à voir une femme sur le trône. Mais rien n'était gagné dans ce domaine en dépit des éloges, pleinement justifiés, que reçut la régente. C'est pourquoi la naissance du prince Pierre en 1875 présentait un avantage certain pour le cas où...

Il y avait aussi la question du futur prince consort : Gaston d'Orléans. Les préventions que l'on avait contre lui au Brésil ont été très amplifiées et ont participé en grande partie du sentiment anti-orléaniste qui prévalait en France au début de la IIIe République. Ce régime, on le sait, se sentait directement menacé par les Orléans - le Comte de Paris, prétendant au trône de France, était le cousin germain du prince Gaston[175] - et avait fini par les expulser en 1886. La porosité intellectuelle entre les élites brésiliennes et les élites françaises à l'époque pourrait expliquer l'acharnement contre le prince, non seulement dans le monde politique mais aussi à l'université puisque le professeur Gaston Dodu, éminent historien français, affirmera plus tard que la chute de la monarchie au Brésil vint surtout de l'inquiétude des Brésiliens pour « la centralisation dont les menaçait le futur gouvernement de l'héritier du trône[176]. » Nous sommes là dans le fantasme le plus pur puisque la centralisation, équilibrée du reste, que Pierre II et ses gouvernements avaient adoptée depuis 1841, fonctionnait alors de manière satisfaisante, et que l'allusion même au « futur gouvernement du prince héritier » est constitutionnellement incorrecte et volontairement polémique. Un prince consort dans une monarchie peut avoir un pouvoir d'influence sur sa femme mais certainement pas diriger son gouvernement. Qu'on se souvienne à ce propos des attaques incessantes et injustes que dut affronter en Angleterre le malheureux prince consort Albert de Saxe-Cobourg-Gotha, mari de Victoria. La reine fut même brocardée par la presse qui

[175] Après la mort du Comte de Chambord en 1883, les royalistes français étaient convaincus que le Comte de Paris - Philippe VII pour eux - restaurerait une monarchie libérale avec le drapeau tricolore comme emblème.

[176] Gaston Dodu, op.cit.

la surnommait « la reine Albertine », sous-entendant que son époux était le véritable monarque. Ce risque, en tout cas, n'existait pas au Brésil car il est impossible de croire qu'avec son tempérament et sa force de caractère la princesse Isabelle, devenue impératrice, aurait accepté de se laisser dominer par quiconque.

Enfin, pour compléter ce chapitre, il convient de rappeler que Gaston d'Orléans, si décrié par ailleurs, fut aussi extrêmement apprécié par des Brésiliens qui n'ignoraient rien de son investissement personnel pour le pays. Ainsi, le docteur José Ricardo Pires de Almeida publia en 1889 un ouvrage exhaustif rappelant l'œuvre immense accomplie dans le domaine de l'éducation par l'Empire et le dédia au prince avec cette dédicace qui relativise les critiques : « La manière simple, naturelle et sans prétention avec laquelle Votre Altesse agit en faveur du bien public, la modestie sous laquelle Elle cache la plus exemplaire générosité, n'empêchent pas ceux qui suivent tous les actes de Sa vie de reconnaître l'étendue de Son savoir, la sûreté de Son jugement, la grandeur de Son âme, la valeur de Son caractère, la proverbiale bonté de Son cœur[177]. »

Quoi qu'il en soit, il est incontestable que la succession dynastique brésilienne posait question par l'absence, à la troisième génération, d'un héritier mâle susceptible d'accéder au trône. Sauf, bien entendu, à contourner l'obstacle par le passage du flambeau du grand-père au petit-fils.

L'avenir de la monarchie brésilienne était donc « théoriquement » assuré mais son destin restait entre les mains de Dieu.

---

[177] Docteur José Ricardo Pires de Almeida, « L'Instruction publique au Brésil », op.cit.

XVI.
Les derniers feux du Brésil impérial

« Voilà ce qui s'appelle un grand et bon souverain, un modèle pour tous les monarques du monde, l'honneur de sa race. »

William Gladstone,
Premier ministre libéral d'Angleterre[178]

En avant, toute !

Dans les années 1880, le Brésil devint très à la mode en Europe et redonna à l'Amérique latine en général un attrait qu'elle avait perdu avec les révolutions hispano-américaines, les coups d'État incessants et l'épilogue sanglant du Mexique. Au milieu des drames, l'Empire de Pierre II apparaissait comme un havre de paix et de progrès et le monarque lui-même comme le parangon de toutes les vertus civiques.

Et le progrès, justement, se poursuivait sans désemparer et dans tous les domaines. En 1884, le chemin de fer de Corcovado, première ligne électrifiée du Brésil, fut inauguré par le couple impérial ; en 1884, toujours, les anciens alliés de la guerre du Paraguay, le Brésil, l'Argentine et l'Uruguay, firent poser un second câble télégraphique transatlantique - le premier, posé en 1874, était devenu notoirement insuffisant - reliant l'Amérique du Sud à l'Europe par Buenos-Aires, Montevideo, Rio Grande (Rio Grande do Sul), Florianópolis (Santa

---

178 Carlos Gustavo Poggio Teixeira, «Brasil, the United States and the South American Subsystem". La rencontre de Gladstone et de Pierre II eut lieu lors du premier voyage de l'empereur en Angleterre en 1871, mais, lors de ce discours, Pierre, allergique aux réceptions officielles, était absent. Le Premier ministre britannique a donc commencé le panégyrique de l'illustre visiteur par ces mots : « Mesdames et Messieurs, puisqu'il n'est pas présent parmi nous, j'en profite pour parler librement de lui… ». (Cf. Carlos Magalhães de Azevedo, « Dom Pedro II. Traços da sua physionomia moral », op.cit.).

Catarina), Rio de Janeiro, Salvador de Bahia, Recife, le Cap Vert, Madère et Lisbonne ; en 1885, on avança encore sur la question de l'abolition de l'esclavage par l'adoption de la loi Saraiva-Cotegipe, dite « loi des Sexagénaires », qui accordait la liberté à tous les esclaves de plus de soixante ans. Si les enfants d'esclaves naissaient libres depuis 1871, les vieillards, désormais, mourraient libres également pour peu qu'ils atteignent l'âge de soixante ans fixé par la loi ; en 1886, la ligne ferroviaire Poços de Caldas, dans le Minas Gerais, à Cascavel, à l'ouest du Paraná, fut inaugurée à son tour ; la même année 1886, Belem fut la dernière grande ville à être reliée par le télégraphe aux autres cités du littoral brésilien, aboutissement d'un projet qui avait débuté en 1852 avec la première ligne télégraphique installée entre le palais impérial de Saint-Christophe et le Champ des Acclamations, dans le quartier central de Rio ; en 1887, fut fondé, sous le patronage impérial, l'Institut agronomique de Campinas (province de São Paulo) dont la direction fut confiée au chimiste autrichien Franz Josef Wilhelm Dafert que Pierre avait rencontré lors d'un précédent voyage à Vienne. Le 130e anniversaire de ce prestigieux établissement, spécialisé dans la recherche agronomique de pointe, a été solennellement célébré en 2017.

Tout allait très vite comme si le temps politique était compté. Le Brésil était devenu un laboratoire expérimental sous la baguette d'un chef d'orchestre couronné qui ne ménageait ni sa peine ni celle des autres et refusait les pauses. C'était le Brésil de Jules Verne, une époque de folie et d'enthousiasme qui emportait une nation tout entière vers le nouveau siècle.

Ce mouvement en avant incessant interroge. Là encore, c'est Pierre de Sélènes, avec sa sensibilité de romancier, qui touche du doigt la vérité. De fait, si Pierre II est Lord Rodilan, le mécène généreux qui va permettre de réaliser le rêve fou de deux jeunes gens passionnés de conquête spatiale, il ressemble aussi beaucoup à Aldéovaze, autre personnage du livre. Cet Aldéovaze est un vieux magistrat barbu qui préside aux destinées de « cette sorte de république » qu'est le gouvernement de la Lune. Nommé à vie, il est à la tête du Conseil Suprême et ses fonctions « consistaient à diriger les délibérations, à prendre de son initiative personnelle toutes les mesures qu'il jugeait utiles au développement matériel et moral de la société tout entière ». Ses concitoyens considéraient « qu'il était le premier par la science, par la sagesse et par la vertu, ce qui lui assurait une autorité devant laquelle chacun s'inclinait avec respect[179]. » Tel Aldéovaze, Pierre II poursuivait son œuvre toujours inachevée parce que la vie passait et qu'elle était courte.

L'attraction culturelle et scientifique

Le Brésil, sous Pierre II, attirait les savants, les scientifiques et les explorateurs du monde entier. Certes, cet attrait ne datait pas du règne lui-même puisque, déjà, Humboldt[180], La Condamine, Saint-Hilaire, le prince de Neuwied, Alcide d'Orbigny, Ferdinand Denis et tant d'autres comme le jeune Darwin ou le comte de Clarac - auquel nous devons les premières peintures de la forêt vierge brésilienne - étaient venus découvrir les richesses innombrables de cet éblouissant pays. Mais la personnalité et la popularité de l'empereur favorisèrent plus encore cet engouement. D'autant que la pacification du territoire et une stabilité constitutionnelle qui n'avait rien à envier à celle des monarchies libérales européennes rendaient voyages et explorations beaucoup plus sûrs. Ainsi, chacun pouvait être certain de ne pas recevoir au cours de ses pérégrinations une mauvaise balle lors d'un pronunciamiento inopiné ou d'une guerre civile sporadique, voire même d'être arrêté et détenu arbitrairement par un cacique local se moquant comme d'une guigne du pouvoir central.

La réputation internationale du Brésil devait donc beaucoup aux savants, aux artistes et à l'empereur qui était lui-même un savant et un artiste. Mais cette réputation « sérieuse » se doubla très vite d'une autre, plus légère, plus caricaturale, mais sans méchanceté, du Brésilien devenu - à Paris surtout - le prototype même du Sud-Américain richissime, amateur de champagne et de jolies femmes - assez loin donc de l'image austère du monarque régnant - que nous ont décrit Ludovic Halévy et son compère Henri Meilhac, et qui sera popularisé dans le monde entier grâce à la « Vie parisienne » de Jacques Offenbach et sa pétillante musique. Le Brésil devint donc

---

[179] Pierre de Sélènes, op.cit.

[180] Alexandre de Humboldt a exploré en 1800 le bassin de l'Orénoque qui était alors sous domination de la couronne espagnole. Toutefois, en suivant le cours du Rio Negro qui se jette dans l'Amazone, il a pénétré par erreur en territoire brésilien. Il a été arrêté et reconduit à la frontière parce qu'on le soupçonnait d'être un espion à la solde de l'Espagne.

pour les Français du Second Empire et de la IIIe République le pays de cocagne, celui de la fête perpétuelle, de l'amour sensuel, des belles aventurières couvertes de pierres précieuses et des gros commerçants aux poches remplies d'or mais que le Parisien, toujours roublard, s'activait à vider par des propositions alléchantes de plaisirs sans cesse renouvelés.

Caricature donc, mais ô combien sympathique si on la compare à celles que faisaient nos aïeux sur la balourdise des Allemands, la rapacité des Anglais, la sournoiserie des Italiens ou la sauvagerie des Espagnols. Au fond, le Brésil était perçu comme un pays sympathique parce qu'il avait un empereur qui, s'il ne correspondait en rien aux clichés répandus, était bonhomme avec sa barbe de prof radical-socialiste, sa gentillesse naturelle, son absence de prévention sociale, ses pantalons élimés et son humour sarcastique, notamment lorsqu'il évoquait les monarques du temps qu'il appelait, et cela fit beaucoup rire Hugo, « mes collègues. »

Paris s'amusait du Brésil mais le Brésil profitait aussi des plaisirs que lui offrait sa capitale impériale où l'on ne s'ennuyait guère. Les opéras - le plus prestigieux, celui de Rio, fut inauguré en 1857 par l'empereur en même temps que l'Académie de Musique -, les salles de concert et les théâtres ne désemplissaient pas. Les grandes métropoles de province suivaient le même rythme et, à la fin du règne, on commença même la construction d'un magnifique opéra dans la mythique Manaus, capitale de l'Amazonie. Les Brésiliens, férus de grande musique, allaient applaudir les œuvres de Verdi ou de Wagner ; les autres, plus décontractés, les troupes de ces cabarets parisiens qu'appréciait Pierre II parce qu'elles exprimaient l'esprit français dans toute sa légèreté et son impertinence. Ce n'était pas encore le temps des grandes conférences artistiques et culturelles car ce n'était pas la mode et les distances étaient longues entre la Vieille Europe et le Jeune Brésil, mais cela viendra plus, tard, dans le Brésil des années 1930. Chaque chose en son temps.

Rio attira tout de même de grandes artistes de l'époque, comme la comédienne italienne Eleonora Duse et sa rivale française Sarah Bernhardt. Femmes éblouissantes et talentueuses qui, en dehors même de leur art, ou à cause de lui, fascinèrent les hommes les plus illustres. De ce point de vue, tous les amants couronnés de Sarah ne valurent peut-être pas le grand Gabriele d'Annunzio d'Eleonora.

Sarah Bernhardt vint à Rio en 1886 pour jouer La *Dame aux camélias*, pièce tirée du roman d'Alexandre Dumas fils, ami lui aussi de l'empereur. Les Brésiliens lui firent un triomphe dans le rôle de Marguerite Gautier mais, capricieuse, elle fit la moue. Elle était importunée par la chaleur, ce qui peut se concevoir, et l'inconfort de son hôtel qu'elle exagéra sans doute. Elle eût préféré, peut-être, une suite au palais impérial sans s'imaginer que, sous le règne de Pierre II, ce palais ne ressemblait guère aux Tuileries de Napoléon III et d'Eugénie. Point de fêtes, point de bals, point de cour, point de festins raffinés, une vie austère, bien réglée et petite bourgeoise qui convenait parfaitement à Pierre et à Thérèse-Christine.

Notre héroïne, et c'est le moins que l'on puisse dire, ne fut pas enchantée. L'empereur fut pourtant très civil et assista tous les soirs aux représentations de la pièce. Sarah se montra néanmoins cruelle à son égard, raillant sa pingrerie, sa mise et son appareil : « Il était trop pauvre pour donner un cachet et arrivait tous les soirs au théâtre dans un carrosse tiré par quatre mules essoufflées[181]. » Il semble qu'elle ait été surtout dépitée de rencontrer, pour la première fois sans doute, un monarque qui ne tombât pas dans ses bras et qui ne la couvrît pas de bijoux. Ce n'était pas du tout le style de Pierre qui préférait, de loin, subventionner les œuvres caritatives ou les sociétés scientifiques. Ceci étant, elle fut de mauvaise foi puisqu'on sait que si l'empereur, n'étant pas directeur de théâtre, ne lui donna évidemment pas de « gros cachet », il avait du savoir-vivre et lui offrit en hommage un bracelet d'or le premier soir de leur rencontre. Non pour la séduire mais tout simplement pour la remercier de sa venue au Brésil[182].

Le renforcement démographique

Le Brésil était très insuffisamment peuplé au regard de son immensité territoriale. Même si sa population était passée de quatre millions d'habitants environ au moment de l'indépendance à près de dix millions un demi-siècle plus tard, c'était loin de ce qu'on pouvait

[181] Jean-Paul Langellier, « Sarah Bernhardt, Star de Rio », et Evario Alves, « Sarah Bernhardt, gloire et tragédie à Rio de Janeiro ».
[182] Elizabeth Silverthorne, « Sarah Bernhardt ».

espérer et loin surtout, de ce dont le pays avait besoin[183]. Cette question existait depuis l'indépendance et explique les premières mesures favorables à l'immigration prises par Pierre Ier. Pierre II suivit la même politique que son père dans ce domaine, soutenu aussi bien par certains intellectuels brésiliens qui souhaitaient, par une immigration d'origine exclusivement européenne, renforcer la race blanche - déjà distancée, de peu, mais distancée quand même par les métis si l'on s'en tient aux chiffres du recensement de 1872 -, que par d'autres qui, sans doute plus réalistes, considéraient que le métissage était à terme inéluctable et qu'il fallait donc encourager toute immigration de peuplement, y compris asiatique ou moyen-orientale.

Pierre II, comme son père, n'avait aucun préjugé de sang. L'un de ses trois tuteurs avait été le noir Rafael qui devint son plus proche confident à l'âge adulte et de nombreux métis, dans le monde politique comme dans la vie économique, furent ses collaborateurs. Il ne croyait pas non plus que le métissage pût entraîner une sorte de dégénérescence ou d'abâtardissement. L'illustre dynastie des Dumas : grand-père, père et fils - l'empereur avait entretenu une correspondance avec l'auteur des *Trois mousquetaires* et rencontré à plusieurs reprises celui du *Roman d'une femme* - était la meilleure réponse aux théories de Gobineau. Du reste, abolitionniste convaincu, Pierre ne pouvait douter que les Noirs libres se mêleraient un jour aux autres Brésiliens. Il rejoignait ainsi João Salomé Queiroga qui, en 1873, écrivait en réponse aux partisans de la « race pure » : « Quel profit la population brésilienne tire-t-elle à dire qu'elle est de race pure ? Elle n'en sera pas moins ce qu'elle est en réalité. Le Brésilien qui aime son pays ne doit pas être aussi regardant et accorder de l'importance à la pureté de la race. Au contraire, il doit s'enorgueillir de sa race métissée qui est la meilleure au monde. Qui a su produire ces phénomènes, qui a su produire tous ces grands hommes qui font l'honneur du Brésil ? Le mélange des races[184]. »

Dans les années 1940, Georges Bernanos, installé au Brésil, confirmera les propos de Queiroga et exaltera lui aussi l'hybridation

---

[183] Le Brésil, à la fin du Second Règne, en 1889, dépassera les quatorze millions d'habitants, soit dix millions de plus qu'en 1822.

[184] João Salomé Queiroga, prologue au recueil *Arredemos* de 1873, dans la thèse de Sébastien Rozeaux, « La genèse d'un « grand monument national » : littérature et milieu littéraire au Brésil à l'époque impériale (1822-1880) », op.cit.

raciale brésilienne : « Les Brésiliens n'aiment pas, en général, s'entendre traiter de nègres par les Anglais ou les Américains, mais ils sont enchantés lorsqu'un Français dit franchement ce qu'a de vraiment admirable l'expérience humaine qu'ils ont tentée en fondant ensemble trois races aussi différentes que l'indienne, la noire et la portugaise. C'est une expérience unique dans l'histoire[185]. »

L'approche de la question démographique par l'empereur et de sa résolution, pour partie au moins, par l'immigration, était beaucoup plus humaniste et plus démocratique que celle exposée par l'historien brésilien Francisco Adolfo de Varnhagen qui, en 1851, l'exprimait en termes de civilisation et même de défense de la civilisation blanche : « Afin de civiliser le Brésil et faire naître un peuple brésilien, nous devons en finir peu à peu avec l'esclavage des Africains, nous devons capturer et vassaliser temporairement les indigènes libres[186] et nous devons, enfin, admettre chez nous des populations blanches enrégimentées volontairement en groupes[187]. » Il est clair que si le grand historien et le monarque pouvaient s'entendre sur la fin de l'esclavage, les autres propositions, surtout traduites par ces mots terribles de « capture », de « vassalisation », ou « d'enrégimentement », se trouvaient aux antipodes de la pensée de Pierre II.

Ainsi, le choix que fit l'empereur d'encourager l'immigration italienne à partir des années 1870 ne fut pas dicté par des a priori ethniques mais par des considérations pratiques : les Italiens étaient un peuple robuste, laborieux, ingénieux, catholique - donc fertile du point de vue de la natalité - et dont la langue s'apparentait au portugais par ses racines latines. Ajoutons que les Italiens des classes défavorisées n'avaient pas beaucoup profité de l'unité dont les bénéfices avaient été engrangés surtout par la bourgeoisie libérale et l'aristocratie ralliée à la maison de Savoie. Des masses d'ouvriers et de paysans étaient dans la misère et ce poids pesait sur le nouveau royaume d'Italie qui, n'ayant pas alors de colonies, ne pouvait songer à faire ce que les Anglais firent de leurs déshérités au Canada, en Australie ou en Nouvelle-Zélande. Le choix de cette immigration était donc pertinent

[185] Sébastien Lapaque, « Théorie de Rio de Janeiro ».
[186] Il s'agit des Indiens.
[187] « Mémoire organique offert à la nation », cité dans l'article de Sébastien Rozeaux, « Les horizons troubles de la politique de colonisation au Brésil : réflexions sur l'identité de la nation brésilienne à travers le prisme des questions migratoires ».

et les gouvernements brésiliens accueillirent généreusement ces immigrés avec la volonté de les employer au service du pays dans les grandes régions agricoles, telles les provinces du Rio Grande do Sul et de Santa Catarina pour l'élevage et le blé, et celle de São Paulo pour le café. Bien entendu, les Italiens, bons artisans chez eux, le devinrent aussi au Brésil, pour ceux, en tout cas, qui n'avaient pas d'appétence pour le travail de la terre. A la fin du XXe siècle, donc un siècle après la fin de l'Empire, on estimait le poids des descendants d'immigrés italiens au Brésil à 11% de la population globale et à 24% de la population blanche. De plus, à la différence de certains immigrés, les Français en particulier, les Italiens, tout en conservant dans leur intimité les traditions et les usages familiaux, n'entendaient pas revenir dans leur pays d'origine, pas plus d'ailleurs que leurs cousins installés aux États-Unis.

Pierre II défendit cette politique auprès du gouvernement de Rome lors de ses voyages en Italie. Les deux parties y trouvaient leur bénéfice : démographique pour le Brésil, social pour l'Italie qui désamorçait une bombe en se séparant des laissés pour compte du Risorgimento. Il est probable aussi que l'empereur calculait déjà l'impact de l'abolition de l'esclavage au Brésil car, si les esclaves noirs libérés préféraient émigrer dans les villes plutôt que rester dans les campagnes dont ils n'avaient pas nécessairement gardé un excellent souvenir - ce phénomène avait été observé aux États-Unis après la guerre de Sécession -, les immigrés italiens pourraient les remplacer en tant que travailleurs libres.

A propos des flux d'immigration, on observe également, dans la seconde moitié du XIXe siècle, un phénomène étrange : alors qu'au Brésil la population blanche était essentiellement portugaise depuis le XVe siècle, à partir de la décennie 1860-1870, un renversement se produisit. Les immigrés portugais, qui représentaient encore 80 % de l'immigration européenne dans la décennie 1850-1860, n'en représentaient plus que 53% dans la décennie 1860-1870[188]. Ceci s'explique sans doute par le fait que les Portugais allaient désormais peupler les grandes colonies portugaises d'Afrique australe : la Guinée, l'Angola et le Mozambique, plus proches géographiquement

[188] Sébastien Rozeaux, « Les horizons troubles de la politique de colonisation au Brésil : réflexions sur l'identité de la nation brésilienne à travers le prisme de la question migratoire », op.cit.

de leur terre natale. Ce phénomène apparaît néanmoins comme un bouleversement historique, la nation brésilienne se détachant progressivement de ses sources originelles pour accomplir pleinement son nouveau destin de puissance régionale sur le continent américain.

XVII.
Affaiblissement de l'empereur et voyage de santé

« Là s'en fut, au-delà des mers, Notre Seigneur Dom Pedro II, Empereur constitutionnel et Défenseur perpétuel du pays du cacao et du café. »

A Ventarola, journal satirique brésilien[189]

Le colosse ébranlé

Depuis son accession au trône, l'empereur jouissait d'un état de santé assez satisfaisant si l'on considère le travail énorme qu'il abattait depuis son couronnement en 1841. Cet état physique exceptionnel était dû au sang vigoureux d'un père lui-même hyperactif, à ce dynamisme intellectuel qui l'habitait depuis son adolescence et à une hygiène vie équilibrée, ce qui ne l'empêchait pas d'être bon vivant en compagnie de ses amis. L'impératrice Thérèse-Christine, en revanche, était plus fragile. Lorsque Pierre, inquiet de la santé de sa femme, consulta au début des années 1870 le célèbre physiologiste franco-mauricien Charles-Edouard Brown-Sequard, il lui précisa que l'impératrice « souffrait par intermittence d'horribles douleurs névralgiques dans les jambes, la tête et le cuir chevelu. » Il précisait même que « deux points, sur la colonne vertébrale, ressentent plus ou moins les effets de la pression[190]. » On imagine que ce lourd handicap,

[189] Aristeu Elisandro Machado Lopes, « O imperio do Brasil nos traços do humor : politica e impresa ilustrada em Pelotas no século XIX ». *« A Ventarola » peut se traduire par « Le Ventilateur ».*

[190] Kurizky PS, Oliveira AC, da Motta LM, Dos Santos LL, « Le médecin, l'empereur et la fibromyalgie : Charles-Edouard Brown-Sequard et Dom Pedro II du Brésil ».

dû peut-être à une fibromyalgie aiguë, devait inciter la malheureuse femme à se ménager physiquement lors des voyages-marathons de son époux.

Toutefois, en 1880, lorsque le docteur Cláudio Veilho de Mota Maia, professeur à la faculté de médecine de Rio, fut nommé médecin de la maison impériale, l'éminent praticien considéra qu'il ne fallait pas s'en tenir aux apparences quant à la santé du monarque lui-même. Peut-être parce qu'il avait constaté chez son illustre patient des baisses de rythme et, parfois même, des moments d'absence, il lui fit subir une batterie d'analyses. Pierre avait alors cinquante-cinq ans, âge respectable pour un homme du XIXe siècle, mais âge dangereux aussi puisque c'était alors le début de la vieillesse et de la lente mais inéluctable dégradation physique et intellectuelle. D'autant que l'empereur avait vu en dix ans sa magnifique barbe blonde blanchir complètement, ce qui accentuait encore son allure de patriarche de l'Ancien Testament.

Le résultat des analyses fut sans appel : début de diathèse diabétique.

Autrement dit, Sa Majesté souffrait d'un commencement de « diabète intermittent, se développant sous l'influence de causes les plus générales, sans lésion, soit dans le système nerveux, soit dans le foie ou dans n'importe quel organe important[191]. »

La première alerte sérieuse se produisit en février 1887 au palais de Petrópolis, où l'empereur résidait pour mieux affronter les chaleurs de l'été tropical. Pierre s'alita avec une forte fièvre. Une équipe de médecins, sous l'autorité du professeur Velho de Mota Maia, diagnostiqua une congestion hépatique. Le malade s'alita pendant deux mois et connut des périodes de rémission et de rechute. Soupçonnant une attaque de paludisme, on le transféra à la Fazenda de Aguas Claras qui était à l'abri des vents humides de la montagne. Le résultat n'étant pas probant, il fut transféré à nouveau dans une villa en bord de mer, la Barra de Tijuca, non loin de Rio. Le rétablissement étant très lent, l'équipe initiale de médecins s'adjoignit d'autres collègues et l'on convint qu'il fallait que le monarque se rende en Europe pour consulter les plus éminents spécialistes.

---

[191] Divaldo Gaspar de Freitas, op.cit.

Si l'on considère les dates et le temps écoulé depuis le suivi médical étroit du médecin attitré de l'empereur, ainsi que les observations des témoins de l'époque sur les périodes de somnolence et d'apathie de plus en plus fréquentes de Pierre II - relevées même avec une certaine cruauté par la presse -, on est en droit de supposer que l'état de santé de l'intéressé se dégradait en réalité depuis son retour au pays en 1877. Il y eut donc, vraisemblablement, rétention d'informations pour ne pas inquiéter la classe politique brésilienne déjà secouée par de fortes turbulences parlementaires

Pour la troisième fois de son règne, le monarque confia la régence de l'Empire à la princesse héritière Isabelle et s'embarqua en juin 1887 pour Lisbonne. Après une brève escale pour saluer son neveu le roi Louis Ier de Portugal et s'incliner sur la tombe de son père et de sa belle-mère Amélie de Leuchtenberg[192], Pierre se rendit à Paris où des rendez-vous avaient été pris en juillet avec des sommités du monde médical. Le patient devait être examiné par le professeur Charles Bouchard, le professeur Charles-Edouard Brown-Sequard, le professeur Michel Peter et le professeur Jean-Martin Charcot, tous membres de la Faculté et de l'Académie de médecine.

Un patient récalcitrant

Le diagnostic confirma celui des médecins brésiliens ainsi que l'origine paludéenne des fièvres.

Bien qu'affaibli, l'empereur se sentait en forme et, incorrigible, entendait reprendre son rythme effréné de visites, de conférences, de rencontres. Le, corps médical se montra intraitable et Pierre dut composer car il avait la plus grande admiration pour les spécialistes français qui l'avaient examiné. De son côté, le docteur Veilho de Mota Maia lui rappela qu'il ne s'appartenait pas et que le Brésil avait encore besoin de lui. Néanmoins, on trouva un compromis et il fut décidé qu'une cure thermale de deux mois à Baden-Baden serait tout indiquée, le patient devant s'y reposer, prendre les eaux et pratiquer la gymnastique.

[192] La deuxième impératrice du Brésil est morte en 1873 à Lisbonne. Pierre l'aura donc revue pour la dernière fois au Portugal en 1871-1872.

Le séjour thermal fut bénéfique à l'empereur, même si, en vérité, il s'ennuya mortellement dans cette station huppée du Grand-Duché de Bade, fréquentée par toute l'aristocratie européenne et où les mondanités étaient la raison d'être et de paraître d'une élite sociale en voie de disparition. En octobre, enfin, la corvée s'acheva. Pierre II reprit sans attendre le train pour la France. Il lui tardait de revoir Paris, cette ville que Domingos José Gonçalves de Magalhães, professeur de philosophie au Collège Dom-Pedro II et membre éminent de l'IHGB, avait exaltée dans un poème de 1836 dont l'empereur aurait pu être l'auteur :

« Du progrès, de la lumière, de la liberté

Abri vivifiant où, à la source pérenne,

L'étranger assoiffé de l'esprit

Boit à satiété le nectar des sciences[193]. »

Il reprit tout aussitôt ses activités à un rythme accéléré et commença par renouer contact avec un certain nombre de personnalités qu'il aimait, en particulier Maxime du Camp et Ernest Renan, ce dernier, qu'il défendait, étant d'ailleurs la bête noire de son ami Gobineau.

Au Brésil, ce troisième voyage impérial provoqua un florilège de satires et de caricatures sur le monarque que, depuis ses deux premiers voyages à l'étranger, des journaux appelaient « Pedro Banana » ou « Pedro Caju » (noix de cajou) pour laisser entendre qu'il prenait du bon temps hors de son pays. Les satiristes étaient partagés sur l'état de santé réel du souverain. Si nombre d'entre eux considéraient, parce qu'il lui arrivait parfois de somnoler en public ou d'être même totalement absent, qu'il n'était peut-être plus en état de régner, voire qu'il était sénile, d'autres, plus nombreux encore, étaient convaincus que sa maladie était un prétexte pour fuir les responsabilités politiques et s'adonner à ses hobbies : « Pour un malade dans un tel état d'affaiblissement, il est tout simplement extraordinaire d'assister à des spectacles, à des sessions scientifiques, à des visites d'usines, de

[193] Poème intitulé *Ao deixar Paris (En quittant Paris)* dans « Sébastien Rozeaux, « La genèse d'un « grand monument national » : littérature et milieu littéraire au Brésil à l'époque impériale (1822-1880) », op.cit.

villages, de musées, de bibliothèques, d'églises, de jardins botaniques, de laboratoires[194]. »

Les dessinateurs n'épargnaient ni l'empereur marathonien, croqué en train de courir une longue-vue à la main et la barbe au vent, ni sa fille, la régente Isabelle, qui, en raison de son catholicisme fervent, était caricaturée en bigote, en bonne du curé ou en chaisière. Rien de bien méchant dans tout cela à une époque où les caricaturistes, en France particulièrement, étaient d'une cruauté inouïe envers tous les dirigeants et grands de ce monde, à commencer par les présidents de la IIIe République. Pierre, quant à lui, s'amusait, comme un bon Parisien d'esprit qu'il était, de ces commentaires satiriques et de ces caricatures qui prouvaient que la presse était libre au Brésil. De toute manière, comme il avait lui-même laissé tomber en désuétude l'infraction d'outrage à la famille impériale, il devait supporter stoïquement les critiques acérées qui, d'ailleurs, ne changèrent rien à son mode de vie. Mais il devint, au Brésil, « l'une des personnalités les plus caricaturées de l'époque[195] », étant entendu que l'ensemble de la classe politique brésilienne n'était pas épargnée non plus.

Il est intéressant de relever que les journaux satiriques brésiliens évoquent aussi, parfois, l'art de la dissimulation pratiqué par l'empereur, sans qu'on sache précisément si cette critique avait trait à la politique ou si elle visait une maladie qu'on suspectait d'être diplomatique. Toutefois, s'il s'agit de politique, on doit convenir que pour régner depuis si longtemps sur un pays aussi étendu et contrasté, où le mécanisme de l'alternance politique contraignait le monarque à supporter des personnalités qui ne partageaient pas toujours ses affinités ou ses convictions philosophiques, il fallait bien une certaine dose de dissimulation pour assouplir les rapports et éviter les frictions trop directes. Mais qui pourrait contester que la méthode de Pierre II était bien supérieure à celle de son père, dont les coups d'éclat, le franc-parler, les colères et la brusquerie n'avaient certainement pas favorisé au Brésil l'émergence d'une gouvernance apaisée ?

S'agit-il maintenant de la vie privée ? Peu d'éléments là-dessus, sauf à dire que l'empereur utilisait certainement la dissimulation comme un bouclier pour préserver sa liberté d'homme. Faut-il en

---

[194] Aristeu Elisandro Machado Lopes, op. cit.
[195] Aristeu Elisandro Machado Lopes, op.cit.

conclure qu'il avait des aventures ou cultivait des plaisirs défendus ? Rien ne permet de le soutenir et rien, en tout cas, ne fut divulgué après sa mort alors que la presse républicaine aurait eu le plus grand intérêt à salir la mémoire de celui qui deviendra - et restera - pour les Brésiliens « Pierre le Magnanime ». Sur le rapport aux femmes, particulièrement, on doute qu'il y ait eu pour la presse beaucoup de grain à moudre, à l'exception des rumeurs sur les liens avec la comtesse de Barral avant que celle-ci ne retourne en Europe. Pourtant, les maîtresses des rois, des empereurs et des présidents de la République étaient alors connues, mises en valeur même par les intéressés, et des détails, parfois sordides, de ces relations intimes étaient abondamment commentés et faisaient les choux-gras des journaux.

Quant à l'état de santé de l'empereur, il est clair que s'il y a eu pendant un certain temps dissimulation de la part du corps médical et des chefs du gouvernement, cette omerta n'était plus de mise en 1887.

Les médecins, voulant rompre le cycle infernal des débordantes activités parisiennes de l'intéressé, l'envoyèrent se reposer en novembre à Cannes, le climat de la Côte d'Azur étant réputé plus supportable en hiver pour un malade que la grisaille et l'humidité de la capitale. Pierre obtempéra pour qu'on lui fiche la paix ou parce qu'il pensait faire sur la Riviera de nouvelles rencontres et de nouvelles découvertes. D'autant que si, à l'époque, la Côte d'Azur était très fréquentée par les têtes couronnées, elle était tout de même plus étendue que la ville de Baden-Baden et qu'il y avait moins de risque pour lui de tomber inopinément sur un raseur, fut-il, surtout, un confrère en royauté.

Installé à l'hôtel Beau-Séjour l'empereur fut sage. Il ralentit ses activités, visita la côte et les villages d'alentour, fréquenta les musées et assista aux conférences des sociétés locales. Mais le temps passant, la bougeotte le reprit et il se rendit à Nice pour assister au Congrès géodésique puis à Marseille où il honora de sa présence la Société scientifique Flammarion qui, comme Camille Flammarion lui-même, ami de l'empereur et auteur de « L'astronomie populaire », publiée en 1880, s'attachait à vulgariser la connaissance des corps célestes. Pierre s'intéressait à l'astronomie depuis son adolescence. Le contraire, à l'époque, eût été étonnant, surtout pour un garçon comme lui. Plus tard, il avait installé un observatoire privé au palais de Petrópolis, suivi de près les travaux de l'Observatoire de Rio qu'il avait démilitarisé et dont il avait confié la direction au cherbourgeois Emmanuel Liais, encouragé enfin la création de l'Observatoire d'Olinda. Par ailleurs, c'était un lecteur passionné de Jules Verne dont il admirait l'imagination visionnaire depuis la publication, en 1865, du roman *De la Terre à la Lune*. A Marseille, il devint membre d'honneur de la Société scientifique Flammarion, assista à plusieurs de ses séances, débattit sans protocole avec les autres sociétaires et, mécène dans l'âme, lui, qui finançait déjà, entre autres, le Festspielhaus de Wagner à Bayreuth ou l'Institut Pasteur à Paris, fit un don de 500 francs à la petite société marseillaise.

Dès le printemps de 1888, Pierre, se comportant soudain en monarque absolu, décréta qu'il était en bonne santé et parfaitement guéri ! Cela signifiait qu'il allait reprendre son bâton de touriste et repartir sur les routes. Son projet était de visiter l'Italie du Nord en commençant par Milan. Le docteur Velho de Mota Maia, soit qu'il fût convaincu de cette guérison, soit qu'il ne voulût pas contredire son éminent patient, consentit au voyage. Le 2 avril l'empereur quitta Cannes et, par petites étapes, toujours plus longues que prévu en raison de sa boulimie de découvertes, il atteignit la capitale de la Lombardie le 29.

Il avait malheureusement présumé de ses forces. Ce voyage l'épuisa et il dut s'aliter, victime d'une « pleurésie sèche, avec des phénomènes nerveux d'origine bulbeuse, graves, mais heureusement transitoires[196]. »

Les médecins milanais les plus réputés le soignèrent comme ils purent mais Velho de Mota Maia voulut solliciter l'avis du professeur Charcot qui fit spécialement le voyage de Paris à Milan. Tous ces messieurs furent unanimes : repos absolu de Sa Majesté à Aix-les-Bains, station hydrothérapique réputée de Savoie. Aix-les-Bains était fréquentée par des personnalités éminentes de l'époque qui venaient s'y reposer et oublier les tracas de la politique. Ce fut le cas, notamment, du roi Georges Ier de Grèce, de l'impératrice Elisabeth d'Autriche ou du président de la République française Marie François Sadi Carnot. Le fait que ces trois illustres curistes furent assassinés quelques années plus tard à Thessalonique, Genève ou Lyon ne

[196] Divaldo Gaspar de Freitas, op. cit.

prouve en rien que cette station thermale portait malheur mais rappelle simplement que les temps étaient alors terriblement difficiles.

Toujours malade et alité, Pierre qui, à tout hasard, avait reçu les derniers sacrements puisqu'il était catholique pratiquant, fut transporté en train spécial de Milan à Aix-les-Bains où on l'installa à l'Hôtel Splendide au début du mois de juin.

C'est là qu'il reçut une invitation à présider le banquet commémoratif de l'abolition de l'esclavage au Brésil qui devait se tenir le 10 juillet 1888 à Paris en présence d'un nombre considérable d'écrivains, de notables et d'hommes politiques franco-brésiliens qui s'étaient dévoués à cette cause. Pierre, très affaibli encore, dut renoncer : « Merci ! Je prends cordialement une vive part à cette fête pour un acte qui honore tant ma Patrie. » Cette abstention qui dut tant lui coûter prouve en tout cas que son état de santé était alors sérieusement dégradé.

Lors de l'ouverture du banquet, René Goblet, ministre radical-socialiste de la IIIe République et ancien président du Conseil, pria les assistants d'avoir une pensée pour l'illustre malade : « Puisse le climat bienfaisant de notre pays de France achever de lui rendre toutes ses forces et lui permettre d'aller par-delà les mers recueillir les bénédictions de son peuple, et de ceux-là, surtout, à qui il a rendu le plus précieux des biens : la liberté ![197] »

Le séjour à Aix dura jusqu'au début du mois d'août et permit à l'empereur de recouvrer des forces et de reprendre, mais à un rythme plus modéré cette fois, ses promenades et ses visites. Le 19 juillet, en déplacement officiel en Savoie, le président Sadi Carnot, élu en décembre 1887, lui fit une visite de courtoisie avant qu'il ne quitte la France pour s'en retourner au Brésil. Après Thiers et Mac Mahon, ce fut le troisième président de la République française à s'entretenir avec lui.

Le sujet principal de leur conversation fut naturellement l'événement majeur qui venait de tourner définitivement une page peu glorieuse de l'histoire du Brésil : l'abolition de l'esclavage.

[197] « L'abolition de l'esclavage au Brésil et le compte-rendu du Banquet commémoratif à Paris le 10 juillet 1888 », typographie Georges Chamerot, 1889.

XVIII.
Isabelle la Rédemptrice

« La Princesse Impériale Régente au nom de Sa Majesté l'Empereur Dom Pedro II fait connaître à tous les sujets de l'Empire que l'Assemblée générale a décrété et qu'Elle a sanctionné la loi suivante :

Article Ier : A compter de ce jour, l'esclavage est aboli au Brésil.

Article II : Toutes les dispositions contraires sont abrogées. »

Loi n°3353 du 13 mai 1888

Une princesse volontaire

La princesse héritière Isabelle était une femme de caractère. Libérale dans le domaine politique comme son père et son mari, le prince Gaston d'Orléans, elle était en revanche foncièrement catholique et considérait que les principes évangéliques comme l'autorité de Rome n'étaient pas négociables. Bien évidemment, cela dut causer quelques difficultés au palais impérial avec un père qui, pour être catholique, n'en restait pas moins le chef d'un pays où le catholicisme était, certes, religion d'Etat mais où il fallait veiller aussi à ce que les décisions pontificales ne mettent pas en péril la cohésion nationale.

Ce catholicisme intransigeant d'Isabelle s'était déjà exprimé en 1872, lorsque la régente avait appris que, lors de son séjour en France, son père souhaitait rencontrer George Sand. Pierre, alors, s'était fait sévèrement admonester par sa fille : « Cette personne est sans aucun doute une personne de talent, mais son comportement est immoral. Il ne serait pas concevable que l'empereur du Brésil, que l'on sait bon catholique, persévère dans sa démarche[198]. » Au final, la rencontre n'eut pas lieu parce que George ne voulait pas retourner à Paris tant que la situation politique ne se serait pas décantée, mais on peut tout de même s'interroger. Le voyage programmé de l'empereur dans le Midi de la France avant son retour au Brésil aurait-il donc tant souffert d'un crochet par Nohant ? Si l'admonestation d'Isabelle a pu avoir cet effet dissuasif sur son père, cela ne pouvait-il pas poser question sur la façon dont la future impératrice utiliserait un jour le pouvoir modérateur ? Les convictions religieuses personnelles d'Isabelle n'influeraient-elles pas sur le gouvernement de l'Empire, voire sur le choix des présidents du Conseil ?

Ce qui est certain, en tout cas, c'est que la régente fut encouragée dans ses convictions abolitionnistes par le pape Léon XIII qui avait succédé en 1878 à Pie IX. C'est ce pape novateur qui contraignit l'Eglise brésilienne à sortir de sa réserve sur cette question, réserve qu'avait déjà fermement condamnée en 1883 le grand poète et historien brésilien Joaquim Nabuco dans son ouvrage *O Abolitionismo*. Le soutien pontifical permit à Isabelle de sauter le pas et d'achever enfin un processus abolitionniste initié depuis quarante ans avec la fin effective de la traite, l'émancipation des esclaves des domaines de la Couronne, l'émancipation des esclaves volontaires dans la guerre du Paraguay, la loi du Vente libre, enfin la loi des Sexagénaires.

Mais les choses n'étaient pas simples et les oppositions aux projets de la régente étaient fortes. En particulier, celle du président du Conseil João Mauricio Wanderley, baron de Cotegipe. Cotegipe, en qui Gobineau voyait le symbole même du métissage auquel la race blanche serait condamnée au Brésil si l'on n'y prenait garde, était un homme d'Etat conservateur de grande expérience qui avait négocié le traité de paix avec le Paraguay et fait voter la Loi Saraiva-Cotegipe, dite loi des Sexagénaires de 1885, exemple même de ce qu'il prônait pour résoudre « en douceur » la question de l'esclavage. En 1888, il était très circonspect sur les conséquences éventuelles de la réforme brutale qu'envisageait la régente. Il était persuadé, en effet, qu'elle dresserait les propriétaires d'esclaves contre la monarchie en raison du préjudice économique qu'ils subiraient. Par ailleurs, il craignait que si

---

198 Magali Oliveira Fernandes, « O processo criativo no Universo da Ediçao. George Sand no Brasil ».

les 700 000 esclaves qui restaient au Brésil[199] devaient quitter les fazendas pour venir grossir le prolétariat des grandes villes, ils créeraient des troubles à l'ordre public. Ces inquiétudes expliquent son attitude réticente et son attentisme car mieux valait, selon lui, attendre le retour de l'empereur pour prendre une décision de cette ampleur. Non pas qu'il jugeât la princesse héritière incompétente mais parce qu'il était convaincu que le monarque, avec son expérience et son doigté, saurait éviter de transformer la réforme en bombe à retardement pour l'Empire.

On peut historiquement rapprocher la position du baron de Cotegipe de l'opinion qu'émettait en 1866 le Français John Le Long, spécialiste du Brésil, sur la question de l'abolition : « Le Brésil possédait, en 1860, une population noire esclave de plus de 2 millions d'âmes. L'affranchissement d'un coup, c'était anéantir l'industrie, écraser les finances sous le poids des charges de la protection forcée qu'il fallait prêter aux affranchis, c'était enfin livrer aux dangers de luttes et aux désordres pouvant amener la disparition de l'élément européen dans plusieurs contrées du Brésil[200]. » Par parenthèse, on peut noter que, de 1860 à 1888, le nombre des esclaves avait sensiblement diminué pour passer de plus de 2 millions à environ 700 000, ce qui montre que la politique des petits pas, pour lente qu'elle fût, avait permis toutefois de progresser[201].

Naturellement, Cotegipe indisposa la régente qui voulait forcer les choses sachant que, sur le fond, son père était en pleine communion d'esprit avec elle. Peut-être pensa-t-elle aussi, au vu des nouvelles alarmistes qu'elle recevait d'Europe, que son père serait heureux avant de mourir de savoir que la monarchie avait réalisé enfin le vœu de Pierre Ier. C'est donc le président du Conseil de soixante-treize ans qui fut contraint de céder et de quitter le gouvernement où il fut immédiatement remplacé par un autre conservateur, plus jeune de vingt ans, plus souple, et surtout favorable à la position d'Isabelle sur

[199] Les chiffres varient selon les sources entre 600 000 et 720 000. Le chiffre de 700 000 est le plus souvent indiqué.

[200] John Le Long, op.cit.

[201] Les chiffres varient selon les auteurs. Dans un ouvrage de référence préparé pour l'exposition internationale de Paris et intitulé « Le Brésil en 1889 », Frederico José de Santa-Anna Nery précise qu'il y avait au Brésil 1.800 000 esclaves en 1870, 1.584 000 en 1873, 1.050 000 en 1885 et 743 419 en 1887.

l'abolition immédiate : João Alfredo Correia de Oliveira, qui prit ses fonctions le 10 mars 1888.

La régente semblait donc avoir du pouvoir modérateur une conception bonapartiste, assez proche au fond de celle de son grand-père Pierre Ier. Cette affaire laissa des traces dans la classe politique parce que si, placé dans la même situation que sa fille, Pierre aurait sans doute fait la même chose - encore que ses relations anciennes et cordiales avec Cotegipe auraient sans doute évité un bras de fer -, on ne pardonna pas à une femme, relativement novice en politique, ce que l'on aurait pardonné à un homme ayant quarante-sept ans d'expérience des affaires publiques derrière lui.

Ceci étant, Isabelle s'inscrivait alors dans un mouvement abolitionniste et catholique auquel adhéraient même, depuis quelques années, un certain nombre de propriétaires fonciers appartenant à l'aristocratie et qui, volontairement, avaient déjà affranchi leurs esclaves. Ainsi, le journal *O Provinciano* de Paraíba do Sul, en date du 24 janvier 1884, relatait, entre autres, la libération de 200 esclaves et une donation de terres par la comtesse de Rio Novo ; celle de 163 esclaves par le baron de Simão Dias - esclaves qui étaient restés sur ses plantations en tant que salariés - ; celle encore de 168 esclaves par le baron de Santo Antonio, avec donation de terres à cultiver pour leurs propres besoins[202]. A ces exemples, il faut ajouter celui du comte de Nova Friburgo, plus symbolique encore puisque ce fazendeiro était à la cour le chef de la Maison de l'impératrice Thérèse-Christine.

Coup de pouce pontifical

Le nouveau président du Conseil fit préparer le projet de loi par le ministre de l'Agriculture Rodrigo Augusto da Silva. La tâche fut grandement facilitée puisque le texte proposé au vote se limita au final à… deux articles ! Peut-être, d'ailleurs, aurait-on pu prévoir, dans un domaine aussi complexe, un troisième article sur l'indemnisation des propriétaires, ce qui aurait décrispé la classe sociale la plus opposée à la réforme car l'argent, on le sait, est un onguent magique qui cicatrise bien des plaies. Mais la régente écarta cette suggestion. Sans doute

---

[202] E. Bradford Burns, « A History of Brazil ».

pour des raisons financières car il faudrait lever de nouveaux impôts, mais, surtout, parce qu'elle trouvait parfaitement choquant le principe même d'indemnisation de propriétaires qui avaient largement profité de l'esclavage. Elle avait exprimé cette position sans ambiguïté : « Oui, je sais que le planteur dit : « Mes esclaves sont une propriété aussi légitime et aussi inviolable qu'un champ ou une maison, car je les achetés ou reçus en héritage, sous la garantie de la loi ». Mais l'esclave dit : « Aucune loi ne peut donner à l'homme la propriété de l'homme ; la loi n'est que la sanction de la justice, et aucune conscience humaine ne peut légitimer l'esclavage, car nul n'est obligé d'accepter une loi qui le prive des droits donnés par la nature. » Pour moi, cette loi a trop duré. Je la trouve inique et je la brise, sous ma responsabilité, devant ma conscience et devant Dieu[203]. » Sur le plan moral, cette opinion était parfaitement justifiée mais, sur le plan politique, elle pouvait avoir de fâcheuses conséquences.

Avant même que le débat parlementaire ne s'engage à Rio - le nouveau président du Conseil avait présenté officiellement le texte le 8 mai pour discussion devant les Chambres à partir du 9 -, le pape Léon XIII, à l'occasion de l'événement historique que vivait le Brésil, publia le 5 mai à Rome l'encyclique « In Plurimis ». Dans ce texte, il remerciait d'abord les propriétaires brésiliens qui, à l'occasion de son jubilé sacerdotal, en décembre 1887[204], avaient « légalement libéré un grand nombre de ceux qui, dans ce vaste empire, gémissent sous le joug de l'esclavage », puis déclarait solennellement que « le système de l'esclavage est absolument contraire à la volonté divine et aux lois de la nature ». Quoi de mieux pour contraindre les députés et sénateurs catholiques récalcitrants à aller dans le même sens que la régente ?

La Loi Aurea ou Loi d'Or fut votée le 13 mai 1888 à une écrasante majorité par l'Assemblée générale. A la Chambre des Députés, sur 93 votants, le « oui » l'emporta à la majorité de 84 contre 9 ; au Sénat, sur 49 votants, à 43 contre 6 [205]. Il y eut toutefois des absences remarquées : 29 chez les députés et 9 au Sénat, sans que l'on sache si

[203] « L'abolition de l'esclavage au Brésil et compte-rendu du banquet commémoratif à Paris le 10 juillet 1888 », typographie Georges Chamerot, Paris, 1889.
[204] C'est le 31 décembre 1837, que le jeune Vincenzo Gioacchino Pecci, futur Léon XIII, fut ordonné prêtre.
[205] Frederico José de Santa-Anna Nery, op. cit.

ces défections étaient dues à des causes légitimes ou à des motifs d'ordre politique. Au Sénat, le baron de Cogetipe s'opposa à un texte qui éludait la question de l'indemnisation des propriétaires, mais son vote négatif fut surtout une protestation contre la façon dont il avait été limogé. La loi fut promulguée le même jour par la régente qui y apposa sa signature avec une plume d'or, d'où l'appellation historique du texte. Plus lyrique que jamais le député Joachim Nabuco s'écria : « 1888 est une date plus considérable pour le Brésil que 1789 ne le fut pour la France ! »

Le 17 mai 1888, Isabelle, accompagnée de son mari Gaston d'Orléans et de ses fils, assista à une messe solennelle d'action de grâce à la Chapelle impériale en présence du haut clergé brésilien, façon élégante de remercier le Saint-Père de son appui. Les choses n'en restèrent pas là puisque Léon XIII, décidément très satisfait de la future impératrice, lui décerna la Rose d'Or, c'est-à-dire la plus haute distinction que la Papauté réservait depuis le Moyen Age aux souveraines catholiques qui s'étaient distinguées dans la défense de la Foi. Ainsi, c'est avec une Rose d'Or que le pape Alexandre VI avait récompensé en 1493 la grande Isabelle de Castille, dite Isabelle la Catholique, pour avoir libéré l'Espagne de la domination musulmane qui avait duré près de huit siècles.

Lors de la promulgation de la loi, Pierre II était à Milan, malade, alité et ayant déjà reçu l'extrême-onction. Il fut informé des événements de Rio le 22 mai et s'écria : « Quel grand peuple ! » Il loua aussi sa fille aînée qui, dit-il, était « une grande dame » dont il était très fier. Peut-être cette bonne nouvelle fût-elle pour beaucoup dans son rétablissement ultérieur.

Le 3 août 1888, après sa cure à Aix-les-Bains, et apparemment en pleine forme, l'empereur s'embarqua à Bordeaux pour Rio-de-Janeiro qu'il atteignit le 22.

Une foule en liesse l'accueillit à son arrivée dans la baie de Guanabara avec cette exubérance brésilienne si caractéristique, faite de chants, de musiques et de danses. Le peuple retrouvait son père, la classe politique son « vrai » patron, les francs-maçons un protecteur. La presse, qui le critiquait un an auparavant pour son détachement des affaires publiques, l'encensa. Bref, le sauveur était revenu.

XIX.
Le crépuscule d'un Empire

« L'avidité et l'enthousiasme du public pour l'empereur ont été considérables, plus marqués, il me semble, que les années précédentes. Mais c'est un hommage totalement personnel. »

Prince Gaston d'Orléans, comte d'Eu, à son père, le duc de Nemours[206]

Le retour de l'empereur prodigue

Pierre II fut accueilli comme un sauveur, mais sauveur de quoi exactement ?

Pour la classe politique, pour la nation, il était rassurant. On ne connaissait que lui depuis près de soixante ans et l'on s'était accoutumé à son autorité paternaliste, à son sens du compromis, à sa bonhomie, à sa jovialité et même à ses hobbies comme à ses lubies de vieux professeur d'université. L'empereur était devenu ce que devenaient au même moment son cousin François-Joseph en Autriche-Hongrie ou la reine Victoria pour l'Empire britannique : le garant d'une immuable stabilité. Depuis qu'il était devenu empereur en 1831, trois générations de Brésiliens s'étaient succédé, la population s'était accrue de six millions d'habitants, l'Empire s'était affermi et le Brésil, grâce à lui, avait acquis une célébrité internationale. Le bilan étant largement positif, les politiciens brésiliens, conservateurs et libéraux confondus, ne voulaient qu'une chose : qu'il règne le plus longtemps possible encore pour que rien ne change. On verrait après…

Après ?

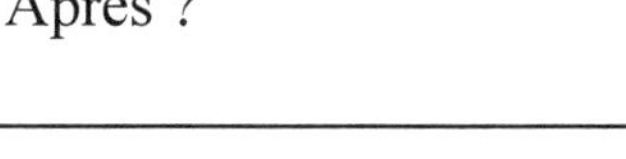

[206] Roderick Barman, op. cit.

Après, ce serait Isabelle Ire.

Isabelle était respectée et le surnom de « Rédemptrice » qu'on lui avait donné après la Loi Aurea était largement mérité par le courage et la force de conviction qu'elle avait manifestés pour aboutir à cette abolition de l'esclavage qui, au fond, n'était que le prolongement historique du « Cri d'Ipiranga ».

Mais ses qualités étaient apparues aussi comme un défaut, ou, en tout cas, comme pouvant susciter des inquiétudes. Que serait la monarchie après elle ? Quel style de gouvernement adopterait-elle ? Ses convictions catholiques ultramontaines seraient-elles compatibles avec la Charte de 1824 qui faisait du catholicisme une religion d'État sous contrôle du pouvoir civil ? Et puis, surtout, que deviendrait cette cohabitation tolérante entre le catholicisme et la franc-maçonnerie que Pierre II avait favorisée ? Si les ministres francs-maçons étaient en nombre incalculable dans l'Empire depuis l'indépendance, auraient-ils toujours leur place dans une monarchie jouissant des faveurs, très ostensibles, de la Papauté ? Certes, Léon XIII avait joué un rôle positif dans l'accompagnement du processus abolitionniste ; certes, ce pontife avait des idées sociales très avancées qui pouvaient séduire même la gauche la plus progressiste, mais enfin, non seulement il n'était pas revenu sur les condamnations antimaçonniques de son prédécesseur Pie IX mais, plus encore, les avait confirmées par l'encyclique *Humanum Genus* de 1884. Cette attitude intransigeante avait conduit en France - et les affaires de France, on le sait, ne laissaient pas insensibles les Brésiliens - à cette guerre éprouvante et stérile entre catholiques et maçons qui durera jusqu'en 1914. Le Brésil évoluerait-il dans le même sens sous le futur règne d'Isabelle et les francs-maçons seraient-ils contraints, pour se faire bien voir, d'aller à la messe comme ils le firent lors de la cérémonie d'action de grâce du 17 mai 1888, ou même de choisir entre leurs convictions et les responsabilités publiques ? Autrement dit, le Troisième Règne brésilien serait-il la Troisième République française à front renversé ?

Ces interrogations étaient répandues dans les classes dirigeantes et faisaient le miel des mouvements républicains qui, n'ayant en vérité pas grand-chose à reprocher à l'empereur, trouveraient largement de quoi contester la politique de la future l'impératrice dont ils pouvaient craindre, en bons positivistes qu'ils étaient pour la plupart, que le futur règne corresponde à celui du premier stade de l'humanité, le plus rétrograde : celui de l'assujettissement de l'homme à l'intervention divine au détriment de la raison.

Le contrecoup de 1888

L'abolition de l'esclavage avait renforcé dans le monde l'image démocratique du Brésil qui était loué, bien sûr, pour cette mesure d'humanité mais aussi parce que, contrairement aux États-Unis, cette réforme n'avait pas provoqué de guerre civile. Il est probable que si ce drame fût évité dans un pays traversé pourtant par des courants centrifuges, c'est grâce à la monarchie constitutionnelle et à la personnalité de Pierre II qui, à la différence du président Abraham Lincoln, ne suscitait pas de haine partisane violente. De fait, si, en coulisse, la princesse héritière fut critiquée, les attaques n'atteignirent pas l'empereur. Au contraire, les adversaires de l'abolition étaient persuadés que s'il avait été présent à Rio au moment du débat parlementaire, le gouvernement aurait lâché du lest sur la question sensible de l'indemnisation des propriétaires, comme cela avait été le cas lors de la loi du Ventre libre ou de la loi des Sexagénaires.

Par ailleurs, si, comme aux États-Unis, les partis politiques brésiliens ne connaissaient pas de fracture droite-gauche sur la question de l'abolition parce qu'en réalité cette fracture traversait les partis eux-mêmes, en revanche, à la différence du système constitutionnel américain, la monarchie brésilienne, grâce à la dévolution héréditaire de la couronne permettant d'avoir un chef d'État indépendant des forces politiques, sut profiter largement de ces divisions pour favoriser la rénovation du parlementarisme classique par l'émergence d'un courant consensualiste dépassant les clivages partisans. C'était le grand rêve de Pierre II qui n'y renonça jamais en dépit des obstacles.

Ce phénomène se trouve particulièrement illustré par la question de l'esclavage qui, progressivement, depuis la fin de la guerre de la Triple Alliance, sera résolue par des cabinets soutenus par des majorités parlementaires éclectiques. De ce point de vue, la quasi-unanimité du vote des Chambres en mai 1888 prouva que les idées de l'empereur progressaient dans la classe politique. Mais, aux États-Unis, l'évolution ne pouvait être aussi consensuelle puisque le président, élu démocratiquement mais choisi par un parti, se devait d'appliquer le programme qui l'avait porté au pouvoir sans se préoccuper de satisfaire des adversaires qui, eux-mêmes, de toute façon, étaient peu portés au compromis.

Il n'en demeure pas moins que la « révolution » de 1888, pour reprendre le mot de Joaquim Nabuco, eut d'importantes répercussions dans l'Empire.

D'abord, pour les Noirs libérés, ce fut un bouleversement complet de vie. Si certains continuèrent à travailler comme main-d'œuvre salariée dans leurs propriétés d'origine, d'autres, plus nombreux, émigrèrent vers les grands centres urbains, « venant souvent grossir le nombre des sous-employés ou des « désoccupés », aggravant le phénomène de taudis et de favelas formés dans ces villes[207]. » Ce prix de la liberté fut néanmoins plus positif en ce qui concerne la prise de conscience identitaire et sociale : « D'autres encore acquirent une certaine conscience de leur situation et s'associèrent pour protester et réclamer de meilleures conditions de vie. Ainsi, assiste-t-on à la création d'une Garde Noire, sorte de milice composée exclusivement de Noirs et censée protéger l'intégrité de la princesse Isabelle, mais aussi à la constitution d'une presse d'identité noire, fonctionnant à la fois comme outil de dénonciation ct cspace de sociabilité[208]. »

Au Brésil, les débordements graves et les troubles à l'ordre public ne connurent pas la flambée que les plus pessimistes craignaient. Si des incidents se produisirent, ils n'eurent pas la même ampleur qu'aux États-Unis après la fin de la guerre de Sécession où la violence de droit commun dans les villes se substitua, presque naturellement, à la violence sur les champs de bataille. Mais au Brésil, il n'y avait eu ni guerre, ni champs de bataille, seulement des débats parlementaires parfois houleux, certes, mais toujours dans le respect des règles démocratiques.

Sans vouloir trop enfoncer le clou sur le sujet, on observera quand même qu'à ce moment-là de l'histoire le Brésil fut plus policé que son grand rival américain. Du reste, si le président Lincoln fut assassiné par un activiste sudiste, la régente du Brésil, elle, bénéficia de la protection de cette fameuse Garde Noire dont, à la vérité, elle n'avait

---

207 Silvia Capamena, « Abolition de l'esclavage, racisme et citoyenneté au Brésil (XIXe/XXIe siècles) ».
208 Ibid.

guère besoin car ses adversaires préférèrent user contre elle de méthodes plus insidieuses comme les attaques personnelles sur sa gestion autoritaire du dossier, sa soumission à Rome, ou encore le rôle joué par son mari, le prince Gaston d'Orléans, abolitionniste convaincu lui aussi. Il convient de rappeler à ce propos que toute la famille impériale s'était investie dans la cause et que même les jeunes princes Pierre, 13 ans, Louis, 10 ans et Antoine 7 ans[209] imprimaient et distribuaient des tracts en faveur de l'abolition à toutes les personnes de leur entourage.

Ceci étant, la réforme pécha aussi par manque de préparation. Au Brésil comme aux États-Unis, rien n'avait été mis en place pour faciliter l'intégration sociale des anciens esclaves. Cette absence d'accompagnement sera pour eux un facteur de paupérisation, de grande misère même, avec une double peine pour de nombreuses jeunes femmes : la prostitution. Pourtant, là encore, les esclaves émancipés brésiliens furent moins discriminés que leurs cousins américains qui, arrivant des États du Sud en Nouvelle-Angleterre ou en Pennsylvanie, furent carrément ignorés par une population nordiste, blanche et protestante qui se demandait même comment les Sudistes avaient pu côtoyer les Noirs tout au long de leur vie… Au Brésil, au contraire, la cohabitation raciale était une réalité sociologique depuis le début de la colonisation.

Il n'est pas sans intérêt à ce stade d'évoquer l'opinion de Georges Clemenceau sur cette disparité entre le Brésil et les États-Unis à propos de l'abolition : « Si l'abolition de l'esclavage n'a pas causé de secousses violentes comme aux États-Unis, c'est que l'institution était condamnée dans les esprits avant l'affranchissement. On a dit que l'esclavage au Brésil avait été enterré sous les fleurs. Le fait est qu'il était devenu tout à fait impossible quand on prit le parti de reconnaître qu'il avait disparu. Et comme, par une heureuse chance, il n'y a point de haine de race entre les Blancs et les Noirs, ces deux éléments de la population ont pu continuer paisiblement, dans des conditions nouvelles, une collaboration nécessaire[210]. »

---

[209] Isabelle de Bragance et Gaston d'Orléans ont eu quatre enfants : la princesse Louise, née et morte en 1874, Pierre, né en 1875, Louis, né en 1878 et Antoine, né en 1881. Ces trois enfants portaient le nom d'Orléans-Bragance.

[210] Georges Clemenceau, « En Uruguay et au Brésil ».

Pour les propriétaires fonciers, l'impact de la Loi Aurea fut toutefois important. Certes, il fut plus amorti pour les grands propriétaires que pour les petits qui, incapables de supporter la charge des salaires qu'il fallait désormais verser soit aux esclaves émancipés soit aux immigrés susceptibles de les remplacer dans les plantations, furent confrontés à des difficultés financières considérables qui entraînèrent même la faillite de nombreuses exploitations agricoles. Les grands propriétaires, eux, s'en tirèrent mieux car ils disposaient de fortunes considérables, accumulées parfois depuis la colonisation et renforcées encore par le boom économique du Brésil impérial. Néanmoins, toute cette classe sociale se sentit injustement brimée par l'Empire dont elle s'éloigna, sinon politiquement, du moins affectivement. Au fond, les anciens propriétaires d'esclaves réagirent comme le firent les légitimistes français en 1830, c'est-à-dire en prenant leurs distances avec le pouvoir et en se cantonnant dans une neutralité qui, en cas de coup dur pour le régime en place, serait désastreuse pour lui. Quant au basculement dans le républicanisme, c'était une option assez peu réaliste car, même si les républicains depuis leur apparition dans la vie politique brésilienne ne s'étaient pas particulièrement distingués dans le combat abolitionniste - mené surtout par des monarchistes comme Nabuco ou Rebouças et une classe politique dans laquelle de nombreux conservateurs et libéraux partageaient les conceptions humanistes de l'empereur -, il était inimaginable qu'ils remettent en cause la Loi Aurea s'ils arrivaient un jour au pouvoir. Contrairement à ce qui a souvent été dit, l'abolition de l'esclavage n'entraîna aucune vague de fond républicaine chez les propriétaires mais créa un climat d'amertume et de rancœur dont les républicains profitèrent.

En tout cas, et là aussi le contraste est immense avec les États-Unis, les propriétaires fonciers esclavagistes, quelles que fussent leurs désillusions à l'égard de l'Empire, n'entrèrent pas en rébellion ouverte contre le pouvoir central. Certes, l'exemple de la défaite cinglante des États Confédérés en 1865 ne pouvait que dissuader les plus exaltés d'entre eux de se lancer dans une aventure désespérée, mais, surtout, le sentiment loyaliste à l'égard de l'État impérial était plus fort que celui des Sudistes à l'égard de Washington. Toutefois, le « coup de force » de la régente en 1888 et l'appui massif des parlementaires au processus abolitionniste entraînèrent une résurgence des sentiments fédéralistes qui s'étaient singulièrement apaisés depuis plus de quarante ans. En effet, les propriétaires fonciers des provinces les plus concernées par l'esclavage pensaient que si la loi d'abolition n'avait pas été débattue au parlement de Rio mais dans les assemblées provinciales, elle aurait pu être rejetée ou, pour le moins, votée mais en tenant compte de leurs revendications financières.

Malaise dans l'armée

A la vérité, à la fin des années 1880, ce n'est pas les fazendeiros frustrés qui présentaient une menace pour la monarchie mais les militaires. Un malaise persistant depuis la fin de la guerre de la Triple Alliance s'était emparé de l'armée en raison, justement, de l'absence de conflits extérieurs. Après avoir triomphé de la dictature paraguayenne en 1870 et négocié une paix juste en 1872 avec son ancien ennemi sans exiger de lui autre chose qu'une rectification de frontières pour sécuriser ses provinces méridionales et garantir la liberté de navigation sur les grands fleuves de la région, le Brésil était en paix. Le baron de Cotegipe, négociateur de la paix, avait, sur les instances de l'empereur, ménagé les Paraguayens afin qu'ils ne retombent pas sous la coupe d'un dictateur ambitieux et menacent à nouveau les équilibres régionaux. Tout fut donc fait par les Brésiliens pour amortir la défaite de leurs adversaires, et même les rectifications de frontières, insignifiantes si on les compare aux agrandissements de l'Argentine sur le Paraguay, furent légitimées par des considérations historiques sur les limites respectives des empires coloniaux portugais et espagnols au XVIIIe siècle.

Donc, l'armée s'ennuyait depuis 1870, et il ne fallait pas trop compter sur Pierre II pour trouver des dérivatifs guerriers à ses états d'âme. Comme l'a si bien dit Carlos Magalhães de Azeredo, Pierre, contrairement à son père, « n'avait pas ce côté romantique du prince amoureux du panache et des aventures militaires qui aurait pu tenter de sauver le régime par la force[211]. » D'autant que si le Brésil était désormais à l'abri des coups durs sur ses frontières, il était aussi solidement affermi dans son unité et aucune rébellion ni soulèvement local ne venait troubler sa paix intérieure. Le seul débat émergent, ou

---

[211] Carlos Magalhães de Azeredo, « Dom Pedro II. Traços da sua physonomia moral », op.cit.

plutôt résurgent depuis l'indépendance, était celui de la réforme territoriale, où les partisans du centralisme souple de l'Empire s'opposaient aux velléités fédéralistes de leurs adversaires. Toujours la même querelle, donc, depuis la Régence : quelle dose de liberté fallait-il accorder aux provinces ? Débat pertinent, débat légitime et parfaitement démocratique qui, comme sur la question de l'abolition, pouvait conduire à une évolution des choses en douceur. Du reste, le dernier président du Conseil de la monarchie, le vicomte d'Ouro Preto, tout centraliste qu'il fût, faisait déjà plancher ses services sur la possibilité de faire élire directement les chefs des exécutifs locaux qui, jusque-là, étaient nommés par le pouvoir central. Politique des petits pas, certes, mais qui permet souvent d'avancer mieux et plus vite que les grands bouleversements révolutionnaires.

L'ennui qui minait l'armée la fit se tourner vers la politique intérieure. Après quasiment un demi-siècle de démocratie parlementaire, de jeunes officiers brésiliens se prenaient à rêver au sort « enviable » de leurs collègues de l'ancienne Amérique espagnole qui intervenaient sans cesse dans les affaires publiques en violation des règles constitutionnelles.

Objectivement, leur mécontentement se fondait sur des revendications précises : soldes insuffisantes et peu revalorisées, promotions trop lentes, perspectives de carrière hypothétiques, budget militaire en déflation constante avec, conséquence inéluctable, le vieillissement du matériel. C'est un débat qui, aujourd'hui encore, reste d'actualité dans toutes les démocraties du monde. Seule la marine s'en sortait bien car le Brésil, avec ses immenses frontières maritimes et fluviales, avait besoin de nombreux navires pour assurer sa sécurité et affirmer sa puissance en Amérique latine. S'il n'y avait pas de conflit en vue pour le pays, la sanglante guerre du Pacifique, opposant le Chili à la Bolivie et au Pérou en 1879-1883, avait démontré que l'embrasement pouvait toujours se produire. Le fait que le Chili ait finalement vaincu grâce à sa supériorité maritime légitimait les choix budgétaires du gouvernement de Rio en faveur des forces navales. C'est sans doute la raison pour laquelle, à cette époque, Pierre II se fit souvent photographier en tenue d'amiral, façon de dire aux adversaires potentiels, et particulièrement au grand concurrent argentin : « Qui s'y frotte s'y pique ». Il est possible aussi que l'empereur ait eu un faible pour la marine car c'est une arme où l'on trouve beaucoup d'ingénieurs et de scientifiques de toute nature, ce qui ne pouvait que le séduire. Néanmoins, on observera quand même sur les photographies que s'il porte l'uniforme d'amiral, et le porte bien car il avait de la prestance, sa vareuse reste ouverte sur sa chemise, ce qui ne correspond pas aux usages vestimentaires de la marine de guerre. En langage codé, cela pourrait signifier : « Je suis chef des armées et commandant suprême des forces impériales, mais je reste ce que j'ai toujours été : un intellectuel et un savant[212]. »

Le gros problème était donc l'armée de terre et c'est dans l'armée de terre que commencèrent à se former des « clubs militaires » où les officiers évoquaient leurs problèmes corporatistes sans négliger, pourtant, d'échanger sur les questions politiques. Il y avait là, pour la démocratie brésilienne, un grand danger mais les gouvernements ne réagirent pas, observant la même attitude expectative qu'avec les groupuscules républicains. En effet, la riposte par des sanctions personnelles ou collectives comme la dissolution ou l'interdiction pouvait avoir un effet contraire à celui escompté. C'était, on le sait, le point de vue personnel de l'empereur, exposé au moment de l'apparition du mouvement républicain.

Naturellement, ces clubs militaires - le plus important étant le Club militaire de Rio, fondé en juin 1887 - furent noyautés par des activistes politiques dont certains, comme l'ingénieur militaire et professeur de mathématiques Benjamin Constant Botelho de Magalhães, enseignaient à l'Académie militaire impériale de Praia Vermelha à Rio.

Benjamin Constant Botelho de Magalhães, même si ses parents l'avaient affublé d'un prénom évoquant le concepteur de la monarchie constitutionnelle en France, était républicain. C'était son droit. Mais son républicanisme était fondé, prétendait-il, sur l'enseignement positiviste d'Auguste Comte. Comte était philosophe et ne semble pas avoir particulièrement privilégié un système politique par rapport à un autre. Il est vrai que, dans la France tourmentée de la période 1789-1848, il eût été difficile pour lui de trancher la question de la meilleure gouvernance possible. Après la monarchie absolue, la monarchie

212 Dans les portraits où Pierre II est en tenue de maréchal, il n'y a rien à redire sur l'étiquette vestimentaire. En revanche, l'empereur a pris soin de faire placer par l'artiste à l'arrière-plan tout ce qui symbolisait sa vraie vie : les livres, les œuvres d'art, les cartes de géographie et les mappemondes.

constitutionnelle, la république conventionnelle et terroriste de Robespierre, la république crapuleuse du Directoire, la république militaire de Bonaparte, l'empire dictatorial, la monarchie libérale de Louis XVIII, la monarchie revancharde de Charles X, la monarchie républicaine de Louis-Philippe et enfin une IIe République libertaire et chaotique qui s'achèvera par l'élection d'un second Bonaparte à l'Élysée, c'était, philosophe ou pas, à y perdre son latin.

Mais Benjamin Constant - on l'appelle couramment ainsi pour simplifier - était plein d'assurance dans ses propres convictions. Il décréta devant ses jeunes élèves officiers que Comte était antimonarchiste parce que la monarchie était aussi rétrograde que la religion. Soit ! Le problème est que, sur ce point précisément, un autre positiviste illustre, Charles Maurras, fondateur de l'Action française, donnera une interprétation contraire, ou nettement plus nuancée. Selon Maurras, le seul type de monarchie que Comte aurait rejeté était la monarchie de droit divin qui rappelait l'ère primaire évoquée par le grand philosophe, autrement dit, « l'état théologique ». Il affirmait à cette occasion que « nulle alliance du Trône et de l'Autel n'a jamais fait notre admiration[213] » et précisait dans son programme de restauration monarchique que si «le catholicisme, religion traditionnelle de la France, recouvrera tous les honneurs auxquels il a droit », c'est bien vers une séparation de l'Église et de l'État que le nouveau régime s'engagerait pour que « la liberté intellectuelle la plus complète règne sur le sol français[214].» Sur cette question, et sur cette question seule, sa pensée rejoignait celles de Benjamin Constant et des positivistes brésiliens.

Si Maurras a interprété correctement la position d'Auguste Comte sur la monarchie, Benjamin Constant avait tort et ses élèves ont été entraînés dans une bien étrange aventure. Car enfin, la monarchie brésilienne - et ses deux empereurs successifs l'ont dit et répété - n'était pas une monarchie de « droit divin ». Cette notion ne correspondait ni aux sentiments profonds de l'empereur franc-maçon que fut Pierre Ier ni à ceux de l'empereur catholique pratiquant que fut Pierre II. Celui-ci insistant toujours sur le hasard de la naissance qui l'avait porté au trône et rejetant toute idée de prédestination divine. De

---

[213] Site légitimiste « Vive le Roy », 1er janvier 2012.
[214] Charles Maurras, "Petit manuel de l'enquête sur la monarchie ».

là, aussi, son refus du titre de « souverain » qui, de son point de vue, appartenait en propre au seul peuple brésilien.

Alors ? Tout le combat de Benjamin Constant relevait-il de la manipulation politique ou était-il fondé sur une crainte plus sérieuse : celle de voir le Brésil retourner à l'état théologique de Comte si la princesse héritière Isabelle, qui avait fait vœu de soumission au pape Léon XIII, montait sur le trône ? Cette hypothèse paraît beaucoup plus fondée que celle du prétendu républicanisme de Comte car Benjamin Constant et nombre de ses collègues étaient francs-maçons, et francs-maçons nettement anticléricaux, proches de la maçonnerie française de la IIIe République. Donc, a priori, c'est eux qui devaient être les premières victimes d'une monarchie évoluant vers le cléricalisme et rejetant la coexistence pacifique du Second Règne.

Pour ajouter encore à la confusion régnant à cette époque dans les rangs des républicains positivistes, et particulièrement chez Benjamin Constant qui eut le plus d'influence sur les jeunes officiers, il faut préciser que l'intéressé était non seulement abolitionniste - ce qui, soit dit en passant, ne pouvait en aucun cas lui attirer la sympathie des propriétaires esclavagistes spoliés par la Loi Aurea -, mais aussi pacifiste, considérant qu'à terme le Brésil pourrait très bien se passer d'armée. On conviendra que le républicanisme de leur professeur était un choix risqué pour des élèves officiers craignant que leur avenir professionnel ne soit compromis par la lenteur des promotions et ayant rallié, à cause de cela surtout, l'opposition antimonarchique.

Un exemple concret de l'endoctrinement des élèves officiers de l'Académie militaire par les enseignants positivistes dont Benjamin Constant était le meneur nous est rapporté dans un livre de mémoires publié par Fernando Henrique Cardoso, président centriste du Brésil de 1995 à 2003, et lui-même professeur de sociologie et de sciences politiques[215]. Il raconte comment son grand-père, Joaquim Ignacio Batista Cardoso, admis en 1881 à l'Académie militaire de Praia Vermelha, s'était radicalisé sous l'influence de ses professeurs jusqu'à abandonner, par rejet du christianisme, une partie du nom de sa famille qui était Espiritu Santo Cardoso pour ne garder que celui de Cardoso. Ce jeune homme devint le collaborateur direct de Benjamin Constant et l'un de ses disciples les plus fanatiques. Il rêvait, nous dit

[215] Fernando Henrique Cardoso, « The Accidental President of Brazil », op.cit.

l'auteur, d'instaurer au Brésil une « république utopique inspirée par la science, dirigée par l'armée, dans une vision autoritariste et égalitariste car seul un État fort pouvait assurer l'égalité sociale dont le Brésil était privé. » Ce charmant garçon poussa même le zèle - ce fut heureusement l'un des rares parmi les jeunes officiers - jusqu'à préconiser l'exécution pure et simple de l'empereur au moment du coup d'État auquel la petite bande se préparait.

Car, de fait, on en était là : c'était bien un coup d'État militaire, pompeusement nommé « révolution », que ces émules galonnés d'Auguste Comte envisageaient désormais le plus sérieusement du monde.

XX.
Une bien étrange révolution républicaine

« Si les Brésiliens ne veulent plus de moi, je serai professeur ! »

Pierre II

Les derniers feux de l'Empire

Contrairement à ce que l'on pourrait imaginer, la politique ne fut pas la priorité de Pierre II dans les derniers mois de son règne. Se reposant sur un gouvernement qu'il estimait et que dirigeait habilement João Alfredo Correia de Oliveira, il se consacra à ce que ses détracteurs considéraient à quelque chose près comme des lubies mais qui, en réalité, étaient des actions menées dans le seul intérêt du Brésil et contribuant à accroître son prestige international. Si 1888 venait de voir la réalisation d'un vieux rêve de l'empereur avec l'ouverture de l'Institut antirabique de Rio grâce à des chercheurs de l'Institut Pasteur de Paris qui se souvenaient qu'il avait lui-même contribué à la fondation de l'Institut parisien par un don de 100 000 francs à son ami Louis Pasteur[216], ce fut aussi l'année de préparation de l'Exposition universelle de Paris de 1889 à laquelle le Brésil devait participer.

Pierre II suivait ce dossier depuis des années avec le vicomte de Cavalcanti, sénateur et ancien ministre d'État, et Frederico José de Santa-Anna Nery, journaliste, écrivain et promoteur de l'amitié franco-brésilienne. Cette manifestation devant commémorer le

[216] Georges Raeders, « Dom Pedro II, ami et protecteur des savants et écrivains français », op.cit. La nouvelle de l'ouverture de l'Institut antirabique de Rio fut annoncée à Pasteur par l'empereur lui-même qui voulait lui faire part de sa joie et de sa fierté.

centenaire de la Révolution de 1789, on aurait pu croire que le descendant des plus illustres dynasties européennes qu'était Pierre II se serait abstenu de se mettre en avant et passerait la main à ses ministres, à ses diplomates, à ses industriels. Mais, comme l'a écrit plaisamment Pascal Ory : « Monarque constitutionnel moderne, souverain bonhomme nourri de culture française, ce n'est pas un tel homme que l'anniversaire d'une révolution peut effrayer[217]. »

Dès 1886, alors qu'il était en convalescence à Cannes, l'empereur avait écrit personnellement à l'ingénieur Georges Berger, organisateur de l'événement, pour soutenir la candidature de son pays. Plus encore, il avait sollicité l'attribution d'une place de choix, au plus près de la Tour Eiffel, pour y implanter le futur pavillon brésilien. Pierre II fut le seul souverain à prendre ce genre d'initiative. Les autres monarques s'abstinrent d'intervenir pour éviter une démarche que leurs opinions publiques auraient pu interpréter comme un soutien à la IIIe République française.

Ce que d'aucuns pouvaient considérer comme le dernier caprice d'un monarque vieillissant et malade était en réalité un geste à portée symbolique qui ajouterait encore au message qu'il entendait faire passer. Si sa présence à l'Exposition de Philadelphie de 1876 pour commémorer le centenaire de l'indépendance américaine avait été un geste diplomatique fort pour rapprocher les deux puissances dominantes du continent américain, le centenaire de la Révolution française était plus encore un événement de portée universelle. Le Brésil devait naturellement y être parce qu'il avait acquis, grâce à la monarchie impériale, « une prépondérance incontestable dans l'Amérique du Sud[218] », mais aussi parce que l'artisan de ce succès entendait que soit mise en valeur sa proximité avec la France comme avec les idées humanistes qu'elle véhiculait depuis 1789 et qui avaient été le socle des institutions politiques brésiliennes depuis l'indépendance.

Cette participation au premier rang du Brésil à L'Exposition de Paris devait également, dans l'esprit de Pierre, faire découvrir au monde entier les richesses de son pays, son potentiel d'avenir, ses avancées techniques considérables dans l'agriculture, l'industrie,

---

[217] « 1889. La mémoire des siècles. L'Expo universelle ».
[218] *Le Temps*, Bulletin du jour du 6 décembre 1891.

l'exploitation minière et l'exploitation forestière[219]. Difficile encore, certes, de concurrencer les États-Unis, mais possibilité de coiffer sur le poteau l'Argentine au concours des pays émergents de la fin du XIXe siècle. Ce pari impérial fut soutenu par la nation tout entière et, après le vote par les Chambres d'un crédit de 800 000 francs, la plupart des provinces abondèrent financièrement au projet comme l'assemblée du Minas Gerais qui vota un crédit de 100 000 francs ou celle de Bahia dont la contribution fut de 50 000 francs.

Le 11 décembre 1888, l'empereur, entouré d'ingénieurs et de savants, inaugura à Rio une exposition préparatoire pour vérifier en personne la qualité des produits et des machines qui seraient présentés au public à Paris. Il avait auparavant approuvé les plans du pavillon brésilien dont la construction avait été confiée à Louis Dauvergne, architecte-expert près le Conseil de Préfecture de la Seine.

Lorsque l'Exposition universelle s'ouvrit le 6 mai 1889, le pavillon du Brésil alignait 1600 exposants et une foule de visiteurs s'y rua. Les badauds admirèrent particulièrement le style rococo-exotique de l'édifice coiffé d'un campanile qui fut l'un des plus photographiés de l'époque, et les serres présentant dans un cadre paradisiaque la luxuriante végétation brésilienne, dont la fameuse Victoria Regia, plante aquatique tentaculaire pouvant supporter le poids d'un enfant sur chacune de ses larges feuilles. Une exposition consacrée aux Indiens de l'Amazonie suscita aussi de nombreuses vocations d'explorateurs en herbe, ce qui ne pouvait que satisfaire l'empereur qui avait toujours accordé un intérêt particulier à la civilisation amérindienne.

Mais Pierre II ne fut pas présent à Paris pour faire les honneurs de cette vitrine magnifique de son pays qu'offrait au monde entier le pavillon brésilien. Non parce qu'il boudait la IIIe République comme ses confrères impériaux et royaux, mais parce que la politique intérieure se rappelait à son bon souvenir.

---

[219] Le Brésil participa également aux expositions de Londres en 1862, de Vienne en 1867 et de Philadelphie en 1876 mais beaucoup plus modestement. L'exposition de Paris en 1889 marque véritablement de ce point de vue l'apogée du Brésil impérial.

Crise politique à Rio

Au pouvoir depuis mars 1888, c'est-à-dire depuis le coup de force de la régente Isabelle qui s'était débarrassée du baron de Cotegipe, trop réticent sur la question de l'abolition de l'esclavage, le jeune président du Conseil João Alfredo Correia de Oliveira, bien qu'issu lui aussi des rangs conservateurs, se trouva en difficulté à la Chambre. Bénéficiant pourtant d'une solide majorité, il dut, dès la fin de l'état de grâce ayant suivi la promulgation de la Loi Aurea, répondre à des interpellations virulentes sur plusieurs dossiers sensibles comme celui de l'indemnisation des propriétaires frappés économiquement par la fin de l'esclavage ou encore le développement de l'agitation dans les casernes.

Du baume sur les plaies des fazendeiros

Sous l'inspiration de la régente isabelle et de nombreux abolitionnistes comme André Rebouças ou Joaquim Nabuco, la Loi Aurea n'avait prévu aucune indemnisation pour les fazendeiros esclavagistes au motif qu'on ne peut tirer profit d'une injustice dont on a profité.

Le principe est admirable mais le gouvernement devait aussi se préoccuper des réalités économiques et sociales. Or, de nombreux fazendeiros connaissaient des difficultés qui faisaient craindre la ruine définitive de leurs exploitations de café ou de coton et, par contrecoup, risquaient de fragiliser la balance commerciale du Brésil qui exportait beaucoup vers l'étranger les produits de son agriculture. Des rapports alarmistes furent transmis à Rio.

Dès lors, tout en refusant de revenir sur la règle désormais sacro-sainte de la non-indemnisation des propriétaires par l'Etat, le gouvernement intervint auprès des banques brésiliennes pour qu'elles consentent aux propriétaires en difficulté des prêts à taux préférentiel sur une durée suffisamment longue pour qu'ils puissent redresser leur situation financière obérée. Politique intelligente et qui porta ses fruits en calmant la colère d'une catégorie sociale qu'on ne voulait pas pousser à bout et qui, jusqu'en 1888, avait été loyale au régime. Ainsi, l'Etat, dans cette affaire, se débarrassa en douceur du dossier en le confiant aux banques qui, en retour, et cela se comprend, obtinrent quelques nouvelles concessions ferroviaires ou minières. Mais l'application du principe de réalité dans la gestion gouvernementale de ce dossier fut aussi une manœuvre politique habile puisque les républicains, très discrets jusqu'alors sur la question de l'abolition de l'esclavage, durent, sous la pression de l'opinion, se résoudre à prendre une position plus nettement abolitionniste en déclarant que, s'ils parvenaient un jour au pouvoir, la Loi Aurea ne serait pas abrogée. Du coup, pour les fazendeiros, le salut ne pouvant en aucun cas venir des républicains et de leurs alliés de circonstance, il était plus raisonnable de s'en remettre au gouvernement impérial.

La brûlante question militaire

Depuis plusieurs années, le malaise couvait dans l'armée. Des incidents se produisaient dans les casernes, des actes d'insubordination se multipliaient, des appels à la sédition s'entendaient même parfois. Ces actes étaient plus ou moins couverts par une partie de la hiérarchie militaire qui essayait de prendre le train en marche avec l'idée, en tout cas pour les plus loyalistes des officiers de haut rang, non pas d'accompagner une éventuelle insurrection mais, au contraire, de la prévenir, voire de la détourner à leur profit. Ce fut le cas, dès 1885, avec l'insubordination de la garnison de Porto Alegre, dans le Rio Grande do Sul, qui fut soutenue par le maréchal Manuel Deodoro da Fonseca, commandant militaire de la province, et par le maréchal vicomte de Pelotas, sénateur du Rio Grande do Sul et ancien ministre de la Guerre. Ces messieurs, fort étoilés, estimaient que l'armée avait le droit de répondre lorsqu'elle était attaquée et accusaient les hommes politiques de se croire supérieurs aux militaires. En réalité, le véritable problème résidait dans le fait qu'une partie de l'armée brésilienne, voyant les difficultés auxquelles les gouvernements successifs étaient confrontés en raison des divisions internes des conservateurs et des libéraux, profitait de la situation en adoptant une attitude résolument antiparlementariste et, déjà, dans l'esprit au moins, insurrectionnelle.

Ce climat s'aggrava d'année en année et fut marqué par des prises de position spectaculaires sur les rapports entre l'armée et le gouvernement. Certains hauts gradés n'hésitaient pas à dire que le pouvoir civil s'ingérait trop et mal dans la conduite des affaires militaires, ce qui était une remise en cause extrêmement grave de la prééminence du pouvoir civil sur l'autorité militaire dans un État démocratique. En aparté, observons ici que cette critique rejoignait celle des catholiques ultramontains qui estimaient que le gouvernement se mêlait trop des affaires religieuses et qu'il était temps d'en finir avec le statut de 1824. Au fond, les militaires comme les extrémistes catholiques voulaient que l'État leur fiche la paix et les laisse libres de se gérer eux-mêmes en interne. Position absolument incompatible avec les principes démocratiques qui font de l'État le garant suprême des équilibres institutionnels et sociaux. Bien évidemment, les politiques réagirent et ce fut, à droite comme à gauche, un concert de protestations. Le libéral Gaspar Martins Silveira rappela à l'ordre les militaires : « Aucun groupe ne peut s'emparer du pouvoir par un pronunciamiento », et le conservateur José Fernando da Costa Pereira les mit en garde : « Subir la pression des baïonnettes de l'armée ? Jamais ! »

En 1887, sous le gouvernement conservateur du baron de Cotegipe, le maréchal Deodoro da Fonseca fut rappelé dans la capitale car son attitude frondeuse au Rio Grande do Sul et son soutien aux officiers contestataires avait déplu. Considérant qu'il avait été injustement limogé, le maréchal, héros de la guerre de la Triple Alliance, rallia le Club militaire de Rio, qui, à l'initiative de plusieurs personnalités dont le général Thomaz Cavalcante de Albuquerque, venait d'être créé pour défendre les intérêts corporatistes de l'armée. Lors de la première réunion du Club, le 26 juin, le maréchal fut élu président sur proposition du président de séance, le maréchal vicomte José Antonio Correia de Pelotas, son compagnon d'armes et héros comme lui de la guerre de la Triple Alliance.

Le débat sur l'abolition de l'esclavage en 1888 calma les choses pour un temps, mais, le baron de Cotegipe ayant été démissionné et la Loi Aurea ayant été votée, son successeur à la tête du gouvernement se trouva confronté à nouveau à la question militaire qui était devenue véritablement politique. En effet, le Club militaire de Rio, présidé par le maréchal da Fonseca et dont Benjamin Constant était le trésorier, commençait à débattre de sujets qui n'avaient rien de militaires comme la séparation de l'Église et de l'État, le mariage civil, les libertés municipales et provinciales, la sécularisation des cimetières publics et… la forme républicaine du gouvernement !

Apparemment, les hauts gradés de l'armée, antiparlementaristes mais attachés à la personne de l'empereur, furent très vite débordés par l'extrême gauche républicaine qui se servit d'eux pour parvenir au pouvoir. C'est la raison pour laquelle le Club militaire décida de proposer le nom du maréchal da Fonseca pour candidater aux prochaines élections sénatoriales. Le héros de guerre couvrirait ainsi de son manteau de gloire des aspirations révolutionnaires qui n'étaient pas les siennes, pas plus que celles du maréchal vicomte de Pelotas ou du général Cavalcante de Albuquerque. Précisons tout de même que ces messieurs étaient également francs-maçons. Ceci peut expliquer qu'en dépit de l'immense respect qu'ils avaient pour Pierre II, ils devaient craindre, eux aussi, de voir sa fille aînée monter sur le trône si le monarque disparaissait ou abdiquait pour raisons de santé.

Le gouvernement conservateur de Correia de Oliveira fit ce qu'il put pour colmater les brèches et contenir les revendications de l'armée. La création en mai 1889 du Collège militaire impérial de Rio, destiné à former tous les cadets des forces armées dans un moule unique, fut une première réponse que l'on peut interpréter aussi comme une riposte aux jeunes officiers contestataires de l'Académie militaire impériale de Praia Vermelha, auxquels on semblait dire : « Messieurs, l'Empire forme une génération loyaliste et légaliste pour contrer vos ambitions politiques. »

Le renforcement de la Garde nationale fut également envisagé pour répondre à un éventuel coup d'État militaire ou suppléer l'armée si elle devait faire défaut à un moment critique.

Toutes ces mesures, aussi bien celles concernant les fazendeiros que l'armée furent naturellement très discutées à la Chambre des Députés avec des arguments parfaitement contradictoires. S'y ajouta aussi, puisque le Club militaire et les républicains avaient pris l'initiative de proposer la fédéralisation du pays, un débat sur la réforme territoriale qu'il faudrait mettre en place pour redonner aux provinces des libertés nouvelles afin qu'elles puissent se gérer elles-mêmes sans intervention du pouvoir central. Ces débats étaient malheureusement pourris par des querelles personnelles et de vieilles rancœurs remontant au limogeage du baron de Cotegipe en mars 1888. Pour de nombreux conservateurs, en effet, le jeune Correia de Oliveira avait trahi son camp en acceptant de remplacer le vieux baron, et cette faute originelle, on ne la lui pardonnait pas. Le malheureux payait pour la princesse héritière que nul n'osait attaquer frontalement. Ces attaques, assez abjectes, sont le lot de tous les régimes parlementaires et les démocraties doivent faire avec de peur d'hériter du pire.

Après un an et quatre-vingt-neuf jours au pouvoir, le chef du gouvernement conservateur, contesté dans ses propres rangs, démissionna de ses fonctions. Le 7 juin 1889, l'empereur lui donna pour successeur un libéral : Afonso de Assis Figueiredo, vicomte d'Ouro Preto.

Dans son discours d'investiture, le nouveau président du Conseil, irrité par des remarques d'inspiration républicaine comme celles du député libéral João Manuel de Cavalho qui avait clos son intervention par un vibrant : « Vive la République ! », riposta vigoureusement : « Vive la République ? Non, non et non ! C'est sous la monarchie que nous avons obtenu la liberté que d'autres pays nous envient. Vive la monarchie qui est la forme de gouvernement à laquelle la grande majorité de la nation adhère et qui peut faire son bonheur et sa grandeur. Oui, vive la monarchie brésilienne, si démocratique, si désintéressée, si patriote et qui serait la première à se conformer aux vœux de la nation si celle si, par la voix de ses légitimes représentants, manifestait sa volonté de changement institutionnel[220]. »

« L'Empereur, Notre Seigneur et Maître, dort du sommeil de l'indifférence »

Cette impertinente formule qu'on pouvait lire le 5 février 1887 dans la revue humoristique brésilienne *Revista Illustrada* était suivie d'une attaque plus directe contre le chef de l'État : « Tandis que l'on rapporte chaque jour les méfaits de ceux qui nous gouvernent, cela semble n'avoir sur Sa Majesté qu'un effet narcotique[221]. » Bien que cette publication fût d'inspiration républicaine, elle caractérise pourtant assez bien l'étrange comportement de Pierre II pendant cette période déterminante pour l'avenir de l'Empire.

---

[220] Site « htpps://idisabel.wordpress.com. 2016/06/23/ artigo-ha-180-anos-nascia-o-viconde-de-ouro-preto ».

[221] Thomas E. Skidmore, « Brazil: Five Centuries of Change ».

L'empereur ne réagit pas et laissa ses gouvernements gérer des difficultés croissantes qui, pourtant, menaçaient directement désormais la monarchie elle-même.

Pierre II, dont on avait célébré le soixante-troisième anniversaire en décembre 1888, était fatigué et malade. Ses médecins, pour une fois, avaient été clairs : sa maladie était « grave et constitutionnelle » - cette formule originale, reprise par les journaux français, était parfaitement adaptée à la personnalité du patient - et ne lui laisserait que peu de temps à vivre, quelques mois, un an, deux ans tout au plus… Dans ces conditions pouvait-il redresser la barre et sauver l'Empire du naufrage qui se profilait ?

La réponse est « oui », indiscutablement. La publication de la correspondance entretenue avec son président du Conseil João Mauricio Wanderley, baron de Cotegipe, au pouvoir de 1885 à 1888, prouve que ses capacités intellectuelles étaient intactes[222]. L'empereur, qui était au courant de tout et possédait divers canaux d'information, signalait quotidiennement au chef du gouvernement les anomalies, les fraudes, les contestations, les injustices de toutes sortes qui remontaient jusqu'à lui et, de son bureau de Petrópolis ou du palais impérial de Rio, l'alertait, le conseillait, lui faisait des suggestions, souvent pertinentes, avec cette courtoisie innée qui caractérisait ses rapports avec les grands comme avec les petits. Il savait donc parfaitement ce qui allait et ce qui n'allait pas dans ce Brésil de la fin du XIXe siècle qu'il avait conduit pendant près de cinquante ans sur la voie du progrès et de la modernité. Il n'ignorait rien : ni les inégalités sociales, ni la pauvreté, ni les imperfections du système électoral, ni les états d'âme de l'armée, ni ceux des fazendeiros ou des francs-maçons.

Alors, pourquoi cette absence de réaction face à la vague qui monte ?

A l'évidence, le traitement médical auquel il était astreint joua un rôle déterminant car si les piqûres de morphine calmaient ses douleurs, elles avaient affaibli ses capacités physiques. Beaucoup d'observateurs, émus ou rieurs, avaient observé depuis des semaines

---

[222] Site « www. brasiliana.com.br/obras-cartas-do-imperador-pedro-ii-ao-barao-de-cotegipe ».

qu'il s'assoupissait de plus en plus souvent lors des réunions officielles ou des audiences privées particulièrement longues.

Mais il y eut autre chose encore que la maladie, et de beaucoup plus grave. Pierre semblait obsédé, comme jadis son père ou Simon Bolivar, par le sentiment d'avoir « labouré la mer ». Lui, que la presse française décrivait comme « le disciple fidèle des réformateurs philanthropiques du dix-huitième siècle[223] », se trouvait en réalité dans l'état de sidération que Montesquieu, Diderot, Rousseau ou Voltaire auraient éprouvé s'ils avaient été témoins des débordements sanglants de la Révolution française.

Comment, lui, l'humaniste, pouvait-il comprendre qu'à la fin du XIXe siècle des hommes intelligents aient pu défendre jusqu'au bout l'esclavage et le regretter encore, préférant, selon ce mot rapporté par son ami et confident André Rebouças : « Une république d'esclaves à une monarchie abolitionniste » ?

Comment, lui, le catholique sincère mais ouvert sur le monde, pouvait-il comprendre ces jeunes prêtres brésiliens ultramontains qui refusaient que le catholicisme demeurât religion d'État, non par goût irrépressible de la laïcité, comme les positivistes ou les républicains, mais pour échapper au contrôle formel du pouvoir impérial ? Bien évidemment, Pierre savait que le statut de 1824 était obsolète et qu'il faudrait un jour ou l'autre établir de nouveaux rapports avec le Saint-Siège, mais ces jeunes prêtres avaient-ils suffisamment réfléchi au poids financier que représenterait pour l'Église catholique le désengagement de l'État ? Qui donc entretiendrait le clergé, sauvegarderait l'immense patrimoine religieux du Brésil, les maisons d'éducation, les orphelinats ou les hospices ? Tout cela ne cachait-il pas, plutôt, un violent rejet de sa politique d'ouverture aux autres, incroyants ou agnostiques ?

Comment, lui, le démocrate, bâtisseur d'un ordre constitutionnel équilibré qui faisait l'admiration de tous en Europe parce qu'il tranchait avec l'évolution politique chaotique du reste de l'Amérique latine, pouvait-il admettre que l'armée fronde le pouvoir civil et que de jeunes officiers, rejetant les acquis de la monarchie démocratique depuis l'indépendance, songent à renverser un Empire pacifique et

[223] *Le Temps*, 6 décembre 1891, op.cit.

prospère que l'Exposition universelle, à ce moment même, exaltait à Paris ?

Le Pierre II de la guerre de la Triple Alliance, le Pierre II endossant son uniforme pour aller, Premier Volontaire de l'Empire, défendre les frontières de son pays violées par le Paraguay n'était plus. L'homme avait vieilli, un travail harassant l'avait épuisé, la maladie faisait le reste.

Certes, avec vingt ans de moins et la forme physique d'un monarque de quarante ans, il aurait pu réagir face aux doutes de la classe politique sur sa succession et au mécontentement de l'armée. Comment ? En contraignant sa fille aînée à renoncer à ses droits car, avec les sentiments d'un père attentif, il voyait bien que son intransigeance de caractère et son excessive religiosité ruinaient ses chances d'accéder au trône ; en désignant son petit-fils Pierre comme héritier direct ; en endossant une nouvelle fois son uniforme pour aller dans les casernes s'expliquer d'homme à homme avec les militaires et leur présenter son petit-fils qui, bientôt, futur conscrit, serait en âge de partager leur vie et de comprendre leurs difficultés. Le pari aurait pu être gagné parce que les activistes étaient extrêmement minoritaires dans l'armée même si, comme toujours, ils faisaient beaucoup plus de bruit que les autres.

Mais, dans un pays aussi gigantesque que le Brésil et renfermant des territoires immenses, encore à l'écart de la civilisation, Pierre aurait pu aussi ouvrir aux militaires de nouveaux horizons dans le domaine social. Il aurait pu les appeler à une nouvelle reconquête pacifique du pays afin que le progrès, l'éducation, la science se répandent partout, que la pauvreté recule et que les conditions sanitaires s'améliorent pour tous. L'armée aurait suivi et balayé cette prétendue « vague républicaine », qui ne représentait que deux députés à la Chambre en 1885, aucun en 1886 et un seul, malheureux et « insignifiant » - pour reprendre la cruelle formule du *Jornal do Comercio*[224]- aux dernières élections législatives de l'Empire en août 1889[225].

---

[224] 13 septembre 1889.

[225] Les résultats officiels des élections de 1885, 1886 et 1889 peuvent surprendre quant à la représentation d'un parti républicain qui, pourtant, était très actif depuis le début des années 1870. Cela peut s'expliquer par le système politique d'alternance

L'empereur aurait pu ainsi partir la tête haute, sauvegardant la démocratie parlementaire et la monarchie constitutionnelle par l'organisation d'une régence puisque le prince Pierre n'était encore qu'un adolescent.

Mais pour mettre à exécution ce plan de sauvetage, il aurait dû commettre un acte d'injustice. Lui, qui disait que l'on ne pouvait séparer la justice de la politique, comment pouvait-il contraindre la princesse héritière à renoncer à ses droits ? Isabelle était ce qu'elle était mais, en dépit de tout, elle restait, et resterait pour l'histoire et pour le peuple brésilien, « la Rédemptrice », celle qui avait paraphé d'une plume d'or la loi d'abolition de l'esclavage. Ce qu'aurait dû faire un monarque attentif à la survie de sa dynastie, un père aimant ne pouvait s'y résoudre.

On ne réécrit pas l'histoire, mais il est vrai que tout, dans cette période fatidique des premiers mois de 1889, était encore jouable. A preuve, les extraordinaires manifestations de loyalisme monarchique provoquées par le malaise de l'empereur lors d'une représentation théâtrale en juin 1889, puis après l'attentat perpétré le 15 juillet suivant devant le théâtre impérial contre le monarque et sa famille. Le « Vive la République ! » d'un jeune exalté et les balles qu'il tira sur le carrosse choquèrent l'opinion et expliquent pour partie le désastre électoral des républicains au mois d'août suivant. Cet attentat, s'il avait réussi, aurait élevé Pierre II, admirateur du président Lincoln -

---

bien rodé du Brésil qui, nécessairement, favorisait les vieux partis traditionnels, très organisés, et bénéficiant d'une solide clientèle tant du côté des libéraux que des conservateurs. Toutefois, si l'on observe attentivement le nombre de députés des trois législatures en question (la 21e ne fonctionna pas puisque sa réunion prévue en novembre 1889 fut suspendue par le coup d'Etat), on note que le nombre des députés était fixé alors à 125. Or, les chiffres qu'on donne des sièges obtenus par les grands partis ne comptabilisent qu'une centaine de députés à chaque élection. Concrètement, cela signifie qu'il restait donc 25 députés « indéterminés », moins, bien sûr, les un ou deux républicains déclarés. Que représentaient exactement ces députés ? Étaient-ils non-inscrits, indépendants, ou opposés au système parlementaire bipolaire ? On ne peut pas écarter l'hypothèse qu'un certain nombre d'entre eux aient été des républicains cachés, refusant de s'afficher comme tels. L'exemple du député libéral João Manuel de Carvalho qui, lors de la séance d'investiture du vicomte d'Ouro Preto, en juin 1889, cria soudain « Vive la République ! » prouve que des républicains, pour se faire plus facilement élire, pouvaient revendiquer officiellement une appartenance plus conventionnelle. (cf. infra p.176).

assassiné dans un théâtre en 1865 -, au même rang de martyr de la liberté que lui.

L'agonie du Second Règne

Le 7 juin 1889, le libéral Afonso Celso de Assis Figueiredo, vicomte d'Ouro Preto, forma son gouvernement. Ne se faisant aucune illusion sur le soutien d'une Chambre des Députés à forte majorité conservatrice depuis 1886 - 82 conservateurs contre 18 libéraux -, il sollicita auprès de l'empereur une dissolution qui lui fut accordée. Les élections législatives furent fixées au 31 d'août.

Universitaire et ministre à plusieurs reprises, Ouro Preto avait reçu le titre de vicomte en 1888 pour son rôle éminent en faveur de l'abolition de l'esclavage. C'est un homme qui ne transigeait pas sur ses convictions. Dans le contexte politique où se trouvait le Brésil, les tergiversations n'auraient d'ailleurs servi à rien et le président du Conseil, face à la grogne de l'armée qui basculait pour une partie d'entre elle dans la subversion, précisa clairement sa position : « Aucun homme et aucun parti ne peuvent accepter de gouverner sous la menace des baïonnettes et des épées ! »

C'était désormais la rupture entre le pouvoir civil et le pouvoir militaire, crise d'une excessive gravité que Pierre Ier, l'empereur-soldat, aurait résolu par le sabre, tandis que son fils Pierre II, respectueux des règles démocratiques, ne pouvait qu'appeler de ses vœux une majorité parlementaire d'union nationale, consciente de la menace qui pesait sur le pays et sachant trouver une solution d'apaisement.

Mais il était déjà trop tard. La coalition des officiers séditieux rêvant de jouer un rôle politique - comme leurs camarades hispano-américains le faisaient depuis le début du siècle - et des républicains sans illusion sur leur chance d'obtenir une représentation significative dans la 21e législature de l'Empire allait l'emporter sur le loyalisme du peuple et sur la fidélité d'une classe dirigeante que la perspective de la mort imminente de l'empereur et la crainte de voir sa fille lui succéder tétanisaient.

Ouro Preto fit ce qu'il put dans cette situation et tenta de préserver les prérogatives du gouvernement face à une subversion hétéroclite couverte par les casquettes étoilées de quelques maréchaux. La réforme de la Garde nationale qui paraissait être - et qui fut sans doute - un moyen de contrer l'armée par l'appel aux citoyens volontaires, contribua encore à creuser le fossé. Et pourtant, si l'armée régulière basculait dans l'illégalité, qui d'autres que les citoyens en armes pouvaient sauver l'État de droit, au risque même de la guerre civile ?

Les lumières s'éteignent

Le sursaut monarchiste ayant suivi l'attentat du 15 juillet et la large victoire libérale aux élections législatives d'août 1889 firent croire au président du Conseil que la partie était gagnée. Mais, pour consolider les choses, il fallait attendre le début de la 21e législature et l'installation de la nouvelle Chambre à la fin du mois de novembre.

Pour les activistes, surtout pour les républicains qui n'avaient obtenu qu'un seul siège aux élections, il était d'important d'agir avant la mise en place de la nouvelle majorité. La course contre la montre était donc engagée avec le gouvernement légal.

Le vicomte d'Ouro Preto s'activa à mettre en place la nouvelle Garde nationale et à préparer son futur gouvernement puisque, ayant remporté les élections, il n'était pas douteux que l'empereur le confirmerait à la présidence du Conseil. Il fallait d'ores et déjà prévoir les développements de la crise militaire et les moyens d'y remédier. De même, il convenait d'étudier la façon d'assouplir le système de centralisation territorial en vigueur depuis cinquante ans et pouvoir ainsi répliquer à la propagande républicaine prônant un fédéralisme absolu.

Cette question était particulièrement délicate et, en 1910, vingt-et-un ans après la proclamation de la République brésilienne, Georges Clemenceau, séjournant dans le pays, remarquait que les choses n'étaient pas si simples : « Si l'autonomie des États doit être autre chose qu'un mot, il faut que vingt millions d'habitants, inégalement répartis sur un territoire dix-huit fois grand comme la France, puissent créer dans chaque province une force suffisante d'intelligences et de volontés pour former non seulement l'élite constitutive d'un gouvernement, mais, dans les masses populaires, une puissance morale capable de s'exprimer en cette élite : sans quoi la démocratie n'est qu'un déguisement de la tyrannie. Dans certains États, comme celui de Saint-Paul[226], il y a manifestement surabondance de ces énergies. En d'autres, déficit apparent. Le temps et les efforts communs remédieront sans doute à ce fâcheux état de chose. En attendant, l'équilibre est rompu, et la constitution jouit principalement d'une force de théorie[227]. » On ne peut mieux décrire la quadrature du cercle que représentait la question territoriale brésilienne et on observera que le jugement du très jacobin Clemenceau était assez proche de celui de Pierre II sur le sujet. Sans doute aussi avec la même conclusion sous-jacente : seul le pouvoir central était susceptible de rétablir les équilibres entre des territoires si disparates.

A l'initiative, peut-être, de la princesse héritière à l'égard de laquelle il avait une grande déférence, le vicomte d'Ouro Preto suggéra, pour redonner du lustre à la monarchie et faire renaître les espoirs, de célébrer à la fin d'octobre 1889 les noces d'argent d'Isabelle avec le prince Gaston d'Orléans qui s'étaient mariés à Rio le 15 octobre 1864. Rien de plus réconfortant dans une monarchie en période de morosité ou de difficultés qu'une brillante commémoration dynastique comme celle que les Anglais s'étaient offerte en 1887 pour le jubilé d'or de la reine Victoria.

Le couple héritier brésilien n'était pas très apprécié par la classe dominante sauf, bien sûr, lorsqu'il donnait des soirées mondaines éblouissantes au Palais Isabelle où tout le gratin se précipitait, tandis que l'empereur, détestant ce type de manifestation, restait tranquillement chez lui avec ses livres, sa collection de photographies et ses lunettes astronomiques. Mais le peuple ignorait ces préventions et ne voyait en Isabelle que la libératrice des esclaves. Dès lors, une commémoration monarchique à l'occasion de cet anniversaire de mariage n'était pas en soi une mauvaise idée car Isabelle et Gaston apparaîtraient publiquement avec leurs trois beaux garçons : les princes Pierre, Louis et Antoine d'Orléans-Bragance, espoirs de la monarchie. Dans un pays particulièrement machiste comme le Brésil du XIXe siècle où même les femmes de la haute société ne sortaient

[226] São Paulo.
[227] Georges Clemenceau, op.cit.

de chez elles que pour parader avec les plus belles robes de Paris et des bijoux fabuleux qui ajoutaient encore au prestige de leurs époux, les trois jeunes mâles impériaux ne pouvaient que rassurer les Brésiliens.

Cette bonne idée du jubilé d'argent princier fut volontairement détournée par les adversaires de l'Empire. Une rumeur se propagea immédiatement, assurant que cette cérémonie ne visait en réalité qu'à présenter solennellement à la nation la future impératrice et son prince consort car Pierre II, s'il ne mourait pas, comptait abdiquer incessamment... Le gouvernement et la famille impériale furent tirés de ce mauvais pas car la nouvelle de l'état critique du roi Louis Ier du Portugal, neveu de Pierre II, parvint à Rio. Le roi mourut à Cascais le 19 octobre 1889 et, en raison du deuil officiel observé par la cour du Brésil, la célébration des noces d'argent du couple princier fut remise à plus tard.

Plus tard, ce fut le 9 novembre 1889.

Pourquoi cette date ? Simplement parce que le cuirassé *Almirante-Cochrane*[228], fleuron de la flotte de guerre chilienne, devait faire escale à Rio et que le gouvernement y vit une belle opportunité pour parler un peu moins de la princesse Isabelle et beaucoup plus de l'amitié du Brésil et du Chili qui avaient tous deux un même rival en Amérique du Sud : l'Argentine. Cette visite devait donc être aussi l'occasion de louer la diplomatie impériale, grâce à laquelle l'Empire était en paix avec tous ses voisins depuis près de vingt ans.

Le gouvernement mit les petits plats dans les grands et l'on transforma en palais néo-gothique, inauguré par l'empereur, l'ancien bâtiment des douanes maritimes de l'Île Fiscal, dans la baie de Guanabara. C'est là qu'en l'honneur de la marine chilienne un bal devait être donné aux 3500 invités. Cette manifestation de prestige fut très coûteuse mais les finances publiques se portaient bien et le Brésil

[228] L'amiral Thomas Cochrane, comte de Dundonald (1775-1860) fut le type même de l'officier de marine-aventurier issu de la Royal Navy. Pendant les guerres d'indépendance des pays latino-américains, il se mit notamment au service du Chili et du Pérou. Pierre Ier du Brésil accepta également ses services pour neutraliser les navires portugais qui avaient reçu de Lisbonne l'ordre de s'opposer à l'indépendance du pays et pour détruire les forts brésiliens tenus par les dernières garnisons portugaises.

impérial avait besoin de rassurer ses alliés et ses amis sur la solidité du régime. De la même façon, en France, la haute société républicaine organisait des bals de prestige pour montrer que la IIIe République était solide et que les royalistes n'avaient qu'à bien se tenir.

Naturellement, à l'Île Fiscal, le jour dit, aucun invité ne fit défaut. Même les grands propriétaires qui commençaient à digérer lentement la pilule de l'abolition s'y rendirent pour saluer la famille impériale. Il faut reconnaître que le décor était somptueux. Les parquets et les glaces brillaient de mille feux, les torchères et les candélabres éclairaient a giorno, les salles étaient embaumées par d'immenses bouquets de fleurs tropicales. On dansa au rythme des valses de Strauss interprétées par des orchestres militaires dont l'un, à l'extérieur du palais, jouait pour le public présent sur la rive opposée. Dans la rade, l'*Almirante-Cochrane,* entouré des navires de l'escadre brésilienne, était pavoisé et illuminé en signe d'amitié fraternelle entre la République chilienne et l'Empire du Brésil. Ce faste n'empêcha pas de mauvais esprits d'insinuer que l'hommage à l'allié chilien était un leurre et qu'en réalité, à la fin du bal, l'empereur annoncerait son abdication et introniserait sa fille aînée.

Rien de cela ne se passa.

Pierre II était allergique aux bals bien qu'il fût excellent danseur dans sa jeunesse et formé à cet art par un maître français. Il considérait que les bals étaient inutiles, sauf lorsqu'ils avaient une vocation caritative. Ce fut le cas, notamment, de celui qui lui fut offert en 1861 par l'Association commerciale de la province de Pernambouc pour la pose de la première pierre du nouvel hôpital de Recife. Les promoteurs, qui entendaient faire appel aux dons pour lancer les travaux, pensaient que la présence de l'empereur encouragerait la générosité des mécènes. Ce fut effectivement le cas et Pierre se prêta au jeu en justifiant son changement de pied : « Au moins, un bal peut servir à quelque chose puisqu'il permettra ici de faire avancer les travaux[229]. » A l'Île Fiscal, il dansa donc une fois encore en l'honneur de ses hôtes chiliens mais ne le fit ni avec sa femme, l'impératrice Thérèse-Christine, qui était désormais pratiquement invalide des jambes, ni avec sa fille Isabelle. Il ne dansa qu'une seule fois, pour

---

229 Revue « Historia, Ciências, Saude-Maguinhos », volume 18, supplément 1, Rio de Janeiro, 2011.

ouvrir le bal, et choisit pour cavalière une jeune fille de quinze ans, fille de l'inspecteur général des douanes de Rio qui avait été élevé au rang de baron au début de l'année. Naturellement, il ne fit aucune déclaration officielle sur quoi que ce soit puisque des invités étrangers étaient présents. Pierre était un homme de bonne éducation et savait que le protocole diplomatique imposait qu'un chef d'État s'abstienne de déclarations publiques ayant trait à la politique intérieure de son pays quand il recevait des hôtes étrangers ou qu'il était lui-même à l'étranger.

De toute façon, il n'avait jamais rien envisagé de ce genre.

Le coup d'État

Pendant ce temps, les opposants au régime conspiraient. Réunis au Club militaire de Rio en présence du maréchal Deodoro da Fonseca, ils attendaient avec impatience l'annonce d'une éventuelle déclaration d'abdication de l'empereur en faveur de sa fille pour agir. Comme rien ne se passa, il fallut improviser et brûler les feux.

Tous les mutins, qu'on estime généralement à deux mille environ, se préparèrent à passer à l'action avec la bénédiction du maréchal da Fonseca dont on assurait, soit pour l'encourager à ne pas faiblir en raison de son amitié pour l'empereur, soit pour justifier sa trahison, que l'arrestation était imminente. Dans le comité de préparation du coup d'État se retrouvaient, autour du maréchal, aussi bien des républicains « historiques » que des francs-maçons effrayés par la perspective d'un Empire théocratique sous le sceptre de la princesse Isabelle. Dans les casernes, les officiers activistes vibrionnaient, couraient en tous sens, affirmant que le gouvernement se préparait à réprimer par la force, et avec l'aide de la Garde nationale, le mouvement militaire dont les meneurs seraient emprisonnés ou fusillés. A croire que le Brésil n'était plus sous le règne bienveillant de Pierre le Magnanime mais sous celui d'Ivan le Terrible…

Pendant ce temps, tout était calme au sommet de l'État. L'empereur se reposait à Petrópolis tandis que le président du Conseil, à Rio, travaillait sagement sur les délicats dossiers de la prochaine législature. Les parlementaires avaient déserté les couloirs du Sénat et de la Chambre pour villégiaturer dans leurs provinces d'origine.

Le maréchal da Fonseca était prêt. Enfin, presque. Il fallut une dernière rumeur pour le faire basculer définitivement. Des gens « bien informés » firent courir le bruit que l'empereur allait destituer le vicomte d'Ouro Preto pour le remplacer par le sénateur libéral Gaspar da Silveira Martins. Bien entendu, tout cela était insensé car on imagine mal Pierre II, sans motifs, et alors que la nouvelle Chambre n'était pas encore installée, limoger un chef du gouvernement qu'il avait nommé en juin, qui avait remporté les élections législatives en août, qui lui avait donné toute satisfaction et qui venait de remporter un beau succès personnel avec la réception brillante de l'Île Fiscal. Mais le maréchal, sans se douter de la provocation, tomba dans le piège. Silveira Martins était sa bête noire car, non seulement, avant tous les autres parlementaires, il avait solennellement mis en garde l'armée contre une tentative de pronunciamiento mais, de plus, méprisant Fonseca qui n'était pour lui qu'une baudruche galonnée, il l'avait traité publiquement de « sergent ».

Le 14 novembre 1889 au soir, le maréchal baissa le pouce.

Dans la matinée du 15 novembre, des soldats en armes pénétrèrent dans le palais du gouvernement et séquestrèrent le président du Conseil et les ministres qui l'entouraient. Le ministère de la Guerre, dont le titulaire était Carlos Afonso Celso de Assis Figueiredo, frère du chef du gouvernement, fut également investi pour empêcher toute réaction des officiers loyalistes. Alerté, Pierre II revint en hâte de Petrópolis et se trouva pris au piège au palais impérial de Rio où il fut, lui aussi, séquestré. Toute la famille impériale, fille, gendre et petits-enfants, vint le rejoindre et se retrouva également prisonnière. Aux portes et aux grilles du palais, des soldats rebelles, baïonnette au canon, empêchaient toute communication avec l'extérieur.

Un « gouvernement provisoire » présidé par le maréchal da Fonseca proclama la République et la fin de la dynastie impériale. On pourrait écrire tout aussi bien : « Un gouvernement de mutins, dirigé par un maréchal monarchiste, proclama provisoirement la République », tant le trouble et la confusion étaient grands.

L’empereur expulsé

Pierre II ne comprenait rien. L’idée d’un putsch ne l’avait jamais effleuré. Il n’y croyait pas et pensait que le gouvernement allait rapidement rétablir l’ordre. Son désarroi se manifesta particulièrement lors d’un entretien avec son gendre. Lorsque le prince Gaston d’Orléans lui demanda ce qu’il fallait faire, Pierre répondit : « Le gouvernement doit dissoudre les unités rebelles. » Réplique du prince : « Mais Père, comment peut-on dissoudre des unités rebelles ? »

Cela, l’empereur le savait, le redoutait, le rejetait : c’était la guerre civile !

Les informations officielles qu’il attendait fébrilement lui parvinrent le lendemain. De jeunes officiers putschistes lui remirent avec raideur le message du gouvernement provisoire. Il était éclair et laconique : « Le gouvernement provisoire considère que votre présence est inappropriée, dangereuse et pourrait susciter des réactions hostiles. Dès lors, il espère de votre patriotisme le sacrifice de quitter le territoire brésilien, avec votre famille, dans le délai le plus court possible. »

Face aux jeunes émissaires dont certains avaient encore des visages d’adolescents et dont l’un au moins, l’aïeul exalté du président Fernando Henrique Cardoso, trouvait que toutes ces politesses étaient vaines et qu’un peloton d’exécution eût mieux fait l’affaire, Pierre II répondit : « Je pars, et je pars sans délai. »

Coupé de son gouvernement, l’empereur fut pourtant contacté téléphoniquement par de nombreux fidèles. On lui suggéra de demander l’asile à bord du cuirassé chilien *Almirante-Cockrane* qui se trouvait toujours au mouillage dans la rade. Il s’agissait de l’exfiltrer pour qu’il parte en province afin de rallier les troupes fidèles et renverser le gouvernement révolutionnaire. L’amiral marquis de Tamandaré, commandant-en-chef de la flotte brésilienne, l’assura de la fidélité de la marine et l’engagea à résister. Sur son ordre, l’artillerie navale se tenait prête à pilonner les positions stratégiques tenues par les rebelles dans la capitale.

Tout cela était inutile. Pierre ne voulait pas que son règne pacifique s'achève dans une guerre civile. C'eût été donner un trop grand prix à une couronne pour lui qui avait noté dans son journal intime, le 31 décembre 1861 : « Je préférerais être président de la République ou ministre plutôt qu'empereur. »

Dans un dernier message avant l'exil, il exprima son émotion : « Je me résous, en raison des circonstances, à renoncer à mes fonctions de chef d'État et à quitter un pays tant aimé et auquel, pendant près de cinquante ans, je me suis efforcé de donner des preuves constantes de mon dévouement et de mon attachement. Au moment de mon départ, en communion d'esprit avec ma famille, je conserverai un souvenir affectueux du Brésil et je lui souhaite grandeur et prospérité. »

Le 17 novembre 1889, à 3h du matin, le lieutenant-colonel John Nepomuceno de Medeiros Mallet, dépêché par le gouvernement provisoire afin de procéder immédiatement à l'expulsion du palais de la famille impériale par crainte de manifestations populaires, se présenta à l'empereur pour lui notifier son départ imminent. Pierre II, agacé par cette précipitation et ne pouvant même pas achever de s'habiller correctement, s'emporta : « Vous me traitez comme on traitait jadis les esclaves en fuite ! » Il chercha à savoir qui était réellement derrière le coup d'État : « Il s'agit sans doute de militaires et de marins révoltés. Quel est exactement le rôle du maréchal da Fonseca ? » L'officier répondit : « Il est à la tête du gouvernement provisoire. » « Alors, il est devenu fou ! » répliqua l'empereur. La princesse Isabelle intervint : « Si tout cela est dû à l'abolition de l'esclavage, je puis vous assurer que je ne regrette rien et que je signerai à nouveau cette loi si nécessaire. » De son côté, l'impératrice Thérèse-Christine, se joignant au mouvement d'humeur de son mari car sa toilette n'était pas achevée, interpella Medeiros Mallet à son tour : « Qu'avons-nous fait pour être traités comme des criminels ? » Isabelle interrompit ces échanges inutiles par ce mot définitif : « Ils sont pris d'une crise de folie[230] ! »

Le lieutenant-colonel n'en menait pas large mais, obéissant à des ordres qu'au fond de son cœur il condamnait peut-être, accéléra les choses car on venait de lui rapporter que des coups de feu avaient été

[230] Site « origin.veja.abril.com.br/historia/republica/imperador-destronado-d-pedro-ii.shtme ».

entendus à proximité du palais. S'agissait-il de monarchistes souhaitant libérer l'empereur ou des excités voulant lui faire un mauvais sort ? Quoi qu'il en soit, il fit sortir en hâte la famille impériale et la dirigea sous escorte vers l'embarcadère où une garde militaire rendit une dernière fois les honneurs à l'empereur avant qu'il ne monte à bord du croiseur *Parnaíba*. Ce navire devait les conduire dans la rade, où le paquebot *Alagoas*, à destination de Lisbonne, était mouillé. Un autre navire de guerre, le cuirassé *Riachuelo*[231], escorta le paquebot jusqu'à la limite des eaux territoriales du Brésil par crainte qu'il ne fasse demi-tour. Pierre II trouva cette précaution excessive : « Dites au commandant du *Riachuelo* que c'est inutile. Je ne reviendrai pas. Le Brésil ne veut plus de moi, je m'en vais[232]. »

Le 2 décembre 1889, l'empereur fêta son soixante-quatrième anniversaire en mer. Au toast du commandant de l'*Alagoas*, il répondit en levant son verre : « Je bois à la prospérité du Brésil[233]. »

---

[231] Ainsi baptisé en souvenir de la victoire navale remportée en 1865 sur le fleuve Paraná par la marine impériale brésilienne sur la marine de guerre paraguayenne.

[232] Article d'Antonio Sergio Ribeiro du 13 novembre 2013, intitulé « 15 novembre 1889 : la République au Brésil », publié dans le bulletin de l'Assemblée législative de l'Etat de São Paulo (« https : //www.al. sp.gov.br/noticia / »).

[233] Ibid.

XXI.
Exil et mort de l'empereur

« C'était un bon roi, le roi de Malécarlie, c'était une bonne reine, la princesse sa femme. Ils faisaient tout le bien que peuvent faire des esprits éclairés, libéraux, sans prétendre que leur dynastie eût une origine divine. Le roi était très instruit des choses de la science, très appréciateur des choses de l'art, passionné par la musique surtout. Savant et philosophe, il ne s'aveuglait guère sur l'avenir des souverainetés. Aussi, était-il toujours prêt à quitter son royaume dès que son peuple ne voudrait plus de lui. »

Jules Verne[234]

Une République en manque de légitimité

La fin de l'Empire fut à l'origine d'un véritable malaise existentiel pour la République du Brésil et pour l'ensemble des républicains modérés. De tous les républicains du monde, en vérité, à preuve le constat fait en 1910 au Brésil par Georges Clemenceau, grand républicain s'il en fût et « bouffeur » de rois : « L'empereur dom Pedro II n'a pas laissé de mauvais souvenirs. Tout le monde en parle avec une respectueuse sympathie[235]. »

En 1909-1910, le Service d'Expansion Économique du Brésil, organisme d'État, donc de la République, publia *Le Brésil. Ses richesses naturelles, ses industries*, un ouvrage destiné à promouvoir le pays auprès des investisseurs étrangers et conçu à l'initiative de Lauro Muller, ministre brésilien de l'Industrie en 1905. On y trouve une explication des événements de 1889, et donc une justification du

[234] Jules Verne, « L'Île à Hélice ». Hommage rendu à l'empereur Pierre II.
[235] « En Uruguay et au Brésil », op.cit.

coup d'État mais sans accabler la monarchie ou l'empereur : « La maladie de l'empereur (1887-1889) mit souvent en sérieux embarras le ministère, obligé de résoudre par lui-même les cas les plus graves afin d'éviter tout ce qui aurait pu affecter l'état précaire de sa santé. Des scrupules excessifs de déférence envers le souverain empêchèrent l'application de l'article 126 de la Constitution qui prescrivait en pareil cas la nomination d'une régence[236].» L'auteur fait ainsi porter la responsabilité de l'effondrement du régime sur la classe dirigeante dont le refus de pousser le monarque au retrait volontaire avait entraîné la chute du régime alors, pourtant, et la référence est explicite dans la suite du texte, qu'une régence avait déjà été mise en place en 1831-1840, durant la minorité de Pierre II. La régence qui est évoquée ici, et dans le contexte nouveau de la période 1888-1889, ne saurait en aucun cas être confondue avec les trois régences « temporaires » exercées par la princesse héritière Isabelle du vivant de son père. On peut donc en déduire que les républicains, ou en tout cas les plus objectifs d'entre eux, considéraient que l'Empire aurait pu être sauvé par une régence organisée au profit de « Pierre III », si les politiques avaient eu le courage d'imposer cette solution à l'empereur.

Voici donc la conclusion à laquelle des responsables républicains étaient parvenus vingt ans après les événements de 1889. Il est vrai que les débuts chaotiques du régime républicain avaient de quoi impressionner défavorablement. Ainsi, de 1889 à 1905, le Brésil connut un gouvernement provisoire, cinq présidents de la République - deux militaires et trois civils -, une guerre civile de 1893 à 1894 avec des prolongements dans certains États, une crise économique et financière sévère. L'armée, divisée par des généraux ambitieux, était aussi désenchantée qu'à la fin de l'Empire - c'est d'ailleurs en son sein que fut fomentée la guerre civile de 1893-1894, avec un projet de restauration monarchique identique à celui qui avait été mené à bien en Espagne en 1874-1875 par le général Martinez Campos -, et les hommes d'affaires vivaient dans la crainte que les désordres et l'instabilité politique ne donnent un coup d'arrêt au développement prodigieux du pays depuis le milieu du XIXe siècle.

La presse française fera le même constat en observant que « si la révolution du 15 novembre 1889 a surabondamment démontré que la monarchie impériale n'avait pas au Brésil des fondements bien

---

236 Cf. bibliographie in fine.

solides, les événements qui se sont passés depuis lors ont prouvé que la république n'y avait pas trouvé un terrain bien préparé, ni jeté de bien profondes racines dans le sol[237].»

Quoi qu'il en soit, il était trop tard et les regrets sont toujours vains. D'autant que si, en 1889, la solution d'une régence imposée à l'empereur au profit de son petit-fils aurait convenu à Pierre II, déchargé ainsi de la responsabilité de contraindre sa fille à renoncer, il n'est pas certain du tout que la princesse héritière eût accepté cette solution de gaîté de cœur[238].

L'Église catholique du Brésil au soutien de la République

L'Église du Brésil fut satisfaite de la chute de la monarchie et applaudit à la publication, le 7 janvier 1890, du décret du gouvernement provisoire de la République. Ce décret abolissait le statut de religion d'État du catholicisme et, quinze ans avant la France républicaine, prononçait la séparation de l'Église et de l'État. Il mettait fin aussi au « patronage royal » qui, selon les catholiques ultramontains, favorisait les ingérences du pouvoir politique dans les affaires du clergé, et laissait toutes les religions du pays se gérer librement par elles-mêmes. Le gouvernement provisoire, composé exclusivement de francs-maçons, poussa même l'obligeance jusqu'à accepter de continuer à payer les prêtres catholiques comme à subvenir au financement des séminaires. Générosité incompréhensible qui impose, dans un État laïque, d'agir de la même façon avec les

---

[237] *Le Temps*, 6 décembre 1891, op.cit.

[238] Prenant en considération les circonstances particulières de la proclamation de la République au Brésil en 1889, le gouvernement brésilien a organisé en 1993, soit 104 ans après le coup d'Etat, un référendum sur la nature du régime. La République l'a emporté sur la Monarchie avec un score sans appel de 86,6% contre 13,4%. On peut donc considérer que la République est légitime au Brésil depuis cette date seulement, même s'il peut paraître curieux qu'on ait attendu plus d'un siècle pour organiser une consultation populaire. Il est vrai que la France elle-même n'a jamais organisé de consultation de cette nature puisque les différentes constitutions républicaines ont pris la précaution d'inscrire dans le marbre que la forme républicaine du gouvernement ne saurait être remise en cause. Seul, apparemment, l'Empire pourrait être restauré en France puisque Napoléon Ier, par un sénatus consulte et un plébiscite subséquent, porta, dans les premières années de son règne, le beau titre « d'Empereur de la République française ».

autres religions - principalement protestante et juive au Brésil - avec toutes les conséquences qu'on peut imaginer sur les finances publiques. Mais peut-être s'agissait-il d'une générosité calculée et sans doute aussi provisoire que le gouvernement.

Si les extrémistes catholiques étaient minoritaires avant le coup d'État de 1889, ils poussèrent néanmoins le clergé brésilien à se rallier à la République. Du coup, l'épiscopat qui, jusqu'en novembre 1889, participait aux célébrations monarchiques et encensait, au propre comme au figuré, la famille impériale, applaudit au décret de janvier 1890. Les évêques allèrent plus loin encore en justifiant, ce qu'on ne leur demandait pas, la chute de l'Empire par la colère de Dieu : « Nous venons d'assister à un spectacle qui a épouvanté l'univers, à un de ces événements par lequel le Très Haut donne, quand il le veut, d'effrayantes leçons aux peuples et aux rois. Nous venons de voir un trône couler à fond tout d'un coup dans l'abîme que lui creusèrent en peu d'années des principes dissolvants, accrus à son ombre[239]. » Les derniers mots de la déclaration épiscopale laissent perplexe. À quels « principes dissolvants agissant à l'ombre du trône » faisait-on allusion ? S'il s'agit des principes maçonniques - et quoi d'autre ? - on comprend que les relations « apaisées » de l'Église et du pouvoir républicain ne pouvaient durer éternellement.

De fait, l'Église du Brésil, en dépit du pape Léon XIII encourageant le clergé local à « profiter de la liberté dont jouit l'Église sous le régime républicain[240] », en vint bien vite à regretter la situation dominante qu'elle avait eue sous l'Empire et sous le « patronage » bienveillant de Pierre II. Ainsi, la rédaction du projet définitif de constitution républicaine lui fit craindre le pire. Ces inquiétudes se révélèrent justifiées lorsque la constitution du 24 février 1891 fut votée. Le mariage civil fut institué, la laïcisation de l'enseignement proclamée et la sécularisation des cimetières décrétée. De bien grosses pilules à avaler pour l'Église qui s'était toujours opposée violemment à ces réformes, surtout celle concernant le mariage civil vers lequel le

239 F. Badaro, op. cit : « L'Eglise au Brésil pendant l'Empire et pendant la République ».

240 Ibid. Léon XIII abandonna les Bragance du Brésil comme il avait abandonné les Orléans en France en exhortant les catholiques à « rallier » la République ». Ce Pontife restera un mystère puisque, dans le même temps, il fulminait contre la franc-maçonnerie alors que la IIIe République française comme le gouvernement provisoire brésilien étaient truffés de francs-maçons.

Conseil d'État impérial, avec l'approbation de l'empereur, avançait prudemment mais sûrement.

L'Église sauva néanmoins les meubles, c'est-à-dire ses biens. Relativement quand même, puisqu'au financement public du clergé et des séminaires était substitué le financement public des religions mais seulement au titre des œuvres de bienfaisance. Belle astuce juridique qui, au final, allait entraîner un contrôle de l'État sur les activités caritatives, ce qui n'est pas neutre car ce domaine génère des flux financiers considérables.

Enfin, petite consolation tout de même : les ordres religieux et les congrégations pouvaient désormais s'administrer librement et, surtout, correspondre directement avec leurs autorités supérieures résidant hors du Brésil. En effet, sous l'Empire, un contrôle de ces correspondances existait au niveau du ministère de l'Intérieur, usage que les tensions créées avec Rome par le Syllabus avaient renforcé encore.

Les premières douleurs de l'exil

Le voyage vers l'exil européen de la famille impériale du Brésil fut marqué par un incident tragique. Le prince Pierre-Auguste de Saxe-Cobourg-Kohary, né à Rio en 1866, fils du prince Auguste de Saxe-Cobourg-Kohary et de la princesse Léopoldine du Brésil, elle-même fille cadette de Pierre II, fut frappé d'une crise de démence. Déjà psychologiquement fragile en raison de la mort précoce de sa mère et de l'installation définitive de son père en Autriche pour gérer ses propriétés familiales, l'enfant, orphelin de fait comme le fut Pierre II lui-même dans sa jeunesse, fut toutefois élevé au Brésil par l'empereur et l'Impératrice avec un soin attentif. Héritier présomptif du trône après sa tante Isabelle et jusqu'à la naissance de son cousin germain Pierre, prince de Grão-Pará, en 1875, c'était un adolescent sensible, tourmenté, qui présentait les mêmes symptômes d'instabilité que son petit-cousin l'archiduc Rodolphe, fils de François-Joseph d'Autriche et d'Elisabeth de Bavière. Durant la traversée de Rio à Lisbonne, pris d'un délire de persécution, il accusa le commandant de l'*Alagoas* d'avoir été soudoyé par les républicains pour massacrer la famille impériale. Il crut aussi que des navires républicains allaient couler le navire et envoya à la mer des bouteilles contenant des appels à l'aide. On dut l'enfermer dans sa cabine pour le reste de la traversée[241].

C'est le 7 décembre 1889 que Pierre II, l'impératrice Thérèse-Christine et l'ensemble de la famille impériale débarquèrent à Lisbonne[242].

Le roi Charles Ier du Portugal, petit-neveu des exilés, les reçut avec affection mais, très pris par la préparation de son propre couronnement, ne put leur accorder toute l'attention nécessaire. Du reste, l'empereur et sa femme qui, selon les habitudes qu'ils avaient prises lors de leurs déplacements à l'étranger, résidaient à l'hôtel et non dans un palais, souhaitaient traverser seuls cette période douloureuse de leur vie.

Pierre II ne comptait rester au Portugal qu'une quinzaine de jours avant de s'installer à Cannes. Il alla d'abord se recueillir sur la tombe de son père et de ses ancêtres dans la nécropole de la dynastie de Bragance au monastère de Saint-Vincent-de-Fora, puis, incorrigible, reprit son rythme accéléré de visites dans les musées, les universités et les grandes écoles, assistant aux cours du Collège des Lettres, de l'Académie des Sciences et de l'École Polytechnique. Il se rendit aussi au monastère des Jeronimos où il déposa une gerbe sur la tombe du grand poète portugais Alexandre Herculano, celui-là même qui avait loué jadis le jeune monarque brésilien « qui consacre au culte des Lettres tout le temps qu'il peut enlever à ses obligations incontournables de chef d'Etat[243]. »

Charles Ier mit à la disposition de son oncle le palais royal de Queluz afin qu'il puisse rencontrer tous les Portugais et tous les Brésiliens expatriés qui souhaitaient lui manifester leur sympathie et leur soutien. Toutefois, comme le couronnement du 28 décembre approchait, l'empereur, pour ne pas froisser le gouvernement

---

[241] Ce malheureux prince sera plus tard placé dans un asile d'aliénés en Autriche et mourra à Vienne en 1934.

[242] Le périple de la famille impériale de Rio à Lisbonne est précisément décrit dans un article intitulé : « 15 novembre 1889 : La République au Brésil », publié le 13 novembre 2013 par Antonio Sergio Ribeiro, sur le site de l'Assemblée Législative de l'Etat de São Paulo (https// :www.al.sp.gov.br/noticia/), op.cit.

[243] Georges Raeder, « Le Comte de Gobineau au Brésil », op.cit.

républicain du Brésil ou mettre le roi du Portugal dans une situation diplomatique délicate avec Rio de Janeiro, quitta rapidement Lisbonne pour se rendre dans le nord du pays. Il visita l'université de Coimbra où il s'entretint avec les professeurs et les étudiants, puis s'installa à Porto où il fit de même à l'Académie des Beaux-Arts.

C'est à Porto, le jour même où son neveu Charles Ier était couronné à Lisbonne, que l'impératrice Thérèse-Christine mourut. Malade, pratiquement impotente, profondément choquée par son départ précipité d'un Brésil qu'elle aimait de tout son cœur et qu'elle savait ne revoir jamais plus, bouleversée enfin par la crise de démence de son petit-fils Pierre-Auguste, la malheureuse femme fut emportée à soixante-sept ans par une crise cardiaque qu'avait précédée une violente crise d'asthme. De fait, ses problèmes respiratoires s'étaient singulièrement aggravés depuis la fuite du palais impérial de Rio. Ses derniers mots furent : « Je meurs de chagrin et de regret. »

L'empereur, au moment de la mort de son épouse, visitait la bibliothèque de Porto. Il fut terriblement affecté et pleura cette compagne discrète et dévouée qui avait été à ses côtés pendant près d'un demi-siècle. Mère et grand-mère admirable, souveraine attentive, protectrice d'un peuple brésilien qui lui rendait son affection et sa générosité avec une passion filiale émouvante, Thérèse-Christine, plus que de maladie, mourut de l'ingratitude du Brésil à l'égard d'un homme qui demeura le seul amour de sa vie[244].

Cette mort fut précédée d'une circonstance étrangement prémonitoire car, quelques jours auparavant, l'empereur, au palais de Queluz, s'était étendu sur le lit où son père Pierre Ier était mort en 1834 pour s'y reposer et méditer longuement. Il songeait déjà, peut-être, à sa propre fin, mais le destin ou la volonté de Dieu en décidèrent autrement. Son temps n'était pas encore venu.

---

[244] Le 6 juillet 1891, le lieu-dit Santo Antonio de Paquequer, villégiature de la famille impériale sur la route menant de Rio au Minas Gerais, fut baptisé « Teresopolis » en hommage à la défunte impératrice. Cela tendrait à prouver que le régime républicain, qui n'avait pas débaptisé Petrópolis, entendait perpétuer le souvenir des anciens monarques en dépit des événements de 1889.

Retour en France

La mort de l'impératrice fut sans doute pour partie la cause de l'aggravation de l'état de santé du monarque. Le climat humide de l'automne à Porto ne facilitant pas son rétablissement, Pierre II, après avoir accompagné la dépouille de Thérèse-Christine au panthéon royal des Bragance, resta quelques jours à Lisbonne puis quitta le pays pour rejoindre la France et la Côte d'Azur où il s'installa à Cannes, à l'hôtel Beau-Séjour. Il était toujours fidèlement suivi par son médecin personnel, le docteur Cláudio Veilho de Mota Maia. Après un nouveau malaise, des médecins français furent appelés en consultation. On diagnostiqua une « pleurésie aiguë, sans épanchement (choc pleurétique dans le poumon droit), suivie de perturbations du système nerveux, avec un pré-coma diabétique et un collapsus périphérique[245]. » A quelque chose près, on se retrouvait dans la même situation qu'à Milan en 1888.

Déjà extrêmement affaibli, Pierre dut affronter des problèmes financiers car ses maigres ressources commençaient à fondre alors que le gouvernement républicain chipotait sur le montant d'une pension visant à compenser les confiscations que la famille impériale avait subies du fait du coup d'Etat, y compris celle des collections personnelles du monarque, sagement rassemblées depuis son adolescence[246].

Ayant déjà visité tout ce qu'il y avait à voir à Cannes et dans les environs, l'empereur, dont les promenades de santé ne satisfaisaient plus l'appétit de connaissances et de découvertes, décida de se rendre à Paris où résidaient ses enfants et ses petits-enfants. La princesse Isabelle et son mari Gaston d'Orléans s'étaient déjà installés dans la capitale. Bien que descendant de Louis-Philippe et cousin germain du Comte de Paris, prétendant au trône de France sous le nom de « Philippe VII », le prince Gaston n'était pas frappé par la loi d'exil de

---

[245] « Divaldo Gaspar de Freitas, « Les voyages de l'empereur Pierre Second (D. Pedro II) en France », op.cit.

[246] Le temps passant, les choses s'améliorèrent et une pension décente d'ancien chef d'Etat fut enfin consentie à un homme qui, pendant près d'un demi-siècle, s'était consacré au bonheur de son peuple et à la grandeur de son pays.

1886 qui n'interdisait le territoire français qu'aux seuls chefs des familles ayant régné sur la France[247].

On ignore ce que fut l'ambiance familiale mais l'on peut supposer qu'elle fut morose car tous les événements qui s'étaient produits depuis le 15 novembre 1889 ne laissaient guère l'espoir d'un retour possible au Brésil où la situation demeurait confuse. Pierre II, du reste, n'intervenait en rien dans le domaine politique, disant et répétant à tous les partisans qui venaient le réconforter ou le supplier de réagir que son temps était fini. Il appliquait ainsi à la lettre la maxime de Paul-Louis Courier : « Le plus bel acte dont l'homme soit capable est de renoncer au pouvoir[248]. »

Fidèle à lui-même, il reprit donc dans son cher Paris ses habitudes académiques qui le conduisaient d'une conférence à l'autre, d'un musée à l'autre, d'un colloque scientifique à un cénacle littéraire. Il était très affaibli physiquement et se servait désormais d'une canne pour marcher, mais son esprit restait toujours vif, curieux, assoiffé de connaissances nouvelles. La médecine l'ayant toujours prodigieusement intéressé, il fréquentait aussi les hôpitaux parisiens où, comme à Bichat, entouré de professeurs, d'internes et d'infirmiers, il fit longuement la visite des services, posant mille questions et voulant absolument découvrir les dernières innovations techniques.

Son médecin, inquiet de cette fébrilité et de l'hiver qui approchait, le contraignit à retourner à Cannes pour bénéficier de la clémence du climat. Cette fois, Pierre se tint sage et s'astreignit à suivre un cours approfondi de langues sémitiques, une passion qui l'animait depuis son adolescence. Toutefois, au printemps 1891, il revint à Paris où il reprit ses activités comme si de rien n'était. A cette époque, il passa beaucoup de temps à Versailles pour explorer en détail le palais et les jardins de Louis XIV qui, après tout, était son ancêtre direct.

En juin 1891, il fut contraint de se rendre à Vichy pour suivre une cure car on avait décelé un commencement de gangrène humide dans son pied gauche, conséquence d'une opération ratée par le pédicure qui avait été chargé de lui extirper un cal. Cette maladresse se trouva

[247] En l'espèce, les Bourbons-Orléans et les Bonaparte. Les Bourbons-Anjou, descendants directs de Louis XIV, ne furent pas concernés puisque régnant en Espagne depuis 1700.

[248] Lettre de mars 1823 dans « L'art de la politique » de Gaston Bouthoul, op.cit.

aggravée chez un patient diabétique qui, désormais, marcha de plus en plus difficilement et fut fréquemment victime de malaises.

À l'Empereur déchu, la République française reconnaissante

A l'automne 1891, l'empereur retourna à Paris et s'installa à l'hôtel Bedford, proche de la Madeleine. Il sentait sa fin prochaine et voulait mourir dans cette ville dont, avant le roi Edouard VII d'Angleterre, il fut le fils adoptif le plus illustre. Méticuleux à l'extrême, il ordonna qu'en prévision de son décès des compatriotes brésiliens lui rapportent un peu de terre du Brésil. Il voulait que, sur son lit de mort et dans son cercueil, sa tête repose sur la terre de son pays.

Le 24 novembre, il assista à une réunion de l'Institut, dans une enceinte surchauffée, puis décida, en dépit du froid, du contraste thermique et des recommandations du docteur Mota Maia, de faire une promenade en calèche le long de la Seine jusqu'à Saint-Cloud. Au retour, il dut s'aliter. Les sommités médicales parisiennes qu'étaient les professeurs Charcot et Bouchard se rendirent à son chevet et diagnostiquèrent une pneumonie du poumon gauche. Ils furent néanmoins convaincus que le patient, une fois encore, surmonterait cette épreuve.

Dans la nuit du 4 au 5 décembre, Pierre II, dans sa chambre de l'hôtel Bedford, se sentit partir. Ses derniers mots intelligibles avant de sombrer dans le coma furent : « Paix et prospérité pour le Brésil. »

Il rendit le dernier soupir le 5 décembre 1891, juste après minuit[249]. Il avait soixante-six ans depuis le 2 décembre.

Dans son édition du soir, *Le Petit Journal,* informa les Parisiens et lui rendit un solennel hommage :

« Le souverain qui vient de mourir fut non pas un maître d'école comme il le disait plaisamment, mais un pédagogue dans le bon sens du mot, un savant avide d'apprendre pour pouvoir enseigner. Né dans

---

[249] Le certificat de décès, établi par les docteurs Charcot, Bouchard et Mota Maia, indique : « 5 décembre 1891, à minuit 3 S (matin) ». La cause du décès était précisée : « Pneumonie aigüe du poumon gauche ».

un milieu ordinaire, il eût été professeur de faculté ; chef de l'État, il se fit l'éducateur de son peuple et sa situation de souverain constitutionnel lui permit de remplir ce rôle, le plus beau qu'il pût envier. »

La mort de l'ex-empereur du Brésil bouleversa l'opinion. Le gouvernement alla se recueillir à l'hôtel Bedford pour rendre un dernier hommage à ce bien étrange monarque qui, enfin apaisé, reposait devant eux avec sa barbe de prophète étalée sur l'uniforme de maréchal de l'Empire brésilien. Ce monarque catholique, compagnon de route des francs-maçons parce qu'il croyait que la fraternité humaine transcendait les opinions religieuses, philosophiques ou politiques, tenait un crucifix dans ses mains et sa tête était délicatement posée sur le coussin rempli de la terre sacrée du Brésil.

La IIIe République française voulut pour cet ami de Paris, de la France et de l'humanité des obsèques solennelles qui indisposèrent les diplomates brésiliens accrédités en France car la nouvelle de la mort du monarque avait entraîné spontanément au Brésil la fermeture des commerces, la mise en berne des drapeaux aux fenêtres et la célébration de nombreuses messes commémoratives. Mais le gouvernement français passa outre pour honorer dignement un homme qui avait été le digne héritier des monarques éclairés du XVIIIe siècle.

Le président Sadi Carnot alla s'incliner sur la dépouille de l'empereur mais, pour ne pas provoquer inutilement le gouvernement brésilien dont le pays était depuis le règne Pierre II un partenaire commercial important, ne se rendit pas à la messe de funérailles célébrée à l'église de la Madeleine le 9 décembre. Il se fit représenter par son cabinet militaire tandis que les présidents du Sénat et de la Chambre des Députés, comme l'ensemble des ministres, des membres de l'Institut et du Corps diplomatique - sauf le ministre du Brésil - assistaient à la cérémonie. La famille impériale était représentée par la princesse héritière Isabelle, son mari et ses fils, et la République française, à l'occasion de cette cérémonie dédiée à un monarque dont la tolérance avait été la vertu dominante, fit une exception à la loi d'exil de 1886 qui interdisait au prétendant au trône de France de paraître sur le sol national. Ainsi, le Comte de Paris put-il rendre hommage à un homme qui, comme l'avait si bien dit Lamartine, avait su concilier harmonieusement le principe monarchique et le principe démocratique pour établir dans son pays une « démocratie couronnée. »

La messe fut célébrée par l'archevêque de Paris et animée par les chœurs de la Madeleine qui interprétèrent pour la première fois le *Libera Me* de la messe de Requiem de Gabriel Fauré.

Le corbillard tiré par des chevaux empanachés et caparaçonnés de noir traversa la place de la Concorde au son de la marche funèbre de Chopin, interprétée par les musiciens de l'Armée. 80 000 hommes de troupe avaient été mobilisés dans la capitale pour l'événement et l'on estime à 300 000 personnes le public ayant suivi le cortège funèbre. La presse affirma que c'était la première fois depuis la mort de Victor Hugo en 1885 qu'une telle affluence populaire avait été observée.

Plus lyrique que jamais, Joaquim Nabuco écrira : « Aujourd'hui, le cœur du Brésil a battu dans la poitrine de la France[250] ».

Le cercueil de l'empereur, par train spécial, rejoignit Lisbonne et Pierre II reposa bientôt auprès de sa femme Thérèse-Christine au panthéon royal du monastère Saint-Vincent-de-Fora.

---

[250] Georges Raeders, « Dom Pedro II, ami et protecteur des savants et écrivains français », op. cit.

XXII.
Destins croisés

Isabelle de Bragance, Princesse impériale du Brésil, héritière du trône, Comtesse d'Eu

Elle partagea son exil entre Paris et le château d'Eu, en Seine-Maritime (Seine-Inférieure à l'époque), propriété de son mari. Avec l'âge, sa religiosité s'accentua. En 1893, des monarchistes brésiliens, observant qu'en 1874 le jeune prince Alphonse de Bourbon avait été proclamé roi d'Espagne à Madrid sous le nom d'Alphonse XII par le général Martinez Campos auquel la reine Isabelle II, renonçant à ses droits, avait confié son fils, approchèrent la princesse Isabelle. Ils lui suggérèrent de suivre cet exemple pour sauver la monarchie brésilienne. Il s'agissait de placer son fils aîné, le prince Pierre, sous la protection de l'armée brésilienne pour qu'elle le proclame empereur. La princesse refusa : « Je suis avant tout catholique et je dois veiller sur l'âme de mon fils. Je ne le confierai pas à des hommes qui pourraient la corrompre. » Sans doute était-ce là une allusion aux officiers généraux de l'armée brésilienne qui étaient pour la plupart francs-maçons. Le sénateur Silveira Martins, émissaire des monarchistes brésiliens, voyant que tout était perdu, répliqua : « Dans ce cas, Madame, votre place est au couvent ! »

Le refus d'Isabelle fut pour la monarchie brésilienne ce que le drapeau blanc du Comte de Chambord avait été pour la monarchie française : un sabordage délibéré. La princesse mourut au château d'Eu en 1921 sans avoir revu le Brésil. En 1953, ses restes y furent cependant rapatriés et reposent depuis 1971 dans le mausolée impérial de la cathédrale de Petrópolis.

Depuis 2015, l'archevêque de Rio de Janeiro fait diligenter une enquête préalable à l'ouverture d'un procès en béatification de cette princesse qui, et c'est le moins que l'on puisse dire, a beaucoup sacrifié à l'Église.

Gaston d'Orléans, Comte d'Eu, Maréchal de l'Empire du Brésil

Ce petit-fils du roi Louis-Philippe Ier des Français fut l'époux de la princesse héritière Isabelle. Il fut constamment critiqué par la classe dirigeante brésilienne qui ne l'aimait pas et lui a prêté, sans réelles justifications, des ambitions politiques. En réalité, comme il était délicat d'attaquer directement la princesse héritière, il servit en quelque sorte de bouc émissaire ou de victime expiatoire. Cette cabale montée contre lui empêcha son beau-père de lui conférer le titre de « Prince impérial ». Dans la dédicace de son ouvrage sur « L'instruction publique au Brésil », le docteur Pires de Almeida lui donne le prédicat « d'Altesse Royale ».

Après les événements de 1889, le prince se retira à Paris avec sa famille et, au début du XXe siècle, au château d'Eu qu'il tenait des Orléans et que les visites de la reine Victoria à Louis-Philippe en 1843 et 1845, dans le cadre de la Première Entente cordiale, avaient rendu célèbre. Il y vécut avec sa femme et ses enfants sans que sa vie conjugale fût particulièrement idyllique si l'on en croit les confidences de sa petite-fille, Isabelle d'Orléans-Bragance, Comtesse de Paris, qui note dans son livre de mémoires *Tout m'est bonheur* : « J'ai toujours vu mes grands-parents ensemble, mais je ne les ai jamais entendus parler ou discuter entre eux ; ils habitaient le même appartement, avaient l'air de deux bons amis mais ils ne riaient vraiment pas souvent. »

Après la mort de sa femme, en 1921, la loi d'exil ayant été abrogée au Brésil, Le Comte d'Eu alla chercher les dépouilles de ses beaux-parents, Pierre II et Thérèse-Christine, au Portugal pour les faire inhumer à Rio. L'année suivante, invité par la République à assister aux commémorations du centenaire de l'indépendance, il s'embarqua pour le Brésil mais mourut en mer avant d'arriver à destination.

Cet homme infortuné eut cependant le « bonheur » posthume en 1953 de reposer pour l'éternité aux côtés de sa femme dans la cathédrale de Petrópolis.

Pierre d'Orléans-Bragance, Prince impérial du Brésil, Prince de Grão-Pará

Celui qui ne fut jamais « Pierre III » en raison de l'entêtement de sa mère, se brouilla avec elle au sujet de son mariage en 1908 avec la comtesse Elisabeth Dobrzensky de Dobrenicz. Bien que la jeune femme fût d'excellente famille, elle n'était pas de sang royal et ce « détail » indisposa la princesse Isabelle. Elle consentit toutefois à ce mariage « inégal » en exigeant de son fils aîné la renonciation à ses droits dynastiques, pour lui et sa postérité, en faveur de son frère cadet, le prince Louis d'Orléans-Bragance. Cela entraîna une déplorable scission dynastique au sein de la famille impériale.

Le prince Pierre, lorsque le Brésil abolit la loi d'exil en 1920, retourna dans son pays provisoirement puis revint s'installer définitivement au palais de Grão-Pará, à Petrópolis, en 1930. Il y est mort en 1940 et fut inhumé en présence des autorités républicaines avec tous les honneurs d'un chef d'État. En 1990, ses restes ont été transférés dans le mausolée impérial de la cathédrale de Petrópolis.

En 1943, son fils Pierre-Gaston, frère aîné de la Comtesse de Paris, fit rapatrier au Brésil les archives de la famille impériale qui se trouvaient au château d'Eu, les sauvant ainsi de la destruction ou du vol par les occupants allemands qui avaient transformé le château en caserne.

Maréchal Manuel Deodoro da Fonseca

Initiateur du Coup d'État du 15 novembre 1889 et chef du gouvernement provisoire de la République, il fut élu Président de la République en février 1891 mais fut contraint de démissionner en novembre de la même année en raison de divergences profondes au sein du ministère républicain. Il fut remplacé par le maréchal Floriano Peixoto. Il mourut en août 1892, neuf mois après Pierre II. Sur son lit de mort, peut-être se souvint-il de cette phrase que le fervent monarchiste qu'il était jadis avait un jour prononcée : « Quand l'Empereur mourra, je serai le premier à suivre son cercueil. » Le destin, cruel, réalisa son vœu mais pas exactement dans le sens où il l'entendait alors.

Benjamin Constant Botelho de Magalhães

Bien que pacifiste, il fut ministre de la Guerre du gouvernement provisoire et cumula ces fonctions avec celles de ministre de l'Instruction publique et des Postes et Télégraphes. Il mourut en janvier 1891, onze mois avant l'empereur. Il est probable que s'il rencontra son maître Auguste Comte au Paradis ou aux Champs Elyséens, une sévère explication de textes dut avoir lieu entre eux.

Vicomte d'Ouro Preto (Afonso Celso de Assis Figueiredo)

Emprisonné par les putschistes dans la soirée du 15 novembre 1889, le dernier président du Conseil de l'Empire apprit par ses geôliers qu'il allait être fusillé au petit matin. Stoïque, il répondit aux soldats : « Ainsi, vous verrez qu'il n'est pas nécessaire de porter un uniforme pour savoir mourir. » Dernière pique à l'armée d'un homme politique courageux. En réalité, il fut « seulement » interdit de séjour au Brésil, s'exila en Europe et s'installa à Lisbonne. Il revint au Brésil en 1894 et, devant la situation anarchique du pays, créa un parti monarchiste de tendance libérale. Menacé de mort, il s'exila à nouveau puis revint au Brésil où il se consacra désormais à l'écriture. Il mourut à Rio en 1912, persuadé que la République ne pouvait se terminer que par une dictature.

José Alfredo Correia de Oliveira

Le président du Conseil qui a soutenu et réussi à faire voter la Loi Aurea en 1888 s'est retiré de la politique lors de la proclamation de la République pour prendre la direction de la Banque du Brésil. Jusqu'à sa mort, en 1919, il est resté fidèle à ses convictions monarchistes. L'une des plus grandes injustices de la République fut que la chute de la monarchie l'empêcha d'être anobli par l'empereur.

João Mauricio Wanderley, Baron de Cotegipe

Ce mulâtre conservateur fut un grand homme d'État et un grand diplomate. Il n'était pas esclavagiste mais favorable à une avancée progressive sur la question de l'abolition, considérant que, de toute manière, la prohibition de la traite, puis la loi du Ventre Libre, enfin la Loi des Sexagénaires dite Saraiva-Cotegipe, qu'il avait lui-même défendue, entraînaient inéluctablement la fin de l'esclavage. Sa querelle avec la princesse héritière régente lui valut son poste de président du Conseil. Le vote contre la Loi Aurea fut son baroud d'honneur car il se retira ensuite de la politique pour devenir président de la Banque du Brésil. Il mourut dans son bureau en février 1889, ce qui lui évita d'assister à la chute de la monarchie. S'il avait vécu, il aurait certainement poussé Pierre II à désigner son petit-fils comme héritier du trône, ne serait-ce que pour écarter la princesse Isabelle qu'il jugeait incapable de poursuivre la politique tolérante et consensuelle de son père.

Gaspar da Silveira Martins

Ennemi juré du maréchal Deodoro da Fonseca, ce sénateur libéral, monarchiste de conviction, fut l'un des derniers hommes politiques à être nommé conseiller d'État par l'empereur. Interdit de séjour au Brésil après la proclamation de la République, il vécut en Europe, notamment en France, et revint au Brésil en 1892 à la faveur d'une loi d'amnistie. Il travailla à la restauration monarchique en faveur de « Pierre III » mais son projet fut ruiné par l'intransigeance de la princesse Isabelle. Il créa alors un Parti Fédéraliste pour s'opposer aux débordements du pouvoir central. Son fort tempérament et son verbe flamboyant lui valurent de nombreuses inimitiés. A la fin de sa vie, il élabora un projet de constitution fédérale avec un président élu pour sept ans par un congrès mais qui, disposant du droit de nomination et de révocation des ministres, ainsi que d'un notable pouvoir d'influence, pouvait faire penser à un monarque républicain dans la tradition de Pierre II. Il mourut en exil à Montevideo en 1901.

André Rebouças

Mulâtre lui aussi, cet ingénieur militaire, entrepreneur, homme politique de talent et abolitionniste convaincu fut un proche de l'empereur. Il partit en exil avec lui, s'installa au Portugal où il devint correspondant du *Times*, puis à Cannes où l'ancien monarque villégiaturait pour des raisons de santé. La mort de Pierre II provoqua chez lui un choc émotionnel violent dont il ne se remit jamais. Il partit en Angola puis s'installa à Funchal, dans l'île de Madère. Il mourut en 1898 dans des conditions mystérieuses : on retrouva son corps en mer, sur un rocher, en face de sa propriété. Sans vouloir extrapoler, on peut toutefois en conclure que, par désespoir, il mit volontairement fin à ses jours.

Rafael, « l'Ange noir » de l'Empereur

Ancien esclave noir, sans doute émancipé par Pierre Ier pour sa participation à ses côtés à la guerre Cisplatine, Rafael fut au service de Pierre II tout au long de sa vie. En 1831, Pierre Ier le désigna comme l'un des trois tuteurs de « l'Orphelin de la Nation ». Il était particulièrement chargé de distraire le jeune garçon puis l'adolescent mais lui enseigna aussi l'alphabet et l'initia à l'écriture. Peut-être lui inculqua-t-il des rudiments d'arabe et lui donna-t-il le goût d'étudier cette langue car il était d'origine africaine et musulmane. Lors de la guerre de la Triple Alliance, il suivit Pierre sur le front du Paraguay et veilla sur lui. De même, il l'accompagna plus tard dans ses voyages à l'étranger. Il fut très concrètement le père de substitution de Pierre II comme Mariana de Verna fut sa mère.

Le 16 novembre 1889, apprenant la séquestration de l'empereur au palais impérial et la proclamation de la République, il mourut d'un arrêt cardiaque. Il avait quatre-vingt-dix-huit ans. Selon Múcio Teixeira, auteur d'une vie romancée de Rafael intitulée « Le Noir du Palais impérial », ses derniers mots auraient été : « Que la malédiction d'Allah soit sur la tête des bourreaux de Mon Seigneur ! »

Il est vrai que la brièveté des carrières politiques du maréchal da Fonseca et de Benjamin Constant de Magalhães peut laisser songeur.

Mariana Carlota de Verna Magalhães Coutinho

Gouvernante et mère de substitution de Pierre II qui l'appela toujours « Dadama », terme qu'il employait bébé pour « Madame ». Elle fut désignée en qualité de tutrice du jeune empereur par Pierre Ier et protégea son pupille contre toutes les influences qu'elle jugeait néfastes pour lui, y compris celle du redoutable et mal embouché José Bonifácio de Andrade dont elle participa à l'éviction. Elle veilla sur l'enfant et sur l'adolescent comme une lionne sur son petit, écartant même les politiciens trop intéressés qui l'accusèrent d'être à la tête d'une coterie. Devenu empereur régnant, Pierre II, en 1844, lui conféra le titre de comtesse de Belmonte. Après son mariage, il l'a nomma dame d'honneur de l'impératrice Thérèse-Christine. Elle est morte en 1855.

La Comtesse de Barral

Aristocrate brésilienne qui devint comtesse française en épousant un gentilhomme de la cour de Louis-Philippe. Pierre II lui demanda d'être la préceptrice de ses enfants sur la recommandation de sa sœur Françoise du Brésil, princesse de Joinville. A la cour impériale, elle brilla par son charme, son intelligence, sa culture et sa vivacité. Elle était donc l'antithèse de l'impératrice Thérèse-Christine. D'aucuns, en se fondant sur des lettres ambigües, en ont déduit qu'elle fut la maîtresse de Pierre, qui avait neuf ans de moins qu'elle, et qu'ils vécurent une passion amoureuse. Ce qui est certain, c'est qu'elle fut sa compagne intellectuelle. Pour le reste, accordons-lui le bénéfice du doute, doute conforté tout de même par le fait qu'elle était fervente catholique et qu'elle avait une profonde affection pour l'impératrice Thérèse-Christine à laquelle elle servit de dame de compagnie et même de garde-malade.

Elle quitta le Brésil après le mariage en 1864 des princesses impériales dont elle était la préceptrice mais poursuivit une longue correspondance avec l'empereur. Lors des visites du couple impérial en Europe, elle joua le rôle d'organisatrice tandis que Rafael gérait l'intendance. Auguste Mayor, qui l'a rencontrée en Suisse en 1877, alors qu'elle faisait partie de la suite de Pierre II et de l'impératrice, la décrit en ces termes : « Vrai type de la vieille marquise française qui, dans sa jeunesse, a dû faire partie de la cour de Louis XVIII ou de Charles X. » Observation cruelle puisque Madame de Barral, née en 1816, avait huit ans à la mort de Louis XVIII et quatorze à la chute de Charles X, mais qui laisse supposer qu'elle paraissait beaucoup plus que son âge. Elle se retira à Cannes, où Pierre II en exil vint la visiter, et y mourut en janvier 1891, onze mois avant l'empereur.

Post-Scriptum

En 1920, la République des États-Unis du Brésil abolit la loi d'exil frappant la famille impériale. L'année suivante, un navire de guerre brésilien alla chercher au Portugal les dépouilles impériales pour les ramener à Rio.

Pierre II et Thérèse-Christine retrouvèrent ainsi, avec tous les honneurs de l'État et l'affection de leur peuple, un pays qu'ils avaient dû quitter précipitamment un matin glacial de novembre 1889 pour un exil qui les avait plus sûrement tués que la maladie ou les épreuves familiales.

Les dépouilles impériales, initialement déposées dans la cathédrale Notre-Dame-du-Mont-Carmel de Rio de Janeiro, dite Chapelle impériale, où se déroulèrent toutes les grandes cérémonies religieuses de l'Empire, furent transférées en 1925 dans la sacristie de la cathédrale Saint-Pierre-d'Alcantara de Petrópolis qui n'était pas encore entièrement achevée.

Depuis 1939, le couple impérial repose dans un mausolée spécialement aménagé dans cette cathédrale. La cérémonie de translation fut présidée à l'époque par le président de la République Getulio Vargas.

Remerciements

Avec toute ma gratitude envers Monsieur Alban Duparc, attaché de conservation au Château-Musée Louis-Philippe à Eu, qui a facilité mes recherches dans la bibliothèque des Orléans-Bragance, et m'a autorisé à utiliser gracieusement un magnifique portrait de l'empereur Pierre II, exposé au château et photographié par Jean-Louis Coquerel, pour illustrer la couverture de cet ouvrage.

Bibliographie

ALZEIRA DA CRUZ COLOMBO Maria, « La venue des congrégations religieuses françaises au Brésil à la fin du XIXe siècle et au début du XXe siècle », site web « Chrétiens et Sociétés », article 13/2006, mis en ligne le 2 mars 2012.

ALVES Evario, « Sarah Bernhardt, gloire et tragédie à Rio de Janeiro », portail du Brésil en France, 11 janvier 2013.

AMEAL João, « Les Bragances du Portugal », et « les Bragances du Brésil », dans « Les Dynasties qui ont fait l'Histoire », Helstar, 1973.

ASSIER Adolphe d', « Le Brésil et la société brésilienne », Revue des Deux Mondes, tome 45 (mai/juin 1863).

BADARO F., « L'Eglise au Brésil pendant l'Empire et pendant la République », Stabilimento Bontempelli, Rome, 1895.

BARMAN Roderick J., « Citizen Emperor. Pedro II and the making of Brazil (1825-1891)", Stanford University Press, 1999.

"Princess Isabel of Brazil. Gender and Power in the Nineteenth Century", A Scholary Resources Inc. Imprint, Wilmington, Delaware, 2002.

BENNASAR Bartolomé et RICHARD Marin, « Histoire du Brésil 1500-2000 », Fayard, 2000.

BERGERE Marc et CAPDEVILA Luc, « Genre et événement. Du masculin et du féminin en histoire des crises et des conflits », collection « Histoire », Presses Universitaires de Rennes, 2006.

BESOUCHET Lilia, « Pedro II e o seculo XIX », Nova Fronteira, Rio de Janeiro, 1993.

BLANQUER Jean-Michel et TRINDADE Helgio (sous la direction de), « Les défis de l'éducation en Amérique latine », Éditions de l'IHEAL, 2000.

BONA Dominique, « Stefan Zweig, l'ami blessé », Plon, 1996.

BOUTHOUL Gaston, « L'art de la politique », Éditions Seghers, 1969.

BRASSEY Lady Anna, « Voyage d'une famille autour du monde », Booklassic, 2015.

BRYANT William Cullen II et VOSS Thomas G. "The Letters of William Cullen Bryant", volume 5 (1865-1871), New York, Fordham University Press, 1992.

BURNS E. Bradford, "A History of Brazil", Columbia University Press, 1993.

BURTON Guy, « Brazil's Emperor Tourist », sur le site www.brazil.com/2003/html/articles/aug03/p121aug03/htm.

CAPANEMA Silvia, « Abolition de l'esclavage, racisme et citoyenneté au Brésil (XIXe/XXIe siècles) », La Revue du Projet (Club de Mediapart), n° 35, mars 2014.

CAPDEVILA Luc, « Une guerre totale : Paraguay 1864-1870, essai d'histoire du temps présent », Presses Universitaires de Rennes, 2015.

CARDOSO Fernando Henrique, « The accidental President of Brazil. A Memoir", Public Affairs, New York, 2007.

CARDOSO Luiz Cláudio et MARTINIERE Guy (présentation de), « France-Brésil. Vingt ans de coopération (science et technologie) », Editions de l'IHEAL, Presses Universitaires de Grenoble, 1989.

CASTELLA Gaston, « Histoire des Papes », tome II, articles sur Pie IX et Léon XIII, Editions Stauffacher SA, Zurich, 1966.

CHAUNU Pierre, « Histoire de l'Amérique latine », PUF, 1984.

CHAFFANJON Arnaud, « La merveilleuse histoire des couronnes du monde », Fernand Nathan, 1980.

CLEMENCEAU Georges, « En Uruguay et au Brésil », Magellan et Cie, 2015.

CORREA DA COSTA Sergio, « Brésil, les silences de l'Histoire », Editions du Rocher, 2003.

CUNHA Rodrigo, « La Science et la Culture », vol.55, n°4, São Paulo, octobre/décembre 2003.

DAIREAUX Emile, « Les conflits de la république argentine avec le Brésil et le Chili », Revue des Deux Mondes, tome 11 (septembre /octobre 1875).

DALBIAN Denyse, « Léopoldine, première impératrice du Brésil », Historia n°171, février 1961.

DEBRET Jean-Baptiste, « Voyage pittoresque et historique au Brésil », réimpression du texte paru en 1835-1839 chez Firmin-Didot, Imprimerie nationale Editions et Actes Sud, 2014.

DEMELAS Marie-Danielle, « Guerres et alliances en Amérique du Sud », Revue Historique des Armées, n° 273/2014 consacré aux « Coalitions ».

DODU Gaston, « Les Autres Patries », Librairie Fernand Nathan, 1909.

DROULERS Martine, « Brésil : une géohistoire », Géographies, PUF, 2001.

DUBOIS Joseph, « L'usine de Fives-Lille et la construction ferroviaire française au XIXe siècle », Revue du Nord, Histoire et Archéologie, année 1985, volume 67, n°265.

DU PUY DE CLINCHAMPS Philippe, « Les grandes dynasties », PUF, 1965.

ENDERS Armelle, « Histoire de Rio de Janeiro », Fayard, 2000.

« Histoire du Brésil », Chandeigne, 2008, réédition 2016.

FARGETTE Guy, « Pedro II, Empereur du Brésil 1840-1889 », L'Harmattan, 2005.

FAURE Michel, « une histoire du Brésil », Perrin, 2016.

FERREIRA Mariejo et ROLLAND Denis, « Brésil : une séparation à « l'amiable » entre l'Eglise et l'Etat. Un processus irréversible et libérateur pour l'Eglise brésilienne », Matériaux pour l'histoire de notre temps, 2005, volume 78, n°1.

FREITAS Divaldo Gaspar de, « Les voyages de l'empereur Pierre second (D. Pedro II) en France », communication présentée à la séance du 3 juin 1978 de la Société française d'histoire de la médecine.

GAUTHIER Guy, « Garibaldi, l'aventurier de la liberté », France-Empire, 2007.

GRANGER Stéphane, « Le Contesté franco-brésilien : enjeux et conséquences d'un conflit oublié entre la France et le Brésil », Revue d'histoire « Outre-Mers », année 2011, volume 98.

GYLDEN Axel, « Le Roman de Rio », Editions du Rocher, 2007.

HOLM Carsten, « Un petit coin d'Allemagne sous les palmiers », Der Spiegel-Hambourg, 23 avril 2008.

HUGO Victor, « Choses vues », 22 mai 1877, Le Trésor des Lettres Françaises, 1973.

Lettre du 25 mars 1884 sur l'abolition de l'esclavage dans les provinces brésiliennes de Ceara et Amazonas, Correspondance générale, année 1884.

JAKSIC Ivan, « The Hispanic World and American Intellectual Life (1820-1880)", Studies of the Americas, Palgrave Macmillan, New York, 2007.

KARISKY PS, OLIVEIRA AC, DA MOTTA LM, DOS SANTOS LL, "Le médecin, l'empereur et la fibromyalgie: Charles-Edouard Brown-Sequard et Dom Pedro II du Brésil », Site « Pub Med. gouv.US National Library of Medicine. National Institute of Health", 2014.

LANGELLIER Jean-Paul, « Sarah Bernhardt, Star de Rio », Le Monde, 6 juillet 2011.

LAPAQUE Sébastien, « Théorie de Rio de Janeiro », Actes Sud, 2014.

LE LONG John, « L'alliance du Brésil et des Républiques de la Plata contre le gouvernement du Paraguay », Imprimerie Schiller, Faubourg-Montmartre, 1866.

LYRA Heitor, « Historia de Dom Pedro II (1825-1891) », Itatiaia, Belo Horizonte, 1977.

MACHADO LOPES Aristeu Elisandro, « O Imperio do Brasil nos traços do humor: politica e impresa ilustrada em Pelotas no século XIX », Almanack Braziliense, São Paulo, n°10, novembre 2009.

MAGALHÃES DE AZEREDO Carlos, « Dom Pedro II. Traços de sua physionomia moral », Alvaro Pinto Editor, Rio de Janeiro, 1923.

MAURO Frédéric. « Histoire du Brésil ». PUF. 1973.

« La vie quotidienne au Brésil au temps de Pedro Segundo 1831-1889 », Hachette Littérature, 1980.

MAYOR Auguste, « Visite de l'Empereur du Brésil à Neuchâtel en 1877 », Nouvelle Revue Neuchâteloise, n° 93, printemps 2007.

MERIAN Jean-Yves, « L'influence d'Ernest Renan dans le débat entre Eglise et Etat dans le Brésil du XIXe siècle », Presses Universitaires de Rennes, 2006.

MUNRO Dana Gardner, « Les républiques latino-américaines : une histoire », New York, D. Appleton, 1942.

MOSSE Benjamin, « Dom Pedro II, Empereur du Brésil, Firmin-Didot, Paris, 1889.

MURILO DE CARVALHO José, « Un Théâtre d'ombres, la politique impériale au Brésil (1822-1889) », Editions MSH, 1990.

« D. Pedro II. Ser ou nao ser », Companhia das Letras, 2007.

OLIVEIRA Fernandes, « O Processo Criativo no Universo da Ediçao - George Sand no Brasil », Teisseituras et Criaçaos, n°3, septembre 2012.

ORY Pascal, « 1889. La mémoire des siècles. L'Expo universelle », Editions Complexe, 1989.

PARIS Isabelle d'Orléans-Bragance, Comtesse de, « Tout m'est bonheur », Robert Laffont, 1978.

PEREIRA DA SILVA, « Le Brésil en 1858 sous l'empereur Dom Pedro II », Revue des deux Mondes, tome 14 (mars-avril 1858).

PHILIPPS Isabelle, « Dom Pedro II, l'Empereur du Brésil Félibre », site Calliope - 21.

PIGAILLEM Henri, « Les Hugo », Pygmalion, 2013.

PIRENNE Jacques, « Les grands courants de l'histoire universelle », tome V (1830-1904), Editions de La Baconnière, Neuchâtel, 1953.

PIRES DE ALMEIDA José Ricardo, « L'Instruction publique au Brésil », Imprimerie G. Leuzinger et Filhos, Rio de Janeiro, 1889.

POGGIO TEIXEIRA Carlos Gustavo, "Brazil, the United States and the South American Subsystem. Regional Politics and the Absent Empire", Lexington Books, 2012.

PRIETO Alberto et GUERRA Sergio, « Bref historique du Brésil », La Havane, 1991, site "www.ahilac.com.ar. »

RAEDERS Georges, « Le Comte de Gobineau au Brésil », Nouvelles Editions Latines, 1934.

« Dom Pedro II, ami et protecteur des savants et écrivains français », supplément de la Revista da Universidade Catolica de São Paulo, volume VII, juin 1955, fascicule 14.

RAYMOND Jean-François de, « Arthur de Gobineau et le Brésil. Correspondance diplomatique du ministre de France à Rio de Janeiro 1869-1870 », Presses Universitaires de Grenoble, 1990.

RECLUS Elisée, « La Guerre du Paraguay », Revue des Deux Mondes, tome 72 (novembre/décembre 1867).

« Le Brésil et la colonisation », Revue des Deux Mondes, tome 39 (mai/juin 1862).

ROMANELLI Sergio, « Dom Pedro II : un tradutor imperial », Caderno de Lettras, n° 23, 2014.

ROZEAUX Sébastien, « La genèse d'un « grand moment national » : littérature et milieu littéraire au Brésil à l'époque impériale (1822-1880) », Université Lille-Nord de France, Ecole doctorale des sciences de l'Homme et de la Société, IRHiS, 2012.

« Les horizons troubles de la politique de « colonisation » au Brésil : réflexions sur l'identité de la nation brésilienne à travers le prisme de la question migratoire (1850-1889) », site web « espace, populations, sociétés », « Populations et territoire du Brésil », 2014/2-3. Article mis en ligne le 1er décembre 2014.

SAMPAYO Carlos, « Paraguay : chronique d'une extermination », Quadragono, Milan, 1980.

SAND George, « Correspondance », tome VI, Calmann-Lévy, 1884, et « Agenda », tome V, bulletin de la société « Les Amis de George Sand » », sans date.

SANTA-ANNA NERY Frederico José de, « Le Brésil en 1889 », Librairie Charles Delagrave, Paris, 1889.

SAURAT Gilette, « Bolivar le Libertador », Editions Jean-Claude Lattès, 1979.

SEIGNOBOS Charles, « Histoire politique de l'Europe contemporaine 1814-1896 », Librairie Armand Colin, 1914.

SELENES Pierre de, « Un monde inconnu : deux hommes sur la Lune », Ernest Flammarion Editions, 1896.

SHAW William Arthur et BURTCHAEL George Dames, « The Knights of England », volume 1, Sherratt and Hugues, London, 1906.

SILVERTHORNE Elizabeth, "Sarah Bernhardt", Chelsea House Publishers, Philadelphie, 2004.

SKIDMORE Thomas E., "Brazil: Five Centuries of Change", Oxford University Press, 2010.

TEIXEIRA Múcio, “O Negro da Quinta Imperial”, Jornal do Brasil, Rio, 1927.

VERNE Jules, “L’Île à Hélice”, Hetzel, 1895.

VIDAL Laurent, « Ils ont rêvé d’un autre monde. 1841. Cinq cents Français partent pour le Brésil fonder un nouvel Eden. Iront-ils au bout de leur utopie ? », Flammarion, Au fil de l’Histoire, 2014.

VAINFAS Ronaldo, « Dictionario do Brasil imperial (1822-1889), Objetiva, 2002.

WILLIAMS Mary Wilhelmine, « Dom Pedro the Magnanimous, Second Emperor of Brazil”, The University of North Carolina Press, 1937.

Table des matières

L'histoire aux éditions L'Harmattan

Dernières parutions

LES ORIGINES CHRÉTIENNES DE LA DÉMOCRATIE MODERNE
La part du Moyen Âge
Georges Jehel
Le passage de la démocratie antique à la démocratie moderne s'est réalisé par l'intermédiaire du Moyen Âge. Après la chute de l'Empire romain en Occident, les évêques se substituèrent aux pouvoirs civils défaillants. Les ordres monastiques posaient les bases d'une gestion collective ouvrant sur le parlementarisme par recours aux élections. Dans le même temps s'opérait une révolution intellectuelle qui suscita l'essor de la pensée critique dans l'université, alors aux mains du clergé...
(Coll. Historiques, série Travaux, 23.00 euros, 216 p.)
ISBN : 978-2-343-12608-1, ISBN EBOOK : 978-2-14-004237-9

NON-VIOLENCE : COMBATS D'HIER ET DE DEMAIN
Non-violence et traits culturels et identitaires dans le monde globalisé du XXIe siècle
Sous la direction de Madhu Benoit et Jean-Pierre Benoit
La frêle silhouette de Gandhi, la haute stature du pasteur Martin Luther King ou les bras ouverts de Nelson Mandela, rendu à la liberté après vingt-sept ans de prison, font partie de la grande geste de l'humanité, gravée dans tous les esprits à travers le monde. Trois hommes qui ont en commun d'avoir entraîné le peuple dans une lutte victorieuse, sans armes et sans violence. En ce début du XXIe siècle, ensanglanté par le terrorisme et des guerres atroces, la « non-violence » n'est-elle plus qu'une image d'Épinal ? Huit auteurs explorent ici l'histoire contemporaine à travers les luttes non violentes.
(Coll. Discours identitaires dans la mondialisation, 17.50 euros, 164 p.)
ISBN : 978-2-343-12313-4, ISBN EBOOK : 978-2-14-004203-4

CHRONIQUES D'HIER ET DE DEMAIN
Publiées dans le journal *La Croix* **(1988-2011)**
Clergerie Jean-Louis
Pendant un peu plus de vingt ans, de 1988 à 2011, l'auteur a collaboré au quotidien *La Croix*, où il analysait, en toute liberté mais également avec la rigueur de l'universitaire, l'actualité nationale, européenne et internationale. Voici l'ensemble de ses chroniques regroupées selon des axes nationaux, européens et internationaux, qui gardent toute leur pertinence.
(30.00 euros, 298 p.)
ISBN : 978-2-343-12094-2, ISBN EBOOK : 978-2-14-004356-7

GÉOGRAPHIE DU SOUVENIR
Ancrages spatiaux des mémoires de la Shoah
Chevalier Dominique - Préface de Denis Peschanski
La mondialisation des mémoires de la Shoah, telles que représentées dans des musées et des mémoriaux nationaux, constitue une caractéristique majeure des dimensions contemporaines de ce phénomène. Ce livre présente tout d'abord ces nombreux lieux du souvenir, leur géographie mais aussi leur insertion dans leur environnement urbain. C'est donc à la fois à un panorama des

musées et mémoriaux de la Shoah dans le monde que ce livre convie le lecteur, mais aussi à une analyse sensible de la manière dont ils sont pratiqués et insérés dans la ville.
(Coll. Géographie et cultures, 22.00 euros, 244 p.)
ISBN : 978-2-343-12443-8, ISBN EBOOK : 978-2-14-004093-1

DIX ANS D'HISTOIRE MARITIME (2007-2016)
Lemaître Vincent
Vous découvrirez dans cet ouvrage les temps fort de l'histoire maritime de ces dix dernières années en parcourant la marine de commerce, la vie économique des ports, la pêche, la plaisance, la marine de guerre, la protection de l'environnement, les textes nationaux et internationaux qui ont été adoptés et leurs conséquences. L'auteur s'attache aussi à évoquer les accidents, les naufrages, les pollutions les plus marquantes. Au-delà de l'Hexagone, les thèmes de la piraterie, de la lutte contre les narcotrafics, du traitement de l'immigration sont notamment abordés.
(14.00 euros, 122 p.)
ISBN : 978-2-343-11730-0, ISBN EBOOK : 978-2-14-004292-8

POSÉIDON
Ébranleur de la terre et maître de la mer
Andrieu Gilbert
En étudiant Poséidon, on s'aperçoit que les légendes ont surtout servi à imposer un état d'esprit tout en écartant ce qui pouvait contredire l'ordre nouveau que les aèdes voulaient imposer. Les dieux servent surtout à justifier un art de vivre. Ainsi, cerner la personnalité de Poséidon ne consiste pas à en faire un portrait saisissant, mais à comprendre les mortels qui lui ont donné des fonctions particulières.
(21.50 euros, 212 p.)
ISBN : 978-2-343-12088-1, ISBN EBOOK : 978-2-14-003937-9

ARCHÉOLOGIE DE LA PENSÉE SEXISTE
Du Moyen Âge au XXIe siècle
Labrecque Georges
Bien des oeuvres révèlent, dans divers domaines de la pensée, le mépris adressé à la femme et inspiré de manuscrits remontant à l'Antiquité. Du Moyen Âge à aujourd'hui, des femmes ont voulu dénoncer ces injustices dans des documents d'autant plus remarquables qu'elles ont été peu nombreuses à prendre la plume. Quelle sera la relève au XXIe siècle ? Cet ouvrage propose de nombreux manuscrits et montre que les préjudices subis aujourd'hui par les femmes plongent leurs racines dans un passé lointain et se manifestent sous diverses formes.
(42.00 euros, 484 p.)
ISBN : 978-2-343-12339-4, ISBN EBOOK : 978-2-14-003975-1

LES CAMPEURS DE LA RÉPUBLIQUE
Lefeuvre-Déotte Martine
le Groupement des campeurs universitaires (GCU) est aujourd'hui la plus importante association de campeurs en Europe avec 50 000 adhérents qui sont collectivement propriétaires d'une centaine de terrains. Bénévole, solidaire et autogestionnaire, ce mouvement, créé en 1937 dans l'élan du Front populaire, aménage bénévolement de jolis terrains pour y vivre l'été. L'auteure a mené son investigation au cœur de cette microsociété, ouverte aujourd'hui à tous ceux qui partagent ses valeurs fondatrices : humaines, laïques, solidaires et conviviales.
(Coll. Esthétiques, série Culture et Politique, 24.50 euros, 240 p.)
ISBN : 978-2-343-12210-6, ISBN EBOOK : 978-2-14-003917-1

LEÇONS DU TEMPS COLONIAL DANS LES MANUELS SCOLAIRES
Coordonné par Pierre Boutan et Sabeha Benmansour-Benkelfat
La colonisation a régulièrement fait partie des contenus d'enseignement pendant cette période historique, comme après les indépendances. Les douze contributions réunies ici portent sur l'enseignement de l'histoire, mais aussi sur celui des langues : langue des colonisateurs, langue des colonisés… Elles étudient les variations selon les publics visés, les matières enseignées, les auteurs

et les éditeurs. Les exemples sont tirés en priorité des relations entre France et Algérie, avec une étude sur la Tunisie et le Maroc.
(Coll. Manuels scolaires et sociétés, 25.50 euros, 240 p.)
ISBN : 978-2-343-11598-6, ISBN EBOOK : 978-2-14-003837-2

ARCHÉOLOGIE DES INTERFACES
Une approche de saisie et d'explication des systèmes socioculturels
Elouga Martin
L'archéologie des interfaces est une approche des sociétés que propose l'auteur. Il s'agit de partir des faits observés sur le terrain pour reconstituer les interactions sociales et les rapports homme-milieu, ainsi que les activités qui en résultent et dont les traces structurent les sites.
(17.50 euros, 160 p.)
ISBN : 978-2-343-10421-8, ISBN EBOOK : 978-2-14-004130-3

LA TRADITION JUIVE ET SA SURVIVANCE À L'ÉPREUVE DE LA SHOAH (Tome 1)
Feinermann Emmanuel
Exilé et dispersé parmi les nations, le peuple juif a été confronté deux millénaires durant à l'expérience de la survie. À l'aube du XXe siècle, il entrevoit enfin l'ère des grandes espérances. Sa survie dépendait, en premier lieu, de la chance et du sens donné à la vie avant le cataclysme hitlérien : une vie intérieure riche et catalysée par une forte culture et une foi religieuse profonde. Cet ouvrage revient donc sur la survivance de la tradition juive face à la prise du pouvoir par Hitler.
(39.00 euros, 494 p.)
ISBN : 978-2-343-09860-9, ISBN EBOOK : 978-2-14-004021-4

LA TRADITION JUIVE ET SA SURVIVANCE À L'ÉPREUVE DE LA SHOAH (Tome 2)
Feinermann Emmanuel
Ce deuxième tome étudie le comportement humain et religieux dans les situations extrêmes sous la dictature hitlérienne. Afin d'assurer la survivance de la tradition juive, forts de leur expérience millénaire de la souffrance, les Juifs européens entrèrent en résistance spirituelle dans les lieux d'enfermement : ghettos, bunkers, camps de concentration et d'extermination. Dans cet univers de fin du monde, certains « métiers » imposés par les nazis ont en effet débouché sur la survie, et c'est donc ce que tente de mettre en avant cet ouvrage.
(39.00 euros, 448 p.)
ISBN : 978-2-343-12327-1, ISBN EBOOK : 978-2-14-004022-1

MAIS COMMENT EN EST-ON ARRIVÉ LÀ ?
La terre de 4 000 à 4,5 milliards d'années
Rouffet Michel
De l'Ancien Testament aux derniers calculs pour déterminer l'âge de la Terre, les chiffres varient considérablement : 4 000 ans, 75 000 ans, 4,5 milliards d'années... L'auteur raconte et démontre non seulement comment l'estimation de l'âge de notre planète a évolué au cours des siècles, mais également comment des points de vue si divergents peuvent converger et se retrouver complémentaires. Avec lui, nous découvrons que science et religion ne sont pas forcément aussi opposées que l'on pourrait le croire.
(Coll. Acteurs de la Science, 23.50 euros, 236 p.)
ISBN : 978-2-343-10343-3, ISBN EBOOK : 978-2-14-002270-8

ARCHÉOLOGIE DE LA PENSÉE SEXISTE
L'Antiquité
Labrecque Georges
Les œuvres de l'Antiquité révèlent à la fois le mépris et l'éloge adressés à la femme dans des domaines fort différents (théologie, morale, littérature, droit, philosophie, etc.), qui se sont développés dans diverses régions du monde. L'humanité a ainsi hérité d'une multitude de manuscrits très riches, encore qu'ils soient presque tous rédigés par des hommes bien souvent

sexistes avant la lettre. Cet ouvrage propose une relecture des œuvres principales de l'Antiquité et montre que les préjudices et les maux subis par les femmes en ce début du XXIe siècle plongent leurs racines dans un passé très lointain.
(37.50 euros, 368 p.)
ISBN : 978-2-343-10502-4, ISBN EBOOK : 978-2-14-002249-4

DICTIONNAIRE AMOUREUX DES DIEUX DE L'OLYMPE
Andrieu Gilbert
Si les dieux sont amoureux, il ne faut pas oublier qu'ils ne sont que le produit des poètes et que leurs amours sont imaginées par des hommes. C'est donc en observant comment les dieux vivent leur passion, comment ils se comportent, que nous pouvons imaginer comment vivaient nos ancêtres du temps d'Homère et d'Hésiode. En regroupant les amours divines, l'auteur nous offre un délassement agréable et instructif.
(24.50 euros, 242 p.)
ISBN : 978-2-343-10839-1, ISBN EBOOK : 978-2-14-003671-2

HISTOIRE DES HUNS
Daniarov Kalibek
L'*Histoire des Huns* dresse un tableau saisissant de l'histoire de ce peuple mystérieux, les Huns, depuis leur apparition à la chute de leur empire, survenue après la guerre menée par Attila en Europe (453 apr. J-C). Chercheur kazakh de renom, l'auteur présente ici une nouvelle analyse et synthèse de la culture hunnique. Il s'appuie sur des sources rares et inédites qui le conduisent à affirmer notamment que les Huns étaient des ancêtres probables du peuple kazakh.
(25.00 euros, 276 p.)
ISBN : 978-2-343-09492-2, ISBN EBOOK : 978-2-14-001332-4

1789 : LES COLONIES ONT LA PAROLE ANTHOLOGIE
Tome 1 : Colonies ; Gens de couleur
Tome 2 : Traite ; Esclavage
Biondi Carminella - Avec la collaboration de Roger Little
Cette anthologie regroupe tous les écrits et les discours de l'année 1789 au sujet des colonies, des gens de couleur (tome 1), de la traite et de l'esclavage (tome 2). Voici un ensemble de controverses passionnées et passionnantes de l'époque où aucun Noir n'est admis (comme à la Conférence de Berlin, un siècle plus tard).
((Tome 1 – Coll. Autrement Mêmes, 25.50 euros, 218 p.)
ISBN : 978-2-343-09854-8, ISBN EBOOK : 978-2-14-001623-3
(Tome 2 – Coll. Autrement Mêmes, 23.00 euros, 280 p.)
ISBN : 978-2-343-09855-5, ISBN EBOOK : 978-2-14-001622-6

ANTIQUITÉ, ART ET POLITIQUE
Sous la direction de Bouineau Jacques
Le lien entre ces différentes contributions se trouve dans l'utilisation de l'œuvre d'art comme vecteur politique, l'Antiquité sert de fil directeur et de multiples domaines artistiques sont concernés. Les domaines couverts sont les mondes anciens, l'Antiquité classique, le monde musulman, le monde slave et la culture européenne de l'époque moderne et contemporaine.
(Coll. Méditerranées, 33.00 euros, 318 p., Illustré en noir et blanc)
ISBN : 978-2-343-09346-8, ISBN EBOOK : 978-2-14-001407-9

L'HARMATTAN ITALIA
Via Degli Artisti 15; 10124 Torino
harmattan.italia@gmail.com

L'HARMATTAN HONGRIE
Könyvesbolt ; Kossuth L. u. 14-16
1053 Budapest

L'HARMATTAN KINSHASA
185, avenue Nyangwe
Commune de Lingwala
Kinshasa, R.D. Congo
(00243) 998697603 ou (00243) 999229662

L'HARMATTAN CONGO
67, av. E. P. Lumumba
Bât. – Congo Pharmacie (Bib. Nat.)
BP2874 Brazzaville
harmattan.congo@yahoo.fr

L'HARMATTAN GUINÉE
Almamya Rue KA 028, en face
du restaurant Le Cèdre
OKB agency BP 3470 Conakry
(00224) 657 20 85 08 / 664 28 91 96
harmattanguinee@yahoo.fr

L'HARMATTAN MALI
Rue 73, Porte 536, Niamakoro,
Cité Unicef, Bamako
Tél. 00 (223) 20205724 / +(223) 76378082
poudiougopaul@yahoo.fr
pp.harmattan@gmail.com

L'HARMATTAN CAMEROUN
TSINGA/FECAFOOT
BP 11486 Yaoundé
699198028/675441949
harmattancam@yahoo.com

L'HARMATTAN CÔTE D'IVOIRE
Résidence Karl / cité des arts
Abidjan-Cocody 03 BP 1588 Abidjan 03
(00225) 05 77 87 31
etien_nda@yahoo.fr

L'HARMATTAN BURKINA
Penou Achille Some
Ouagadougou
(+226) 70 26 88 27

L'HARMATTAN SÉNÉGAL
10 VDN en face Mermoz, après le pont de Fann
BP 45034 Dakar Fann
33 825 98 58 / 33 860 9858
senharmattan@gmail.com / senlibraire@gmail.com
www.harmattansenegal.com